重庆市教育科学研究院"新时代重庆教育高质量发展与改革系列丛书

重庆市教育科学"十四五"规划2021年度重点有经费课题 "重庆市基础教育阶段STEM教育的实施路径研究"

（课题批准号：2021-00-096）研究成果

重庆市基础教育阶段
STEM 教育优秀案例

余朝元　主编

刘雅雯　费　敏　吴乐乐　副主编

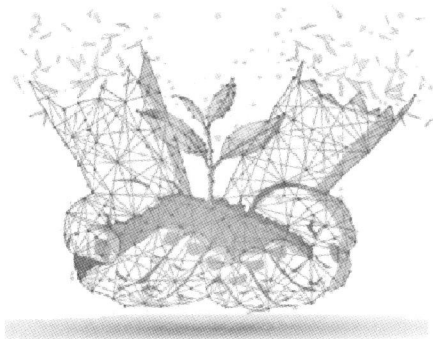

重庆出版集团 重庆出版社

图书在版编目(CIP)数据

重庆市基础教育阶段 STEM 教育优秀案例／余朝元主

编. – – 重庆：重庆出版社,2024.12. – – ISBN 978 –7

–229 –19502 –1

Ⅰ.G633.72

中国国家版本馆 CIP 数据核字第 2025FD2472 号

重庆市基础教育阶段 STEM 教育优秀案例

CHONGQING SHI JICHU JIAOYU JIEDUAN STEM JIAOYU YOUXIU ANLI

余朝元　主编

责任编辑:叶　子　黄　浩

责任校对:陈　琨

封面设计:秦钰林

重庆出版集团

重庆出版社　出版

重庆出版社职教分社出品

重庆市南岸区南滨路 162 号 1 幢　邮政编码:400061　http://www.cqph.com

重庆市国丰印务有限责任公司印刷

重庆出版社有限责任公司职教分公司发行

E – MAIL:cqphzjfs@163.com　联系电话:023 –61520630

全国新华书店经销

开本:787mm×1092mm　1/16　印张:22.75　字数:390 千

2024 年 12 月第 1 版　2024 年 12 月第 1 次印刷

ISBN　978 –7 –229 –19502 –1

定价:88.00 元

如有印装质量问题,请向本社职教分公司调换:023 –61520629

新时代重庆教育高质量发展与改革系列丛书

编 委 会

前　言

　　20 世纪 80 年代以来，开展 STEM 教育逐渐成为美国、欧盟、澳大利亚、新加坡等国家和地区的国家战略。21 世纪以来，STEM 教育在中国方兴未艾，教育部《教育信息化"十三五"规划》提出了"探索 STEM 教育等新教育模式，使学生具有较强的信息意识与创新意识，养成数字化学习习惯，具备重视信息安全、遵守信息社会伦理道德与法律法规的素养"，中国教育科学研究院、中国教育发展战略学会科学与工程教育专业委员会相继研制了《中国 STEM 教育 2029 创新行动计划》《中国 STEM 教育 2035 创新行动计划》，2023 年联合国教科文组织在中国上海设立国际 STEM 教育研究所，STEM 教育培养学生"科学、技术、工程、数学"综合素养、培养拔尖创新人才的价值已逐渐被国内教育同行所认同。

　　重庆市充分认识到基础教育阶段 STEM 教育的重要性，市教委发布了《重庆市教育委员会关于实施基础教育阶段 STEM 教育行动计划的通知》，市教育科学研究院成立了 STEM 教育研究中心，完成了对基础教育阶段 STEM 教育的顶层设计。从课程、教材、教学、教师队伍建设、评价、教研支撑与数字赋能等多维度整体推进 STEM 教育的开展。

　　在课程资源开发上，各区县和学校采取了购买、平移、自主开发等多种方式，形成了许多优秀案例。重庆市教育科学研究院开展了多次优秀案例征集，在此基础上，将其中最典型的一些案例汇编成册，期待成为重庆市域范围内的优质课程资源，供各区县和学校开展 STEM 教育参考。案例贯通学前、小学、初中、高中基础教育所有学段，突出 S、T、E、M 及其综合素养的培养，既关注教师的教，也关注学生的学,采取教学评一体化的方式进行设计与实施,相信能给广大师生提供一定的示范。

案例编写得到了各中小学和幼儿园的大力支持。余朝元、刘雅雯、费敏、吴乐乐完成了全书的统稿和审稿工作,李传英完成了幼儿园、柏杨完成了小学、卫小慧完成了初中、王璐完成了高中的审稿工作。

本案例集源于我们现阶段对 STEM 教育的理解,其中难免有疏漏之处,敬请大家批评指正。

编者

目 录

学 前 篇

制作自动浇水机器人 ……………………………………………………… 3

萝卜怎么了 ……………………………………………………………… 25

好玩的树屋 ……………………………………………………………… 37

发射吧,火箭 ……………………………………………………………… 50

小希,跑起来 ……………………………………………………………… 66

小 学 篇

我们的夔龙灯会 ………………………………………………………… 81

给车建个"家" …………………………………………………………… 99

基于 Arduino 的车内高温安全预警装置的设计与实现 ……………… 112

我们的过山车 …………………………………………………………… 129

绿意工坊——设计和制作盆栽保湿装置 …………………………… 148

探索九龙坡区华岩小学北校门道路拥堵问题的解决方案 ………… 163

家乡的桥——谁的桥梁最抗压 ……………………………………… 175

初 中 篇

科学用眼，预防近视 ……………………………………………………… 197

"这只鸽子不会飞"——金佛山子遗物种珙桐的实践活动 ……………… 214

拯救鸡蛋行动 …………………………………………………………… 279

核酸检测亭"再就业" …………………………………………………… 245

基于 micro:bit 的项目式课程开发与应用 ……………………………… 259

高 中 篇

多功能墙体检测机器人的开发与制作 ………………………………… 277

我与酵母菌的奇妙情缘 ………………………………………………… 289

手部康复外骨骼的开发 ………………………………………………… 309

鸟类招引巢箱设计 ……………………………………………………… 326

"语音控制"学习应用 APP 的开发与设计 …………………………… 340

学前篇

制作自动浇水机器人

重庆市潼南区潼樾府幼儿园　苟冰
重庆市彭水苗族土家族自治县文庙幼儿园　康小寒

一、案例介绍

我园根据地理环境,每年都会组织小朋友在楼顶进行蔬菜种植,每个班可以根据孩子的年龄特点与兴趣爱好在种植区种植蔬菜,每周老师都会带着孩子观察蔬菜的生长情况,于是,原本静谧的楼顶成了孩子们的儿童乐园。在这里,孩子们浇水、除草、施肥的身影每周可见,在整个过程中,孩子们对浇水产生了浓厚的兴趣,但是每次种植一段时间后,蔬菜都会出现枯萎的现象,每年种植的结果都不理想。由于楼顶是露天的,当夏天种植时,往往会出现太阳太大以及周末没人浇水导致植物水分缺失快的情况。针对这一问题,大班的琪琪提出一个大胆的想法:我们可以做一个自动浇水器呀,蔬菜就不会缺水了。其他孩子也赞同这个想法,于是孩子们展开了激烈的讨论。因此,我们带着孩子展开了一场 STEM 研究之旅。

本案例中以项目式学习为教学指导策略,从四个阶段开展案例活动,全面提升幼儿的 STEM 素养,发展幼儿创新思维,培养幼儿的创新能力和解决问题的能力。

第一阶段,催化事件。幼儿通过对种植区的观察,发现种植区的蔬菜周末无人浇水,针对这一问题,引出关于"自动浇水机器人"的项目活动。

第二阶段,了解自动浇水器。幼儿认识自动浇水器的重要组成部分,通过观察学习和动手操作,设计出自动浇水器。这一过程有助于发展幼儿的创新能力。

第三阶段,实际操作。幼儿根据设计的"自动浇水机器人"图纸,选择合适的材料制作浇水器成品,并投入实际使用,在使用过程中发现问题并加以完善。这一环节有助于幼儿逐步掌握 STEM 领域的知识与技能。

第四阶段,项目展示与评价活动。幼儿通过项目展示与互评,充分展现自己的学习成果和创新能力。教师对整个教学过程进行反思和总结,为以后的 STEM 教学实践的改进和提升积累经验。

二、案例目标

本案例以"制作自动浇水机器人"项目任务为主线,以分组合作、小组集体讨论、教师协助、亲子合作的方式开展。知识学习、实践操作和小组合作能提高幼儿沟通能力和团队合作素养、发现问题和解决问题的能力,也助于培养幼儿的数学空间思维,满足幼儿动手操作的兴趣,提升幼儿 STEM 素养。项目的 STEAM 要素分析具体如下:

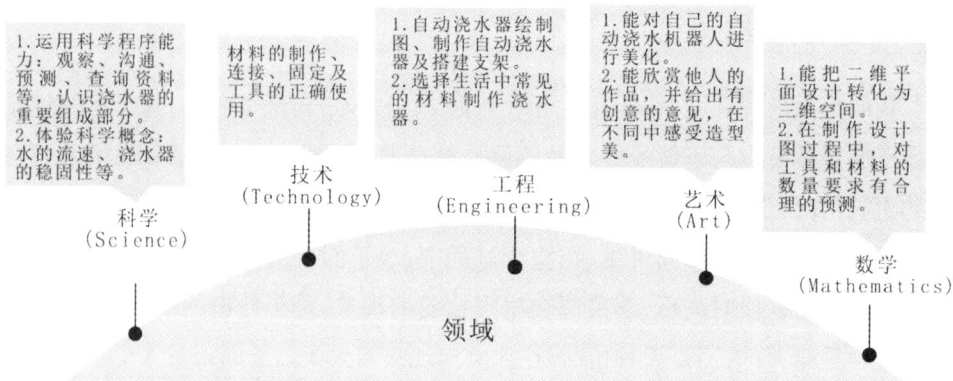

1.运用科学程序能力:观察、沟通、预测、查询资料等,认识浇水器的重要组成部分。
2.体验科学概念:水的流速、浇水器的稳固性等。

材料的制作、连接、固定及工具的正确使用。

1.自动浇水器绘制图、制作自动浇水器及搭建支架。
2.选择生活中常见的材料制作浇水器。

1.能对自己的自动浇水机器人进行美化。
2.能欣赏他人的作品,并给出有创意的意见,在不同中感受造型美。

1.能把二维平面设计转化为三维空间。
2.在制作设计图过程中,对工具和材料的数量要求有合理的预测。

科学
（Science）

技术
（Technology）

工程
（Engineering）

艺术
（Art）

数学
（Mathematics）

领域

课程总体目标概述如下:

STEM 素养提升:通过自动浇水机器人的项目式学习,幼儿能够深入理解并应用科学、技术、工程、艺术和数学的知识和技能,提高他们在这些领域的素养水平。

创新思维培养:鼓励幼儿发挥想象力和创造力。此项目中,幼儿经历"提出问题—交流探讨—绘制项目设计图—自主设计—安装使用—实践改进—项目展示"的工程设计过程,发展他们的创新思维,并提升解决复杂问题的能力。

跨学科融合:促进科学、技术、工程、艺术和数学等学科的深度融合,使幼儿在实践中掌握跨学科的学习方法,形成综合性的知识结构和思维模式。

社会责任感:将社会主义先进科技融入课程中,让幼儿在实践中感受现代科技的魅力,培养他们的社会责任感。

团队协作与沟通能力:通过小组探讨合作和项目展示,培养幼儿的团队协作能力和沟通能力,增强他们的集体荣誉感和归属感。

个性化发展:关注幼儿的个性化学习需求,为他们提供多样化的材料和工具、学习资源和展示平台,促进他们的个性化发展。

综上所述,本案例旨在通过自动浇水机器人的 STEM 项目式课程设计与应用,注重幼儿对各领域的知识串联、迁移和融合,完成知识的应用转化。真实体验是帮助幼儿成长的关键。幼儿在实际操作、实践探究中遇到问题,教师引导他们运用综合知识、综合技能解决实际问题,实现多学科融合育人目标,推动育人方式变革,发展他们的核心素养。

三、案例评价标准

素养维度	素养表现	关键要素
创新能力	幼儿能够通过所学知识绘制自动浇水机器人设计图,从而实现自主设计具有创新性的项目。在项目实施过程中,幼儿能够独立思考,提出新颖的解决方案,并勇于尝试和实践。	从不同角度思考问题,寻求创新点。尝试新方法、新技术。
跨学科融合	幼儿能够将科学、艺术、数学等多个学科的知识融合到项目中,实现跨学科的综合应用。在项目实施过程中,幼儿能够理解和运用不同学科的基本原理和方法。	跨学科知识应用于解决实际问题中,形成综合性的知识体系。
实践能力	幼儿能够根据已有经验绘制设计图并利用材料制作成品。在项目实施过程中,幼儿能够独立进行材料固定、改良等操作。	将理论知识有效应用于实践中,解决实际问题。

素养维度	素养表现	关键要素
合作能力	幼儿能够在团队中积极协作,共同完成项目任务。在项目实施过程中,幼儿能够相互支持、相互学习,共同解决问题。	团队协作精神,学会与他人有效沟通,确保项目顺利进行。
学习成果展示	幼儿能够清晰、准确地展示项目成果,包括自动浇水机器人的功能演示、操作说明等。在展示过程中,幼儿能够清晰地展示学习成果并接受同伴的反馈。	利用适当的工具和方法,与他人进行有效交流,分享学习经验和成果。

四、案例所需资源

幼儿园教学资源是一种为教师的教和幼儿的学提供的各个方面、各种形态的并有利于培养科技素质的、可提供教师和幼儿使用的科学素材。它区别于传统意义上的活动教材。它的特征是:指导性、资源性、多样性、系列性、结构性、大容量、全方位等。在研究中我们以大班制作自动浇水机器人为依托,随着活动的开展需要八方面的学习资源。

(一)文字资源

文字资源是指支撑专题活动的参考资料及背景材料,又称开展专题活动所需要的知识和资料。在"自动浇水机器人"的活动中,我们提供了三个层次的方案,一是示范性方案(了解如何种植植物和植物的生长条件,多种多样的浇水工具,小小设计师,浇水机器人的成品展示),不仅提供方案的思路,还包括具体的问题、情境、操作过程、教师在活动中对幼儿的现场观察记录等;二是指导性方案(制作自动浇水机器人的缘由),让孩子自己动手制作,教师充当一个指导者的身份,不过多地参与其中;三是拓展性方案(收集浇水器,外出观察,家长的支持),教师只给出线索,不提供活动的思路和固定的方案,给幼儿留有更大的创造空间,并使整个方案形成一个有结构、可开发、有互动的模式。

（二）人力资源

人力资源是指可以为课题研究、设计和实施提供各种专题资源的专家、行家和社会人士、系统、机构、单位等。我们在制作自动浇水机器人当中运用的人力资源有幼儿家长、幼儿园教师等。

（三）图片资源

图片资源是指各种图片式资源。我们提供的有幼儿制作浇水器的图片、各种类型浇水器的图片、亲子共同制作的图片等。

（四）材料资源

材料资源是指各种成品、半成品、组合材料、废旧材料等。我们在制作自动浇水机器人的主题活动中给幼儿提供的材料资源有幼儿收集的各种浇水器、浇水机器人的设计图、各种水瓶、油桶、竹块、树枝等。

（五）工具资源

工具资源是指现成的、经过改进的、自制的工具。我们提供了剪刀、胶布、水彩笔、丙烯颜料、蜡笔、胶枪、胶棒、棉签等工具。

（六）结构化布局

结构化布局是指资源存放的布局、在存放现场拍摄的照片或者记录。我们的自动浇水机器人主题布局方案包括了浇水机器人调查表、主题教育活动课、小小设计师、自制浇水器、安装浇水器、发现问题进行讨论、各种浇水器差别表、修改成自动浇水器、浇水器成品展示。

（七）媒体资源

媒体资源是指音频资料、视频资料、多媒体资料、动画资料、多媒体课件等资源。我们拍摄了大量的制作自动浇水机器人的图片，制作了《如何种植植物》《植物的生长条件》等多媒体课件，收集了大量关于制作浇水器的资料等。

（八）家庭资源

家庭资源是幼儿教育中重要的资源，是促进幼儿发展的积极合作者。家长不同的知识与职业背景，都可以为幼儿园提供丰富的知识信息来源。在制作自动浇水机器人活动中，家长一起与孩子绘制各种各样的浇水器，给幼儿讲解各种浇水器的制作方法。

五、案例设计思路

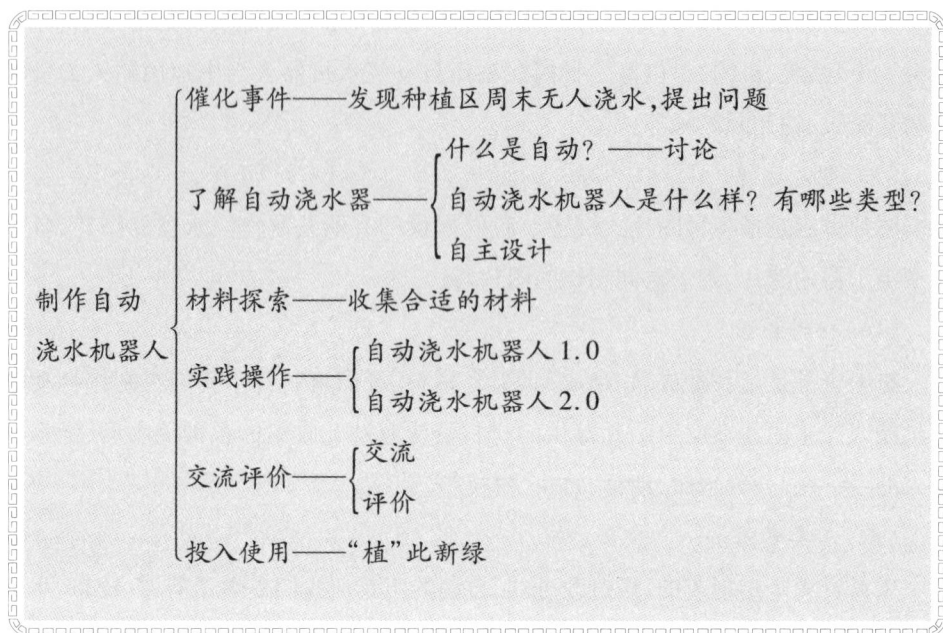

制作自动
浇水机器人
- 催化事件——发现种植区周末无人浇水,提出问题
- 了解自动浇水器
  - 什么是自动?——讨论
  - 自动浇水机器人是什么样?有哪些类型?
  - 自主设计
- 材料探索——收集合适的材料
- 实践操作
  - 自动浇水机器人1.0
  - 自动浇水机器人2.0
- 交流评价
  - 交流
  - 评价
- 投入使用——"植"此新绿

六、案例实施过程

	活动一:问题聚焦——生活契机引发真问题
教学目标	**科学素养**:因地理原因,幼儿发现蔬菜缺水,确定制作浇水机器人,初步探索自动浇水器的基本原理。 **数学逻辑**:幼儿能把二维平面设计转化为三维空间设计,能够运用数学逻辑进行问题分析,培养其逻辑思维能力。
学习目标	1.了解楼顶蔬菜干枯原因。 2.通过观察和讨论,探讨解决蔬菜干枯的方法。 3.体验发现问题、解决问题的乐趣,激发探究的欲望。
课型	新授课
课时	1课时

教学环节	教师活动	学生活动	设计意图	评价指标
直观导入	周一,我们像往常一样带着幼儿去给楼顶的蔬菜浇水。幼儿走进工具房,拿上浇水壶,接上自来水,忙得不亦乐乎。	幼儿拿着浇水壶一来一回地浇水,一会儿乐乐过来和我说:"老师,浇水好累呀。"这时,琪琪一路小跑过来对我说:"老师,我的菜生病了。"这时,幼儿发现问题。	每年我园都会组织幼儿在楼顶进行蔬菜种植,每个班可以根据幼儿的年龄特点与兴趣爱好在种植区种植蔬菜,每周老师都会带着幼儿观察蔬菜的生长情况。这时,有幼儿发现了问题,那么怎么解决呢?这时需教师引导幼儿解决问题。	幼儿是否具备对新问题的好奇心和探知欲。
设疑	教师适当引导幼儿:让蔬菜自己喝水,那么怎么让蔬菜自己喝水呢?引发幼儿思考。	部分幼儿提出了自己的想法:做一个机器人,自动浇水。	教师通过引导,幼儿自己思考探究、合作交流,终于,确立了真实待解决的问题——"制作自动浇水机器人"。	幼儿是否具备发现问题、解决问题的能力。
了解蔬菜干枯的原因	幼儿发现蔬菜出现干枯的情况。幼儿心急地询问原因时,我们可选择把问题抛给幼儿,引发幼儿思考。	幼儿立马观察讨论起来,有的说因为楼顶太阳太大了;有的发现是土壤太干了,缺少水分;还有的发现是周末没有浇水。	把蔬菜种植在楼顶,常会出现蔬菜缺水的情况。根据幼儿前期经验,知道植物的生长离不开水,以这一现象,引发幼儿思考探究:怎么解决蔬菜缺水的问题?	幼儿是否具备跨学科知识融合的能力。

教学环节	教师活动	学生活动	设计意图	评价指标
解决蔬菜干枯的方法	针对蔬菜缺水的现象,我们没有立即给出自己的答案,而是让幼儿思考应该怎么解决这个问题。	幼儿经过激烈的讨论,决定做一个自动浇水机器人,让蔬菜自己喝水,也不用一趟一趟地来回跑了。	针对蔬菜缺水的情况,教师适当地引导幼儿制作自动浇水器:雨天可以收集雨水,晴天可以保证水分充足。	幼儿是否具备动手操作和抽象思维能力。
家园合作,激发探究欲望	教师布置任务: 1. 家园合作,共同探索浇水工具。 2. 与家长共同探究什么是自动浇水机器人、怎么制作。	幼儿和家长认真完成浇水工具调查表,理解自动浇水机器人的知识,促进亲子关系。	家园合作的环节,既能促进亲子关系,又有利于幼儿通过生活实际观看浇水工具,探究自动浇水机器人。	幼儿是否通过亲子合作提升自我认知的能力,是否具备从模仿到创新的能力。
小结	通过一节课的发现、探究,我发现了他们身上的闪光点:遇问题不退缩,积极解决问题,大胆猜测,乐于思考。	幼儿找到了蔬菜缺水的原因:楼顶太阳太大,水分流失快。同时,找到了提供水分的方法:自动浇水机器人。	利用家园合作的形式,让家长带领幼儿共同探索更多的浇水知识。更需要留足时间让幼儿去提取知识、理解知识、应用知识。	幼儿是否具备一定的自学能力和创新实践能力。

活动二:材料、知识、技能准备——构建共同经验

教学目标	科学素养:幼儿通过观察、沟通、预测、查询资料等,认识自动浇水器的重要组成部分。 技术运用:知道自动浇水器材料的制作、连接、固定以及工具的正确使用方法,提升幼儿技术使用能力。 工程素养:幼儿能够绘制自动浇水器设计图、制作自动浇水器以及搭建支架,具备初步的设计能力。			
学习目标	1. 认识自动浇水器的重要组成部分。 2. 通过观察学习和动手操作,能够设计自动浇水器。 3. 乐意随着发现不断参与探索,体验发现的乐趣,激发探究欲望。			
课型	新授课			
课时	2 课时			
教学环节	教师活动	学生活动	设计意图	评价指标
图片导入	教师出示幼儿与家长完成的调查表,了解幼儿的已有经验。	部分幼儿上台介绍知道的浇水工具。	让幼儿互相学习知道的浇水工具,学会学以致用:利用简单的浇水工具制作自动浇水机器人。	幼儿是否具备使用新工具的能力。
设问	1. 什么是自动浇水器? 2. 自动浇水器怎么制作? 教师引导幼儿思考。	利用网络资源、教师主题教育活动,通过观看视频、图片等方式学习自动浇水器的制作,了解自动浇水器制作材料。	帮助幼儿理解自动浇水器及需要的材料,让幼儿脑海中形成基本框架,构建起关于自动浇水器基本构造认知经验,激发幼儿的学习兴趣,为接下来开展项目式学习做铺垫。	幼儿是否具备学习方式变革的意愿和动力。

教学环节	教师活动	学生活动	设计意图	评价指标
提问	自动浇水器的基本构造是什么?自动浇水器有哪些种类呢?	幼儿根据已有经验,各自画下自己心目中的自动浇水机器人设计图。	幼儿了解开展项目式学习需要做哪些准备工作。从思想上、认知上有一个初步的认识和心理准备。	幼儿是否具备同伴合作共建意识。
认识自动浇水器的重要组成部分	教师通过PPT、图片、视频等各种方式带领幼儿观察自动浇水器,展示教师设计的自动浇水器设计图。	幼儿对自动浇水器的组成部分有了一定的了解,如容器、钻孔、支撑棒、固定等。	通过观察、学习真实的项目案例,幼儿可以了解开展项目式学习的过程,对项目实施过程也有了初步认识。	幼儿是否具备对项目的宏观规划能力。
项目设计图	教师分发自动浇水机器人设计图。巡回指导协助幼儿完成设计。	每位幼儿自主设计自动浇水机器人,如输液管浇水器、棉签浇水器、钻孔浇水器等。	让幼儿自己动手设计,发展幼儿创造力、想象力,放手让幼儿大胆设计。	幼儿是否具备想象力、创造力和主动探究意识。
项目讨论、提炼总结	教师引导幼儿进行小组讨论、总结提炼制作自动浇水机器人需要哪些条件和材料。	幼儿自主绘画。材料可提供:棉签、输液管、塑料瓶、胶布、木棒等。	幼儿对自动浇水机器人已经有了已知经验,在这基础上,教师引导幼儿思考总结本项目需要哪些条件和材料才能顺利实施。	幼儿是否具备创造力和想象力。

教学环节	教师活动	学生活动	设计意图	评价指标
小结	两节课的观察学习、讨论绘画，激发了幼儿的想象力和创造力，我发现每位幼儿都是潜力股，他们拥有无限可能性。	幼儿通过小组讨论、总结提炼得出：制作自动浇水器一定要有出水孔、有支撑架、用胶布固定等，需要的材料有塑料瓶、棉签、洗洁精瓶等。	教师利用大量的网络资源为幼儿构建起了关于自动浇水器的基本构造的认知经验，教师在此过程中以一个引导者的身份去引导幼儿自主探索、发现，为制作自动浇水机器人的实践打下了坚实的基础。	幼儿是否具备主动探究意识、创造能力、想象力、同伴合作意识。
活动延伸	教师引导幼儿对项目的制作条件和材料有了一定认识后，再次利用家园合作，幼儿放学后和家长共同寻找需要的材料。	幼儿收集制作自动浇水机器人需要的材料，如矿泉水瓶、易拉罐、洗洁精瓶、油桶、棉签、输液管等。	幼儿园的材料有限，容易限制幼儿的思维，我们选择利用家园合作的形式，让幼儿去收集更多的材料，制作不同类型的自动浇水机器人。	幼儿是否具备迁移材料的能力、创造力和想象力。

活动三：基于STEM的跨学科项目实践——制作安装自动浇水器				
教学目标	**科学素养：**在项目实践过程中，幼儿能够自主选材制作、安装，主动提出科学问题，培养其科学探究的兴趣和能力。体验科学概念：水的流速、浇水器的稳固性等。 **技术运用：**幼儿能够大胆尝试制作，对材料的制作、连接、固定以及工具都能正确使用，培养幼儿技术创新意识和能力。 **工程素养：**幼儿能够按照自动浇水器设计图制作自动浇水器以及搭建支架，培养其工程实践能力和问题解决能力。 **艺术：**幼儿能对自己的自动浇水机器人进行美化装饰，能欣赏他人作品，并给出新颖的意见，在不同的作品中感受造型美。 **数学逻辑：**幼儿能够运用逻辑思维进行问题分析，能把二维平面设计转化为三维空间设计。在绘制设计图过程中，对工具和材料的数量要求有合理的预测。			
学习目标	1. 了解自动浇水器的基本结构，认识制作材料。 2. 能够将科学、技术、工程等多个领域的知识和技能融合到项目中，实现跨学科知识的有效整合。以科学的方法探索解决问题的方式。 3. 能够发挥各自特长，培养幼儿动手操作能力、创造力和想象力。			
课型	新授课			
课时	2课时			
教学环节	教师活动	学生活动	设计意图	评价指标
收集汇总	教师带领幼儿对收集到的项目材料进行分类汇总，形成项目材料清单。	部分幼儿大胆分享自己带来的材料并上台介绍其作用。如棉签和输液管能很好地控制水流速度、塑料瓶可以收集雨水等。	组织幼儿集体认识不同的项目材料，互相学习、交流讨论。让幼儿感受不同的材料可以控制水流的速度、浇水器的稳固性等。	幼儿是否具备学习探究意识。

教学环节	教师活动	学生活动	设计意图	评价指标
制作项目	制作时,教师充当引导者和合作者的角色,协助部分动手能力差或遇到问题的幼儿完成项目。	每位幼儿利用自己带来的材料,专心致志地制作着,幼儿园也为幼儿提供了双面胶、胶布、剪刀等各种工具。	关注全体,让每一个幼儿亲自动手制作,参与到项目式学习制作活动中来,把科学、技术、工程等多学科知识融会贯通,开展 STEM 教学实践。	幼儿是否具备将科学、技术、工程等多学科知识整合到项目中的能力。
遇难题:材料不齐全	面对幼儿带来的材料不齐全问题,教师带领幼儿到幼儿园的回收仓寻找合适的材料。	幼儿在回收仓里四处寻找自己想要的材料,有的发现了树枝、木块、一次性筷子等。这下材料终于找齐了。	面对幼儿带来的材料不齐全问题,教师早有准备,引导他们去探索、发现、寻找自己需要的材料,让幼儿体验解决问题的快乐和制作项目的辛苦。	幼儿是否具备抗挫折能力、科学探究能力、创新思维能力等。
再次制作项目、装饰项目	因为制作中需要用到胶枪,胶枪温度过高,幼儿不可直接使用,这时教师需协助用胶枪的幼儿进行粘贴。装饰时,为幼儿提供材料,让幼儿大胆操作,培养他们的创造力。	幼儿正在如火如荼地制作中,粘贴、整理支架、剪裁等,制作得十分认真。制作完成后幼儿给自己的自动浇水机器人进行了美化装饰,如制作衣服、添加小眼睛、画上喜欢的图案等。	在活动中既要发展幼儿的思维能力和动手能力,同时也要保证幼儿的安全,面对危险的物品时,教师及时充当幼儿的合作者,协助幼儿完成项目,适当地为幼儿提供材料,让幼儿大胆操作,发挥其想象力、创造力。	幼儿是否具备创新思维、动手操作能力、想象力、创造力。

教学环节	教师活动	学生活动	设计意图	评价指标
项目安装	教师带领幼儿到蔬菜园安装自动浇水机器人,教师巡回指导。	幼儿有序地把水接到自动浇水机器人里,再小心地插在蔬菜园里。望着蔬菜叶飘呀飘的样子,幼儿心里很高兴:蔬菜再也不用担心缺水。	幼儿经过调查、观察、交流探究,终于安装了自动浇水机器人,这一刻他们心里是开心的,此次活动让幼儿在解决实际问题的过程中,逐步掌握了STEM领域的知识与技能。	幼儿是否具备动手操作能力、抗挫折能力、跨学科知识融合能力。
小结	活动中幼儿遇难题不气馁,利用各种材料大胆制作自动浇水机器人,让他们有成就感的同时又锻炼他们各项能力。	幼儿通过自己的操作拯救了蔬菜,但项目能否实施成功呢?幼儿都时刻关注着蔬菜的生长动态。	此次活动中,幼儿从学习者到项目的设计者、创造者,进步非常大,不管是否成功,幼儿身上遇难题不气馁、乐解决的品质难能可贵。	幼儿能否有效地完成制作,蔬菜能否被解救成功。

活动四:基于 STEM 的跨学科项目实践——修改自动浇水器

教学目标	科学素养:培养幼儿观察和分析自动浇水器在实际生活中的应用,从科学角度出发,分析项目存在的问题,并思考如何解决这些问题。 技术运用:鼓励幼儿通过实践找到实际问题,针对问题修改自动浇水器。幼儿能够大胆尝试制作,培养其技术想象意识和思维能力。 工程素养:幼儿能够根据实际问题进行分析讨论和技术修改,培养他们的团队协作能力、动手操作能力和问题解决能力。 艺术:幼儿能对自己修改的自动浇水机器人进行美化装饰,能欣赏他人作品,并给出新颖的意见,在不同的作品中感受造型美。 数学逻辑:幼儿能够运用逻辑思维进行问题分析,能把二维平面设计转化为三维空间设计。在筛查自动浇水器的过程中,对现有工具和材料的数量要求有合理的预测。
学习目标	1.通过小组合作、讨论探究,了解项目问题存在的具体原因。 2.能够利用相对应的材料和技术进行修改完善,优化项目的性能和功能。 3.在跨学科的学习交流过程中,培养创新思维和能力,增强团队协作和沟通能力。
课型	新授课
课时	2 课时

教学环节	教师活动	学生活动	设计意图	评价指标
直观导入	五天后,教师带领幼儿再次去楼顶观察,引导幼儿发现自己设计的自动浇水器的问题,通过交流探讨,解决问题。	幼儿观察蔬菜情况。部分幼儿发现自己设计的自动浇水器存在的问题,与项目成功的小伙伴共同分析原因,找出问题所在。	通过五天的时间,部分幼儿的蔬菜缺水问题没有得到改善,这时教师引导这些幼儿寻找原因,虚心请教项目成功的小伙伴。通过共同探讨,找出问题、解决问题。	幼儿是否具备主动探究意识、同伴合作意识。

教学环节	教师活动	学生活动	设计意图	评价指标
找出问题	教师出示正确的自动浇水器视频与图片，从而引导幼儿发现自己的自动浇水器问题所在。	幼儿通过观察发现有以下问题：1. 洞眼大，水流太快。2. 支撑架太短，蔬菜被压死。3. 支撑架不牢固，易断裂。4. 浇水器没有孔，水流不出。5. 顶部密封不能收集雨水。	这一环节主要是让幼儿去观察讨论、总结失败原因，根据失败原因去解决问题，教师从中引导、协助幼儿总结经验。	幼儿是否具备观察能力、判断能力、创造性思维能力。
总结问题	随后，教师带领幼儿回到教室，共同探讨符合我们需求的自动浇水器。教师制作各种浇水器差别表，利用小组讨论、分析当前各种浇水器的差别。	在前期经验积累的前提下，幼儿利用小组合作讨论，完成了自动浇水器差别排查，找出了最符合我们需求的自动浇水器。	引导幼儿找出最符合需求的自动浇水器需要哪些条件，通过幼儿小组讨论归纳总结：自动浇水机器人需要有牢固的支撑架、孔眼、不封顶等结构。	幼儿是否具备归纳总结能力、团队协作能力、判断能力。
再次制作	教师协助幼儿修改完善自动浇水机器人，为幼儿提供所需要的材料和工具，如各种支撑架、胶布、胶枪、双面胶等。	失败不气馁，在教师的帮助下幼儿加固支撑架、换更高的支撑架、钻孔、浇水器顶部剪开收集雨水等，忙得不亦乐乎。	在活动中既要发展幼儿的思维能力和动手能力，同时也要保证幼儿的安全，面对危险的物品时，教师及时充当幼儿的合作者，协助幼儿完成自动浇水器的修改。	幼儿是否具备创新思维、动手操作能力、想象力。

教学环节	教师活动	学生活动	设计意图	评价指标
装饰美化	经历过幼儿的修改,自动浇水机器人不如之前美观,这时,教师为幼儿提供大量材料,让幼儿大胆涂鸦,欣赏美、创造美。	幼儿利用材料和工具,对自己的自动浇水机器人再次进行了装饰美化。	在活动中教师不仅要及时充当幼儿的引导者,更要充当幼儿的物质提供者,协助幼儿完成项目。为幼儿提供多种材料,让幼儿大胆操作,发挥想象力、创造力。	幼儿是否具备想象力、创造力、审美能力。
小结	活动中,教师作为引导者,引导幼儿发现问题、总结原因、解决问题。面对材料不足时,教师又充当幼儿的物质提供者,让幼儿专心修改、装饰、完善、美化自动浇水机器人。	幼儿通过小组合作,找出问题,归纳总结,修改完善,最终制作出了符合自己要求的自动浇水机器人。	此次活动中,幼儿遇问题、不气馁;找原因、解难题。幼儿的进步非常大,利用团队协作筛查自动浇水器,找出符合自己要求的自动浇水机器人,对自己的作品进行装饰美化。	幼儿是否具有抗挫折能力、观察力、创造力、动手操作能力、审美能力。

活动五:基于STEM的跨学科项目实践——项目安装及成果展示

教学目标	**科学素养:**培养幼儿观察和分析自动浇水器在日常生活中的应用,理解其对蔬菜地的影响。 **技术运用:**鼓励幼儿通过实践,掌握安装自动浇水器的基本技能。 **工程素养:**培养幼儿的团队协作能力,确保自动浇水器的安装能够按计划进行并达成预期目标。 **艺术:**幼儿能欣赏他人的作品,并给出有创意的意见,在不同中感受造型美。 **数学逻辑:**幼儿能够运用逻辑思维进行问题分析,能把二维平面设计转化为三维空间设计。在安装自动浇水器的过程中,幼儿对各种状况要有合理的预测,提升其逻辑思维和推理能力。
学习目标	1.了解完善后的自动浇水器的性能和功能。 2.能够大胆展示、分享自动浇水器并说出它的作用。 3.培养幼儿探究意识、表达能力。
课型	新授课
课时	2课时

教学环节	教师活动	学生活动	设计意图	评价指标
作品展示	教师组织幼儿进行修改后的作品展示、分享。教师鼓励幼儿,增强幼儿自信心。	部分幼儿上台分享自己的作品,说一说材料工具,谈一谈制作遇到的困难,聊一聊设计思路。	让幼儿上台展示作品的目的是培养其表达能力,提升其思维能力,锻炼幼儿胆量,学别人的长处,弥补自身的不足。	幼儿是否具备表达能力、逻辑思维能力。
项目安装	教师组织幼儿到蔬菜地安装自动浇水机器人。教师巡回指导,协助遇到困难的幼儿。	幼儿信心十足,给自动浇水机器人装满了水,小心翼翼安装起来,这一次,他们对自动浇水器充满了期待。	教师协助幼儿再次安装自动浇水机器人,这一刻幼儿心里既开心又担心,教师对幼儿这几天的行动,进行了肯定与鼓励,增强幼儿自信心。	幼儿是否具备动手操作能力、抗压能力、抗挫折能力。

教学环节	教师活动	学生活动	设计意图	评价指标
项目结果	几天后，教师再次组织幼儿到蔬菜地观察。在路上，教师鼓励肯定幼儿的辛苦付出，增强幼儿的自信心。	幼儿怀着忐忑的心情一路走到蔬菜地，好在经过这段时间的努力终于成功了，蔬菜正常生长，幼儿再也没有浇水的烦恼。	在幼儿慌张不自信的时候，作为教师的我们，第一时间对他们进行肯定与鼓励。这一系列过程中，幼儿与教师都学习了很多，这才是我们最大的收获。	幼儿是否具备自信心、抗压能力、抗挫折能力。
项目总结与反思	在整个项目活动中，教师扮演着各种角色，如引导者、支持者、合作者等，协助幼儿完成项目，在幼儿失败时给予鼓励，不自信时给予信心，我们永远是幼儿的加油站、坚强的后盾。在活动中部分幼儿有动手操作能力、归纳总结能力较弱等各种情况，此时教师更应该因材施教，更加地关注和协助他们。	幼儿在活动中经历过挫折、失败，难得的是他们没有放弃，面对困难不退缩，勇于面对，通过团队协作、小组讨论、交流探讨、亲子合作等方式最终圆满地完成此次项目。	此次活动中，幼儿与教师都收获满满，提升了幼儿逻辑思维、动手操作等各种能力，培养了幼儿不放弃、不服输的良好品质，同时还促进了家园合作、亲子关系。同时教师也发现了幼儿身上的许多闪光点，学会大胆放手，给他们展现的空间。	幼儿是否具备创造力、逻辑思维能力、抗挫折能力、动手操作能力、自主探究能力、想象力。

七、学生作品及点评

(一)底部扎孔浇水机器人

1.作品简介

"底部扎孔浇水机器人"可以实现储存水和自动化浇水,制作简单,适合大部分幼儿,支撑棒高,能较好地保护蔬菜不被压坏。

2.作品点评

"底部扎孔浇水机器人"是实现储存水和自动化浇水的创新项目。该项目利用废旧水瓶和竹签等材料来完成,制作原理简单。为了能较好地保护蔬菜不被压坏,在制作前,幼儿通过测量植物的高度,再来设计浇水机器人的高度。

(二)棉签自动浇水机器人

1.作品简介

"棉签自动浇水机器人"在制作过程中运用到废旧矿泉水瓶、竹签和棉签等材料。其功能可以实现存储水、自动浇水和控制水流。

2.作品点评

"棉签浇水机器人"项目解决了控制水流的问题。幼儿在开发这一项目时不断尝试,最终利用物品的导水性,制作出"棉签自动浇水机器人"。幼儿在开发这一项目过程中不仅能够深入理解科学原理,还学会了如何将这些知识应用于解决实际问题,从而极大地提升了跨学科的综合能力。在创新性和 STEM 学科融合方面,该项目均展现出了出色的表现。

(三)输液式自动浇水机器人

1.作品简介

"输液式自动浇水机器人"是一种运用"输液"形式的创新实践项目。"输液式自动浇水机器人"可以为较大或较高的植物自动浇水,并能够通过调节器来控制水流的大小,使水一滴一滴地向下流,做到了环保节约。

2.作品点评

"输液式自动浇水机器人"项目作品凭借其独特的创意和实用性,给人留下了深刻印象。该项目巧妙地与人们用来输液的医疗物品结合,成功实现了为较大或较高的植物自动浇水,同时通过调节器还可以控制水流的大小。这一项目也让幼儿学会了在生活中寻找解决问题的方法。

八、案例实施成效及反思

(一)案例实施成效

本项目活动充分体现了基于STEM教育理念下课堂教学模式的变革,体现STEM教育的优势。此项目问题情境源于生活,由幼儿自发提出,是幼儿的兴趣所在,为整个STEM项目的学习提供了真实的学习氛围。教师非常关注幼儿的可持续思考,引导、鼓励幼儿发现现实中的问题,支持他们通过自己解决问题来学习,为他们提供强大的资源保障,让学习得以不断深入。同时,本项目不局限于单一课程,利用了科学、数学、艺术等学科相互关联的知识解决问题,实现跨越学科界限,从多学科知识综合应用的角度提高了幼儿的探究能力、动手操作能力、表达交流的能力和团队合作的能力等。

制作自动浇水器源于幼儿的日常生活,是基于真实问题的探究。在自主讨论—实地参观—选择材料—发现问题—解决问题—验证猜想的过程中,幼儿通过观察、思考、讨论、实践,获得解决问题能力的同时,认真专注、乐于探究的学习品质也得到提升。

(二)案例反思

1. 课程中培养STEM能力。在课程的探索中,教师非常注重孩子们STEM能力的培养,如制作自动浇水器前的规划、了解它的构造原理以及材料特性的科学思维,实际操作中的技术探索及搭建支架的高度对比分析等,并通过多种途径引导幼儿自主、自由地进行探索,在探索中不断思考,为解决问题奠定基础。

2. 项目活动探索之旅中,教师大胆放手,尊重、理解幼儿,通过倾听、提问、回答、材料提供、资源开拓等多样的支持策略帮助幼儿解决各类问题,在关键处及时进行点拨和启发,助推了活动的顺利开展。同时在本次项目活动中采用了家园合作的形式,让幼儿及家长的亲子关系更加亲密。

3. 教师在活动中对出现的问题梳理还有所欠缺。在活动中出现的问题需要我们及时地梳理和小结,这样幼儿对问题的指向会更加聚焦,从而推进项目的进程。

4. 从活动起源到项目课程的实施的细节是从宏观到微观的体现,我们是项目学习的研修者,今后需更加关注幼儿的学习,提升自身专业素养,从而达到深度学习。

萝卜怎么了

重庆市沙坪坝区金沙幼儿园　杨丽雅　郭燕　花璐

一、案例介绍

与中小学相比，幼儿园的 STEM 教育有独特的地方：强调学科整合，但不局限于科学、技术、工程、数学、艺术，在一日活动皆课程的背景下，全面性、启蒙性的教育内容都属于跨界学习的内容；强调行动中的实践与体验，生活中的真实问题均可以成为有价值的探究点。

本案例"萝卜怎么了"属于主题活动"萝卜总动员"的一部分。在探秘萝卜种植、制作萝卜美食的过程中，幼儿会生发出主题活动以外的多种问题。本教学案例选择了三个较为典型的探究问题："萝卜叶上的洞""萝卜坏掉了""萝卜变轻了"，以真实问题驱动为导向，陪伴幼儿不断观察、不断发现、不断试错，在各种未知和不确定中展开深入探索，在与生活、社会、自然密切相关的跨学科学习中，引发了一场场有关萝卜的探究风暴。同时，也印证了幼儿园 STEM 教育理念的三个方面：动手与体验、整合学科、"玩"中"学"。

二、案例目标

本案例涉及的学科领域主要包括科学（S）、技术（T）、工程（E）和数学（M），涵盖植物学、生态学、营养学、环境保护以及问题解决策略等。

"萝卜怎么了"课程领域的具体表现如右图所示：

科学（S）：学习种植萝卜的正确方法，了解萝卜在成长过程中的变化；感知萝卜的颜色、外观等特点；探究长时间保存萝卜的方法。

技术（T）：能够较熟练使用小型铁锹、浇水壶等简单的劳动工具管理照顾萝卜；掌握拔萝卜的方法；尝试用切、串、晒、搅拌等流程制作萝卜干。

数学（M）：根据观察记录需要，设计调查表，选择适宜工具测量萝卜大小、长短、轻重等并记录。

工程（E）：以亲子合作的方式，利用家庭常用的食材或生活用品制作天然驱虫液。

课程领域

课程总体目标概述如下：

STEM素养提升：以幼儿为中心，通过参与萝卜种植和制作的实践活动，激发他们的学习热情，培养他们的动手能力、探索精神等，使幼儿能够深入理解并应用科学、技术、工程和数学的知识、技能，全面提升核心素养。

创新思维培养：鼓励幼儿发挥想象力和创造力，遵循"是什么""为什么""怎么样""怎么做"的思维方式，进行全面深入的探究。通过解决实际种植和保存萝卜过程中遇到的问题，发展创新思维，提升解决问题的能力。

跨学科融合：促进科学、技术、工程和数学等学科的深度融合，使幼儿在实践中掌握跨学科的学习方法，形成综合性的知识结构和思维模式。

环境保护与社会责任感：通过实践活动，如制作天然驱虫液，引导幼儿了解环境保护的重要性，并培养他们的社会责任感。幼儿会在实践中学习如何以环保的方式解决种植过程中遇到的问题，如使用无害的驱虫方法来保护植物，同时减少对环境的影响，以此培养幼儿的环保意识，鼓励他们为保护环境贡献自己的力量。

团队协作与沟通能力：在小组合作和项目展示的过程中，幼儿的团队协作和沟通技巧会得到锻炼。通过共同完成任务，幼儿学会如何在团队中发挥个人优势，同时尊重和支持他人，从而培养良好的团队精神和集体意识。

个性化发展：通过动态调整探究问题和自主选择学习方式，尊重个性差异，更好地服务于幼儿的学习需求、水平和进度，实现个性化的深度学习。

综上所述，本案例旨在通过萝卜种植和制作的实践活动，实现多学科融合育人目标，发展幼儿的理性思维、批判质疑、勇于探究等核心素养。

三、案例评价标准

素养维度	素养表现	关键要素
创新能力	幼儿在面对萝卜种植和制作萝卜干过程中的挑战时，能够独立探索并创造出独特的解决策略。他们在实践中不仅提出创新的解决方案，而且敢于实施并优化这些方案。	幼儿展现出从多个角度审视问题的能力，积极探索创新的途径。他们愿意尝试不同的方法和新技术，通过实际操作来测试和改进解决方案，以实现最佳效果。

素养维度	素养表现	关键要素
跨学科融合	幼儿在探究萝卜种植和制作萝卜干的过程中,能够将科学、数学、社会、语言等多领域经验及生活经验综合运用到项目中。	大胆猜想、大胆尝试,综合运用各领域经验进行验证分析。
实践能力	在家长的指导下,幼儿会利用家庭常用的食材或生活用品制作天然驱虫液;能够熟练使用各种劳动工具,如小刀、水壶等制作泡萝卜;会根据切、串、晒、搅拌等流程制作萝卜干。	熟练使用劳动工具制作驱虫液、泡萝卜以及萝卜干。运用创新思维解决项目中的问题。
合作能力	在探究"萝卜叶上的洞""萝卜坏掉了"以及"萝卜变轻了"等问题时,幼儿通过小组合作,分享各自的观察和想法,共同制定实验方案,并分工合作进行实验操作。	能够通过共同面对挑战,尊重和倾听他人的意见,相互支持与学习等提高解决问题的能力,有团队精神和集体荣誉感。
学习成果展示	幼儿能够清晰、准确地展示项目成果,包括制作步骤、所需材料等;会利用适当的方法与他人进行有效交流,分享学习经验和成果。	具备良好的沟通技巧,能够准确地表达自己的学习成果,并能够接受他人的反馈意见。

四、案例所需资源

(1)文献信息资源

文献信息资源是指用文字、图形、图像、音视频等方式记录在一定载体上的信息资源,按载体类型可分为书写型、印刷型、视听型、电子文献等。

(2)人力资源

老师对萝卜方面的知识的引导,同伴相互对"萝卜叶上的洞""萝卜坏掉了""萝卜变轻了"等问题进行探索,家长的合作与支持,发挥各项人力资源的作用,共同开展"萝卜怎么了"实践活动。

(3)网络资源

通过各大网站、软件进行资料查阅了解,知道环保驱虫液的制作方法,以及简便制作泡萝卜、萝卜干的方法和材料。

(4)材料资源

在课程实践中,学校向幼儿提供种子、卡纸、彩笔、双面胶、剪刀、观察记录表、绘画表征本、浇水壶等各种材料工具。

五、案例设计思路

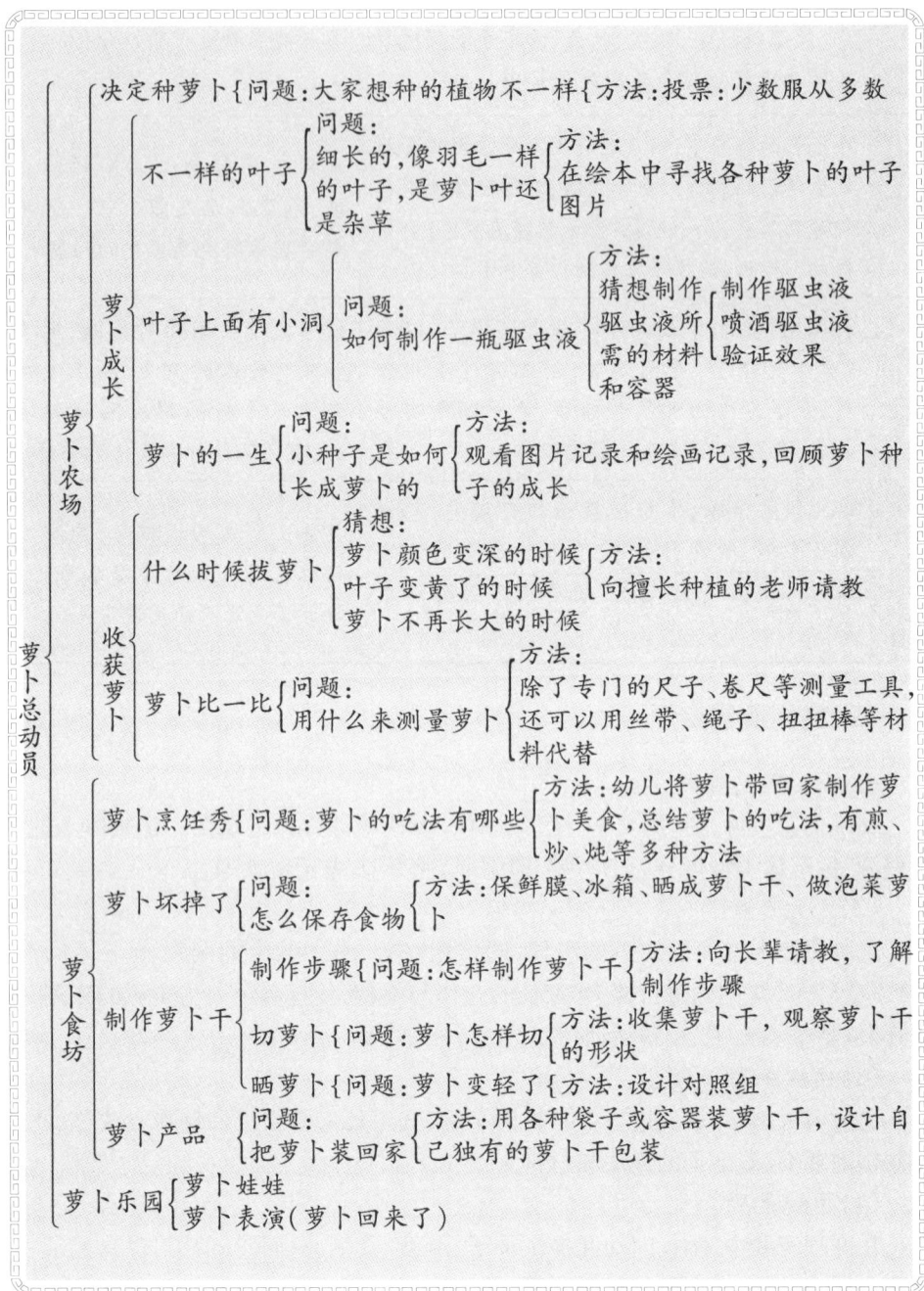

决定种萝卜 { 问题：大家想种的植物不一样 { 方法：投票：少数服从多数

萝卜总动员

萝卜农场

萝卜成长

不一样的叶子 { 问题：细长的，像羽毛一样的叶子，是萝卜叶还是杂草 } 方法：在绘本中寻找各种萝卜的叶子图片

叶子上面有小洞 { 问题：如何制作一瓶驱虫液 } 方法：猜想制作驱虫液所需的材料和容器 { 制作驱虫液 喷洒驱虫液 验证效果

萝卜的一生 { 问题：小种子是如何长成萝卜的 } 方法：观看图片记录和绘画记录，回顾萝卜种子的成长

收获萝卜

什么时候拔萝卜 { 猜想：萝卜颜色变深的时候 叶子变黄了的时候 萝卜不再长大的时候 } 方法：向擅长种植的老师请教

萝卜比一比 { 问题：用什么来测量萝卜 } 方法：除了专门的尺子、卷尺等测量工具，还可以用丝带、绳子、扭扭棒等材料代替

萝卜食坊

萝卜烹饪秀 { 问题：萝卜的吃法有哪些 } 方法：幼儿将萝卜带回家制作萝卜美食，总结萝卜的吃法，有煎、炒、炖等多种方法

萝卜坏掉了 { 问题：怎么保存食物 } 方法：保鲜膜、冰箱、晒成萝卜干、做泡菜萝卜

制作萝卜干 {
制作步骤 { 问题：怎样制作萝卜干 } 方法：向长辈请教，了解制作步骤
切萝卜 { 问题：萝卜怎样切 } 方法：收集萝卜干，观察萝卜干的形状
晒萝卜 { 问题：萝卜变轻了 } 方法：设计对照组
}

萝卜产品 { 问题：把萝卜装回家 } 方法：用各种袋子或容器装萝卜干，设计自己独有的萝卜干包装

萝卜乐园 { 萝卜娃娃 萝卜表演（萝卜回来了）

六、案例实施过程

活动一:萝卜叶上的洞				
教学目标	**科学素养**:幼儿能够理解萝卜种植过程中的生物学原理,包括植物的生长习性、病虫害的成因及防治方法,形成对植物科学背后科学原理的基本认识。 **技术运用**:幼儿能够掌握使用小型工具和简单机械设备进行植物护理的技术,如使用铁锹、浇水壶、儿童刀具、滤网等,并尝试运用这些技术来解决问题,如捉虫和制作驱虫液。 **工程素养**:幼儿能够了解制作驱虫液所需的材料、工具,按步骤、有计划地制作驱虫液,具备初步的规划能力。 **数学逻辑**:幼儿能够运用观察记录和比较分析的方法,发现和解释问题,如通过记录萝卜叶上洞的数量,比较喷洒驱虫液前后的变化,培养逻辑思维和数学应用能力。			
学习目标	1.掌握制作天然驱虫液的方法,并尝试运用。 2.利用家庭常用的食材或生活用品制作天然驱虫液。			
课型	新授课			
课时	3课时			
教学环节	教师活动	学生活动	设计意图	评价指标
真实情境导入	为什么萝卜叶上有洞?	观察叶子上的洞,积极思考,主动发言。	了解虫子会吃叶子,思考解决办法。	幼儿是否对新事物充满好奇,愿意想办法解决问题。
虫子探秘	是什么虫子吃了我们的萝卜叶?我们该怎么保卫萝卜?	认识常见的害虫:蚜虫、鼻涕虫、菜青虫等和不同方法捉虫,如用筷子夹、戴手套捉等。	激发幼儿对害虫种类的认识,创想思考抓住害虫的办法。	幼儿能否根据虫洞猜测害虫的名称,能迁移经验说出捉虫办法。

教学环节	教师活动	学生活动	设计意图	评价指标
捉了虫后，洞仍在增加	洞的数量真的还在增加吗？如果是真的，可能是什么原因？	分组每天观察、记录叶子上洞的数量，达成一致意见，并思考洞的数量增加的原因。	了解动物的保护色，并寻找比捉虫更好的灭虫方法。	幼儿是否具备知识迁移与运用的能力。
农药的利与弊	组织幼儿辩论。	认真聆听，积极思考，主动发言。	能够通过查阅资料，大胆发表自己的观点，尽可能用语言说服对方。	幼儿是否在辩论中围绕主题进行有逻辑的阐述。
"家庭实验室"配制驱虫液	布置亲子学习任务、实践任务、拓展任务。	亲子自制环保驱虫液并完成记录表。	了解大蒜、白醋、白酒、生姜、风油精、花露水、红辣椒、花椒等可以驱虫杀菌，并合理使用工具，按一定的步骤制作驱虫液。	幼儿能否通过资料查阅、实际操作、综合运用已有知识制作驱虫液。
驱虫液效果	你的驱虫液有效果吗？	分时间段、分区域喷洒一定容量的驱虫液并做好记录。	通过实践操作、观察记录，并根据观察到的杀虫效果，分析、讨论导致结果不同的原因。	幼儿是否具备借助资源提升自我的能力和验证分析能力。
小结	推广最环保、最有效的驱虫液。	大胆展示，分享配制方法：材料、步骤、比例等。	让幼儿在推广活动中，充分展示自我，有条理地说明驱虫液的特点与功能。	幼儿是否具备清晰的语言表达能力和逻辑思维能力。

活动二：萝卜坏掉了

教学目标	科学素养：幼儿能够理解食品保存的科学原理,包括食品腐败的原因和预防措施,形成对食品科学背后科学原理的深入认识。 技术运用：幼儿能够掌握使用简单工具和材料对食品进行保存的方法,如使用冰箱、抽真空包装等,并尝试运用这些技术来延长食品的保存时间。 数学逻辑：幼儿能够运用观察记录和比较分析的方法,发现和解释问题,如通过记录不同保存方法下的萝卜保存天数,比较不同方法的保存效果,培养逻辑思维和数学应用能力。
学习目标	1.了解萝卜保存的条件,乐于探索了解保存萝卜的不同方法,会使用简单工具辅助保存萝卜,掌握保存萝卜的科学方法。 2.通过观察和实验,学习食品保存的科学原理,培养科学探究的兴趣和能力。
课型	游戏　晨间　区域
课时	2 课时

教学环节	教师活动	学生活动	设计意图	评价指标
情境导入	小黑点是什么?	通过看、闻、摸、调查等方式,明确是霉斑。	让幼儿通过实际操作,辨认、判断萝卜上的霉斑。	幼儿是否具备综合运用已有经验的能力。
设问	为什么出现霉斑?	探究食物霉变的原因、条件。	通过鼓励幼儿进行不同实验探索,最终了解萝卜的霉变与温度、湿度等密切相关。	幼儿是否具备持续探究的能力。
提问	如何让萝卜保存时间更长?	基于已有经验的交流、猜想→不同方法的实验与收集:家庭经验收集与交流、市场卖家方法收集→再次分享经验→经验收集与归类→再次验证与分享。	能主动大方与同伴进行经验交流,大胆走出校园向身边的成人,如家长、卖菜人员等收集萝卜保存方法,并进行梳理后再与同伴进行分享。同时,能与同伴一起归类整理,并进行分工协作验证,筛选出保存时间最长的方法。	幼儿是否具备语言表达能力、归纳分类能力、团队协作意识和社会交往能力,是否能将以上能力进行综合运用。

活动三:萝卜变轻了

<table>
<tr><td rowspan="3">教学目标</td><td colspan="4">科学素养:通过观察和实验,幼儿能提出关于绳子和萝卜条重量变化的科学问题,并设计实验方案来探究这一现象,对科学探究有一定的兴趣和能力。</td></tr>
<tr><td colspan="4">技术运用:幼儿尝试使用电子秤测量萝卜晾晒前后的重量,展现使用技术工具解决问题的能力。</td></tr>
<tr><td colspan="4">数学逻辑:幼儿通过记录和比较萝卜晾晒前后的重量,运用数学逻辑分析数据。</td></tr>
<tr><td>学习目标</td><td colspan="4">1.乐意进行尝试和探索活动,感知萝卜晾晒前后颜色、形状、粗细、长短、轻重的变化。
2.掌握制作萝卜干的方法,发展切、晒、搅拌等技能。
3.运用电子秤测量轻重,通过比较数字发现萝卜条变轻。</td></tr>
<tr><td>课型</td><td colspan="4">区域活动</td></tr>
<tr><td>课时</td><td colspan="4">2课时</td></tr>
<tr><td>教学环节</td><td>教师活动</td><td>学生活动</td><td>设计意图</td><td>评价指标</td></tr>
<tr><td>提问</td><td>萝卜晒干了,发生了哪些变化?</td><td>观察萝卜干,萝卜除了变小、变皱,还有哪些变化?</td><td>让幼儿通过观察,完整描述萝卜的变化。</td><td>幼儿是否具备细致观察能力和语言表达能力。</td></tr>
<tr><td>物品晾晒生活经验交流</td><td>在生活中你晾晒过哪些物品,晒干后这些物品有什么变化?</td><td>大胆分享生活经验:湿的绒毛玩具抱起来特别费力,晒干后轻松抱起;想去帮妈妈把湿衣服挂上晾衣架,但是太重掉地上了,晒干的衣服又变轻了等。</td><td>回顾生活经验,了解感知晾晒物品湿润和干燥时的触感、外形、重量等变化。</td><td>幼儿是否具备对科学概念的认知能力。</td></tr>
</table>

教学环节	教师活动	学生活动	设计意图	评价指标
操作任务	材料区投放电子秤、新鲜萝卜条,鼓励幼儿再次尝试晾晒萝卜条,并利用电子秤记录萝卜条晾后的重量变化。	认真晾晒萝卜条,并做好晾晒前后萝卜条重量的记录。	在实际操作中,学习电子秤的正确使用方法,掌握记录萝卜条的重量变化过程,得出最终结论。	幼儿是否会运用数学经验使用电子秤和观察记录,是否具备经验迁移能力。
展示分享	水分没了,萝卜除了变小、变皱,还有什么变化?	大胆分享自己的观察和记录。	在此过程中,充分运用观察记录、比较验证、对比判断等方法,发现萝卜变干过程中的不同变化。	幼儿是否具备将生活经验与已知知识迁移和融合的能力。
后续思考	萝卜中的水分去哪儿了?	自主思考与探究。	培养幼儿深入思考、主动解决问题的能力,鼓励从思考与探究中去发现水蒸发的原理。	幼儿能否有效运用多种方法、途径探究、验证发现事物中的科学原理。

七、学生作品及点评

(一)自制环保驱虫液

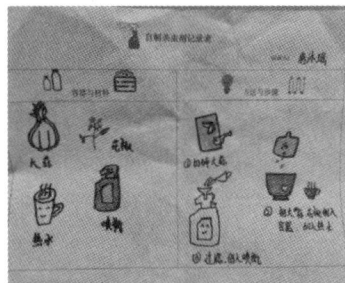

1. 作品简介

瑶瑶自制了一瓶环保驱虫液。她首先将大蒜切碎，然后将大蒜和花椒倒入壶中，加入热水。待混合物浸泡一段时间后，她将其过滤，并将过滤后的液体倒入喷瓶中，以便于使用。

2. 作品点评

"自制环保驱虫液"项目展示了瑶瑶的创造力和实践能力。她巧妙地利用日常生活中的材料，如大蒜、花椒和热水，制作出一种环保的驱虫液。这种驱虫液不仅有效地驱除害虫，还避免了使用化学合成的驱虫液对环境和人体健康的潜在危害。通过这个过程，她不仅学到了实用的生活技能，还增强了对环境保护的意识。这个项目充分体现了STEM教育中提倡的动手实践和问题解决能力，同时也展现了对环境保护重要性的认识。

（二）自制泡萝卜

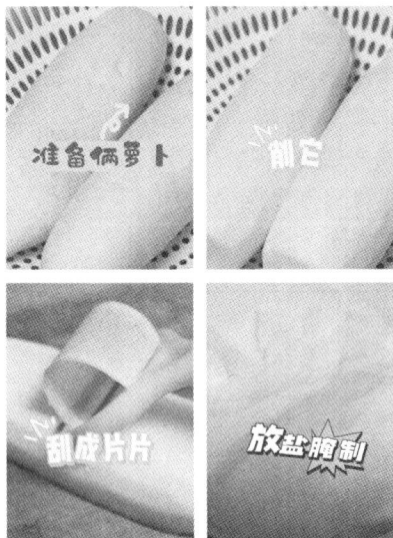

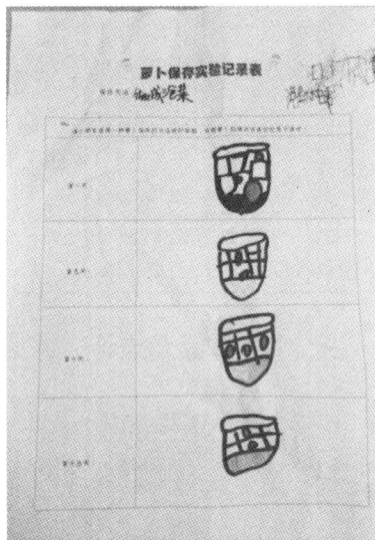

1. 作品简介

晨晨在家长的指导下，学习并制作了泡萝卜。他首先了解制作泡萝卜所需的材料和方法，然后在家长的引导下，亲自操作，制作出美味的泡萝卜。在整个过程中，晨晨通过每天的观察，记录下了萝卜的变化，发现用这样的方式可以很好地保存食物。

2. 作品点评

晨晨的"自制泡萝卜"项目展示了他出色的科学素养和实践能力。在家长的引导下,他不仅学会了制作泡萝卜,还在观察和记录中了解了食物保存的科学原理。晨晨在整个过程中表现出的自主操作、主动询问、耐心观察和准确记录的能力,体现了良好的科学态度和探究精神。这个项目不仅让晨晨获得了实践知识,还增强了家庭中的亲子互动,让学习变得更有趣、更有意义。通过这种个性化的探究方式,晨晨不仅学到了生活技能,还体验了科学探究的乐趣,实现了学科知识的整合和实践学习的最大化。

(三)自制萝卜干

1. 作品简介

瑞瑞学习并制作了萝卜干。她首先了解制作萝卜干所需的材料和方法,然后在家长的引导下,亲自操作,制作出美味的萝卜干。在整个过程中,瑞瑞通过每天的观察,记录下了萝卜的变化,发现萝卜干可以很好地被保存。她还注意到一个有趣的现象,刚晾晒时,萝卜压弯了绳子,而一段时间后,绳子又变回来了。这引发了瑞瑞和伙伴们对这一现象的探究,他们通过观察、假设、实验和分析,最终明白了这是因为萝卜中的水分蒸发,萝卜变轻了。

2. 作品点评

瑞瑞的"自制萝卜干"项目不仅展示了她的实践能力,还体现了她的观察力和科学探究精神。在家长的引导下,她不仅学会制作萝卜干,还在观察和记录中了解了食物保存的科学原理。通过对绳子弯曲现象的探究,瑞瑞和伙伴们展现了科学思维和团队合作能力。他们通过实验和分析,得出了萝卜变轻的原因,这种探究过程不仅增强了他们对科学知识的理解,还培养了他们的实验技能和团队合作能力。这个项目让孩子们在真实的生活情境中学习科学,体验到科学探究的乐趣,体现了 STEM 教育在现实生活中的应用价值。

八、案例实施成效及反思

(一)思维方式改变,达成知行合一

面对问题的出现,不轻易下定论,而是遵循"是什么""为什么""怎么样""怎么做"的思维方式,展开全面而深入的探究。坚持以问题为驱动,且尽量将问题做细致分解,严格遵循"七步法"(定义问题、收集信息、分析问题、设计解决方案、实施方案、评估效果、持续改进)进行活动设计与推进。教师要养成工程思维的习惯,且由学习活动向一日活动延伸,并重视幼儿学习、生活中的值得探究的小问题,将此作为提升孩子思维水平的切入口。教师对学习活动的引导要聚焦关键,让幼儿的学习同时指向知识的习得与高阶思维的发展。

"怎么了"蕴含着对幼儿问题的关注,引导幼儿在真实探究、真实体验中生发真实问题,探寻答案。"怎么了"更是突出思维方式的改变,让幼儿、教师、家庭更新了"知",完善了"行",对幼儿学习、教师教学、家庭教育提出的批判建构要求,提醒我们须时刻以这样的思维来指导行动、来溯本求源,从而达成知行合一。

(二)学科整合改变,达成深度学习

努力探寻主题活动与STEM教育有效连接的新通道,以覆盖面相对完整的主题活动为框架,从两个方面明晰课程体系的建构:一是梳理与科学、技术、工程、数学学科关系紧密的内容,形成STEM学习板块;二是在其他学科学习、生活、游戏中以工程思维贯穿始末,形成STEM教育理念融合板块。跨学科学习跟随探究问题的动态调整、学习方式的自主选择、学习经验的个性差异而变,让学科整合为幼儿不同的学习需要、学习水平、学习进度服务,实现具有个性化的深度学习。

(三)"玩"与"学"关系把握,达成主动发展

游戏中的学习更符合幼儿学习的特点,游戏环境、材料、合作伙伴等对幼儿的学习会产生潜移默化的影响。通过游戏中"玩"与"学"关系的把握,顺应幼儿兴趣,满足幼儿活动需要,实现幼儿的主动成长与发展。

幼儿园的STEM教育必须适应幼儿的学习特点,要以游戏为基本活动,要符合幼儿的兴趣,实现"玩"中"学"。未来的STEM教育中,我们要处理好两组关系:一是幼儿兴趣广泛、多变与科学探究的坚持、深入的关系处理;二是在STEM学习过程中"玩"与"学"的关系把握。同时,将STEM课程与园本课程的建构相结合,有目的、有计划地形成STEM课程进阶框架,将其与一日活动相互渗透,为"一日活动皆课程"融入更多STEM教育理念。

好玩的树屋

重庆市北碚区缙云幼儿园　　王琳　游蕊源

一、案例介绍

暑假归来,小朋友们惊喜地发现操场的榕树上有了树屋。孩子们对于树屋充满了好奇和期待。于是,一个关于树屋的班级项目活动就诞生了。活动以项目式学习为教学指导策略,分别从调查与启动、探究与表征、展示与评估三个阶段开展活动,全面提升幼儿的 STEM 素养,发展幼儿创新思维,培养幼儿的创新能力和解决问题的能力。

第一阶段:调查与启动。

从决定做树屋起,班级教师团队经历了"查找可利用的信息资源→寻找可利用的人力资源→考察可利用的环境资源"三个步骤来了解有哪些教育资源可以利用,确保孩子们项目活动的顺利开展。此外,我们借助亲子问卷调查表,了解幼儿的原有经验,并通过调查表梳理出幼儿对于树屋最感兴趣的问题,确定项目的驱动性问题,制定出项目活动的主题网络图。

第二阶段:探究与表征。

引导孩子们和家长一起利用网络平台,分别从"树屋的起源""你见过哪些形状的树屋?""可以用哪些材料来建造树屋?"三个维度来收集关于树屋的资料和信息。有了知识和经验的前期铺垫后,教师和孩子们一起制定了主题行动计划图,引导孩子们主动探索、积极实践,通过解决搭建树屋时遇到的实际问题,逐步掌握搭建树屋的知识与技能。

第三阶段:项目活动展示与评估。

通过树屋成品的展示及制作过程的讲解,孩子们充分展现了自己的学习成果和创新能力。教师也对整个教学过程进行反思和总结,为以后的 STEM 教学实践的改进和提升积累经验,助力孩子们的成长。

二、案例目标

本案例涉及的学科领域主要包括科学、技术、工程、艺术和数学,涵盖信息技术、物理学以及问题解决策略等。

"好玩的树屋"项目活动课程领域的具体表现如下:

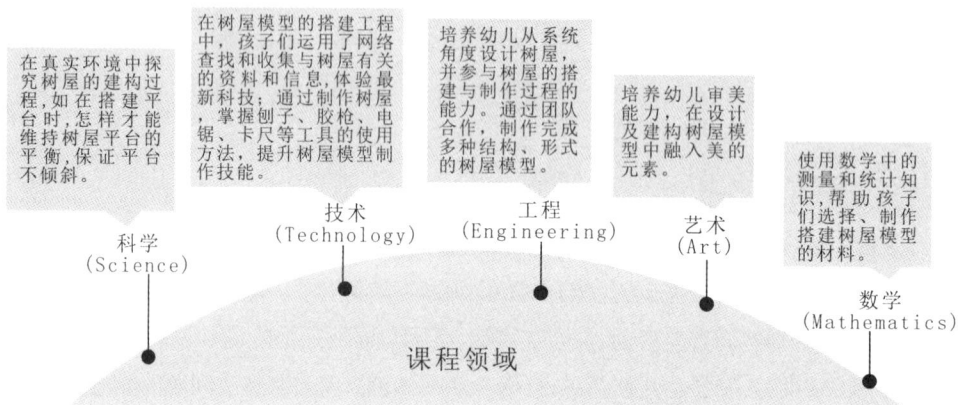

在真实环境中探究树屋的建构过程,如在搭建平台时,怎样才能维持树屋平台的平衡,保证平台不倾斜。

在树屋模型的搭建工程中,孩子们运用了网络查找和收集与树屋有关的资料和信息;体验最新科技;通过制作树屋,掌握刨子、胶枪、电锯、卡尺等工具的使用方法,提升树屋模型制作技能。

培养幼儿从系统角度设计树屋,并参与树屋的搭建与制作过程的能力。通过团队合作,制作完成多种结构、形式的树屋模型。

培养幼儿审美能力,在设计及建构树屋模型中融入美的元素。

使用数学中的测量和统计知识,帮助孩子们选择、制作、搭建树屋模型的材料。

科学(Science) 技术(Technology) 工程(Engineering) 艺术(Art) 数学(Mathematics)

课程领域

课程总体目标概述如下:

STEM素养提升:通过项目式学习,使幼儿能够深入理解并应用科学、技术、工程和数学的知识和技能去解决生活中所面临的问题,提高他们在这些领域的素养水平。

创新思维培养:鼓励幼儿发挥想象力绘制树屋设计图,运用多种材料搭建树屋,发展他们的创新思维,并提升解决复杂问题的能力。

跨学科融合:促进科学、技术、工程和艺术、数学等学科的深度融合,使幼儿在实践中掌握跨学科的学习方法,形成综合性的知识结构和思维模式。

团队协作与沟通能力:通过小组合作和项目展示,培养幼儿团队协作能力和沟通能力,增强他们的集体荣誉感和归属感。

个性化发展:尊重幼儿的需求,为他们提供多样化的材料,促进他们建构个性化的树屋模型,满足个性化的发展需要。

综上所述,本案例旨在通过"初识树屋→了解树屋→搭建树屋模型→树屋模型展示"的顺序和按照STEM项目式学习,实现多学科融合育人目标,发展幼儿核心素养。

三、案例评价标准

素养维度	素养表现	关键要素
创造性思维	幼儿能够根据自己的想象,自主设计、绘制树屋的设计图,并通过实践探索树屋的制作过程。在项目实施过程中,幼儿能够保持独立思考,当搭建的过程中遇到问题时,能够提出解决方案,并勇于尝试和实践。	从不同角度思考问题,寻求解决问题的办法。
跨学科思维	幼儿能够将艺术、物理、数学等多个学科的知识融合到树屋的设计和建造过程中,实现跨学科的综合应用。	跨学科知识应用于解决建构树屋过程中遇到的实际问题,形成综合性知识体系。
实践能力	在项目实施过程中,幼儿能够独立地使用胶枪、电锯、卡尺等工具进行树屋的搭建,将理论层面的树屋设计图转化为实物模型。	幼儿将前期查找和收集到的与树屋有关的理论知识有效地应用于实践中,解决实际问题。
合作能力	幼儿通过自由分组的方式,在团队中积极协作,共同完成项目任务。在项目实施过程中,幼儿能够相互支持、相互学习,共同解决问题。	团队协作精神,学会与他人有效沟通,确保项目顺利进行。
学习成果展示	幼儿能够清晰、准确地展示项目成果,包括对树屋的制作过程的讲解及对树屋功能的演示。在展示过程中,幼儿能够清楚地讲解自己的作品。	能够大胆地与他人进行有效交流,分享学习经验和成果。

四、案例所需资源

信息资源:通过书店、互联网等,寻找与树屋有关的绘本、图片、音乐、视频等资源。如故事《10层楼的大树屋》和《神奇树屋》系列丛书及《大树妈妈》《快乐的小树丫》等歌曲。

人力资源:幼儿园的木工师傅是讲解树屋怎样建构、木工工具如何使用最专业的老师。每个幼儿的家长也是帮助幼儿查找和收集关于树屋资料的最好老师。

环境资源:幼儿园多功能游戏区的树屋,同属集团园所的其他形式的树屋资源为孩子提供了实地参观的资源。幼儿园的木工坊为幼儿建造树屋模型提供了工具和场地。

五、案例设计思路

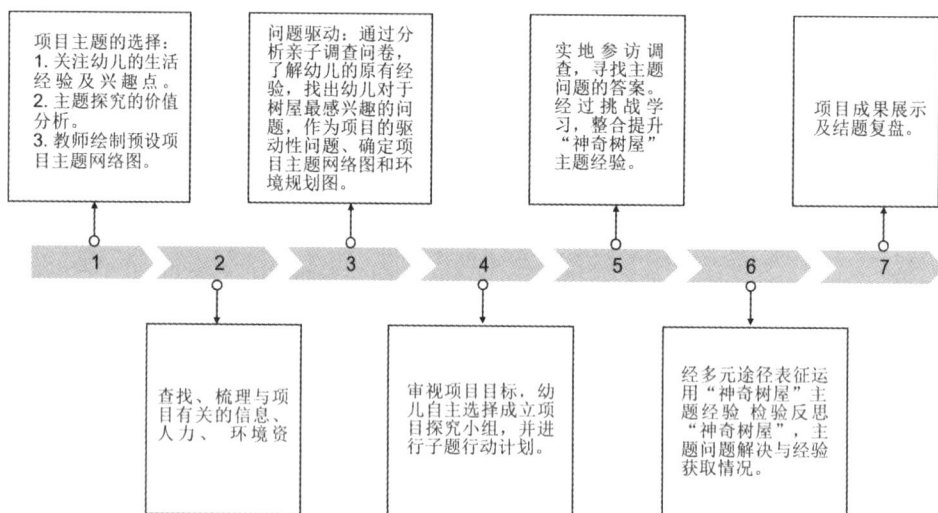

项目主题的选择: 1.关注幼儿的生活经验及兴趣点。 2.主题探究的价值分析。 3.教师绘制预设项目主题网络图。	问题驱动:通过分析亲子调查问卷,了解幼儿的原有经验,找出幼儿对于树屋最感兴趣的问题,作为项目的驱动性问题、确定项目主题网络图和环境规划图。		实地参访调查,寻找主题问题的答案。经过挑战学习,整合提升"神奇树屋"主题经验。		项目成果展示及结题复盘。

1 → **2** → **3** → **4** → **5** → **6** → **7**

	查找、梳理与项目有关的信息、人力、环境资	审视项目目标,幼儿自主选择成立项目探究小组,并进行子题行动计划。		经多元途径表征运用"神奇树屋"主题经验 检验反思"神奇树屋",主题问题解决与经验获取情况。	

六、案例实施过程

<table>
<tr><td colspan="2" align="center">活动一:初识树屋</td></tr>
<tr><td rowspan="2">教学目标</td><td>科学素养:幼儿能够实地调查树屋,了解树屋的结构和功能。</td></tr>
<tr><td>工程思维:幼儿通过实地参访了解树屋建构的顺序。</td></tr>
</table>

学习目标	1. 了解树屋的结构,知道树屋各个部件的功能。 2. 了解树屋建构的顺序,获得建构的经验知识。			
课型	新授课			
课时	1 课时			
教学环节	教师活动	学生活动	设计意图	评价指标
情境导入	幼儿园树屋建构的过程中幼儿对树屋功能探讨情境的回顾。	引起幼儿探索的兴趣,积极思考。	将幼儿前期观察园所树屋建构过程的经验调动起来。	幼儿是否具备对新事物的好奇心和探知欲。
设疑	树屋有哪些结构?建构树屋的顺序是什么?	积极思考,主动发言。	借助问题引入,关注幼儿的最近发展区,激发幼儿学习的兴趣和探求欲。	幼儿关于树屋的原有经验有哪些?
自主探索树屋的结构及玩法	教师引导幼儿在玩耍的过程中去发现树屋的结构及功能。	自主进行树屋的探索。	通过幼儿自由探索找寻问题的答案。	幼儿是否具备跨学科知识融合的能力,是否具备发现问题、解决问题的能力。
了解树屋的结构及功能	教师引导幼儿小结自己的发现。	主动积极地发言。	整合幼儿探索的结果,帮助幼儿梳理经验。	幼儿是否具备抽象思维的建构能力。

教学环节	教师活动	学生活动	设计意图	评价指标
介绍树屋的知识	组织幼儿集中了解树屋的相关知识。	整合新经验。	借助集中学习树屋知识的机会，帮助幼儿通过对比，认识关于树屋的专属词汇。	幼儿是否具备将知识融会贯通的能力。
二次探索	组织幼儿二次探索树屋。	自主进行树屋的探索。	自主探究环节更有利于教师关注幼儿的能力差异，以及对知识的理解度。	幼儿是否具备借助资源提升自我的能力和经验整合的能力。
小结	知识小结。	幼儿认真倾听。	留足时间让幼儿去提取知识、理解知识、应用知识。	幼儿是否具备自学能力和创新实践能力。

活动二：了解树屋

教学目标	**科学素养：**幼儿借助家长通过网络平台查找、收集关于树屋的知识和资料，从科学的角度出发，深入了解树屋的类型、树屋的材料及支护工艺等。 **技术运用：**幼儿借助家长通过手机或电脑查找、收集关于树屋的知识。 **工程素养：**幼儿能够了解搭建树屋的实施步骤，并具备初步的规划能力，包括目标设定、计划制定等。
学习目标	1. 能够借助家长通过网络平台查找、收集关于树屋的知识和资料。 2. 能够了解搭建树屋的实施步骤，并具备初步的规划能力，绘制设计图。
课型	新授课
课时	3 课时

教学环节	教师活动	学生活动	设计意图	评价指标
问题导入	分别从问卷中的三个问题引入：树屋的起源。你见过哪些形状的树屋？可以用哪些材料来建造树屋？	幼儿认真倾听，调用已有经验解答问题。	帮助幼儿梳理已有经验。	幼儿是否具备将知识融会贯通的能力。
小结	帮助幼儿梳理经验，小结幼儿的已有经验。	幼儿认真倾听。	帮助幼儿同伴间相互整合知识。	幼儿是否具备知识整合的能力。
制定项目行动计划	介绍项目式学习实施的步骤。	对项目式学习的实施步骤有更清晰的认识。	项目式学习的步骤：提出问题、组建团队、项目计划、项目启动、知识储备、解决问题和产出成果、成果展示、复盘结项。	幼儿是否具备创新思考、创造产品的意识和能力。
项目分组	通过对树屋问卷调查表的梳理，找出了幼儿最感兴趣的问题：树屋的三种支撑法（支柱支撑法、螺钉支撑法、悬挂支撑法）。将其作为驱动性问题成立子项目主题，引导幼儿按兴趣成立项目小组。	幼儿自主选择加入项目小组。	帮助幼儿根据兴趣切入点进行分组，成立团队。	幼儿是否具有团队意识。
制定子题 行动计划图	布置制定行动计划的任务单，落实项目团队的组建。	确定小组的组长、小组成员及分工，并制定小组计划。	幼儿在老师的引导下完成项目计划。	幼儿是否具有团队领导力和团队协作力。

<table>
<tr><td colspan="5" align="center">活动三:建构树屋模型</td></tr>
</table>

教学目标	科学素养:幼儿能在项目实践过程中,设计实验,培养其科学探究的兴趣和能力。 工程素养:幼儿能够按照子主题行动计划图,有序进行项目实践,培养其工程实践能力和问题解决能力。 数学逻辑:幼儿能够运用测量工具熟练地进行测量。
学习目标	1. 能够将科学、工程和数学等多个领域的知识和技能融合到项目中,实现跨学科知识的有效整合。 2. 能够在项目实施过程中,主动提出问题并以科学的方法探索解决问题的方式。 3. 能够发挥各自特长,有效协作,共同完成项目任务,并展现出一定的领导力和沟通合作能力。
课型	新授课
课时	5 课时

教学环节	教师活动	幼儿活动	设计意图	评价指标
评估项目	评估项目小组分工是否合理。	优化项目小组成员结构。	让每一个幼儿找到最近发展区,参与到项目式学习活动中来。	幼儿是否具备领导力、沟通力、包容力。
知识储备	发布查找和收集关于树屋知识的调查表。	借助家长力量查找和收集资料。	帮助幼儿梳理经验。	幼儿是否具备将知识融会贯通的能力。
分析选择材料	提供项目小组制作的树屋材料,给予幼儿指导和肯定。	合作探究,通过测量树干大小、平衡实验、承重力等选择搭建树屋的材料。	让幼儿在解决实际问题的过程中,逐步掌握STEM领域的知识与技能。	幼儿是否具备跨多学科知识融合能力。

教学环节	教师活动	幼儿活动	设计意图	评价指标
开展实践研究	选择什么样的树才能搭建树屋?树屋的结构有哪些?搭建树屋需要什么材料?	解决在项目实施过程中的困难。	培养幼儿分析问题、解决问题的能力,发展幼儿的自主、自学、自创的三自能力。	幼儿是否具备创新思维、知识钻研能力。
制作树屋	提供项目小组制作树屋的平台,给予幼儿指导和肯定。	合作探究,制作项目产品。	让幼儿在解决实际问题的过程中,逐步掌握STEM领域的知识与技能。	幼儿是否具备跨多学科知识融合能力。
延伸活动	布置项目成果展示任务。	测试作品和完善作品。	幼儿自主装饰树屋,完善树屋的结构和功能。	幼儿能否有效地与团队成员协作完成项目任务。

活动四:树屋模型展示

教学目标	**工程素养**:培养幼儿的团队协作和项目管理能力,确保项目能够按计划进行并达成预期目标。 **数学逻辑**:培养幼儿有条理地根据树屋的制作过程进行作品描述的能力。
学习目标	1.能够应用不同解决方案,优化树屋。 2.能够在跨学科的学习过程中,培养创新思维和批判性思维能力,形成独立思考和自主学习的能力。 3.能够通过项目合作和讨论,增强团队协作和沟通能力,提升人际交往能力。 4.能够形成对科技发展的关注和兴趣,培养终身学习的意识和习惯。
课型	新授课
课时	2 课时

教学环节	教师活动	幼儿活动	设计意图	评价指标
情境导入	创设情境,用视频的形式回顾项目活动过程。	调动幼儿的经验。	检验小组学习情况。	幼儿是否具备项目展示的条件。
成果梳理	引导幼儿梳理小组成果,并协助幼儿进行人员分工,对作品进行展示。	梳理小组成果(树屋设计图+成品),按照自己的分工开始练习展示环节。	检验小组学习情况。	幼儿是否具备团队的协作能力。
作品展示	引导幼儿按小组进行回顾分享。	小组人员分工进行作品介绍。	分享学习成果和快乐,让幼儿获得成就感。	幼儿是否具备思辨能力、创新能力、表达能力。
项目总结与反思	对项目成果进行过程性评价和终结性评价。	每位幼儿无论是分享者,还是观摩者,都能收获学习的快乐,增进同伴之间的友谊。 作品复盘与改进。	幼儿是否在自主探究中提升实践能力,是否能接受同伴的反馈。

七、学生作品及点评

(一)台灯树屋

阳光组——台灯树屋

1. 作品简介

阳光组的孩子们在制作树屋的过程中使用到的材料有雪糕棍、原木片、流苏。台灯的造型和阳光组的队名十分贴切。

2. 作品点评

在搭建的过程中孩子们运用了很多的数学知识。如利用了等分的数学理念将雪糕棍用工具一分为二作为树屋墙壁搭建材料。在搭建的初期，孩子们最先设计的是一个圆柱形的树屋，但是在寻找材料时，直径最大的原木片只剩下一片了，于是孩子们便利用现有的材料进行了搭建。

在树屋搭建完工时，大家意外地发现这个树屋像一个台灯的灯罩，于是大家给这个树屋取名为台灯树屋。小朋友在设计梯子时，在老师的引导下用流苏作为树屋的绳梯，在造型方面与灯罩更贴切了。

(二)滑梯树屋

彩虹组——彩虹滑梯树屋

1. 作品简介

彩虹组的孩子们在制作树屋的过程中使用红色、紫色、黄色、绿色、粉色的毛线，寓意彩虹。同时，彩虹组的小朋友都喜欢玩滑梯，所以他们为树屋建造了一个滑梯通道,最后取名为彩虹滑梯树屋。

2.作品点评

在制作的过程中,孩子们参照的是螺钉支撑法来固定平台。孩子们在材料的选择上,选择了树皮作为树屋主体结构材料。他们认为树皮不仅坚固且其本身就是大树的一部分,更适用于制作树屋。从树屋的整体上来看,其功能和结构符合树屋的特征,且造型上富有创意和美感。

(三)鸟巢树屋

蓝花楹组——鸟巢树屋

1.作品简介

蓝花楹组的孩子们在制作树屋的过程中使用到的材料有干花、彩灯串、玉米叶、超轻黏土、麻绳、塑料篮子等。同时,蓝花楹组的小朋友都希望自己能够住进这个像鸟巢一样、可以荡秋千的树屋里。

2.作品点评

在制作的过程中,孩子们参照的是悬吊法来固定树屋。树屋两端的绳子长度不一,导致树屋向一边倾斜,孩子们通过多次的尝试,终于让树屋的两端不再倾斜。

可当拿着树桩的小朋友把手放开时,树屋连同整个树桩出现了一起倾斜的问题,孩子们不得不另想办法,最终找到用鹅卵石增加树桩另一边的重量的方法,才完美地解决了这个问题。这个树屋很好地见证了蓝花楹组小朋友团结协作解决问题的能力。

八、活动实施成效及反思

在"初遇树屋→了解树屋→搭建树屋→树屋展示"的活动过程中,孩子们学到了关于树屋的知识,切实地体验了建构的乐趣。活动中我们需要追随孩子们的脚步,让活动慢下来,一步一个脚印,做孩子们的支持者、引导者、合作者,为孩子们提供材料,引导他们及时发现问题、解决问题。在解决问题的过程中孩子们之间又会产生思维的碰撞,这是孩子们之间的一个互相学习的过程,也有利于孩子相互协作品质的培养。

在实施树屋活动的初期,我们曾不止一次怀疑过孩子们到底行不行,会不会太难了。"孩子是有能力的,要相信孩子"这句话不断地出现在我的脑海里,让我们坚定了要将活动继续下去的决心。

我们老师总是小心翼翼地先去预估孩子的能力,评估他们做某些事情的风险与难度,考量再三还是觉得他们现在还不适合,就把想法扼杀掉。事实上当孩子想要做某件事情的时候,他自己除了会考虑兴趣以外,也会对与这件事的相关问题结合自身的能力做预估。一个兴趣点的诞生绝对不是简单的一时兴起,当他觉得我可以时,就会越想做,甚至越想做好。在动手做的过程中那些原本我们预想到的困难,孩子们也当然遇到了,可是解决困难的办法也就会随机产生。伴随着一个一个困难的解决,他们学会了怎么设计树屋,怎么建构树屋,由此还延伸出更多的话题,他们的思路不断地扩展。

很多时候我们预想的问题都可能不是问题,总会有解决的办法。孩子们在这样的过程中既可以提高解决问题的能力,还能够在自己喜欢的活动中轻松愉快地学习发展。爱是相信,相信他们的能力,放手让他们尝试,未尝不可。

发射吧，火箭

重庆市渝中区人和街小学附属幼儿园　黎小宁

一、案例介绍

中国航天迈着大步向浩瀚的宇宙不断探索，"神舟十二号""神舟十三号"……"神舟十八号"载人航天飞船的成功发射备受世界关注。孩子们透过屏幕看见火箭发射的那一刻兴奋得手舞足蹈、欢声尖叫，一个个问题喷涌而出："火箭怎么会有那么大的能量？""火箭怎么发射的？""火箭发射为什么要点火？别的发射方法行不行？"孩子们为此深深着迷。儿童的问题也引发教师的思考：关于火箭，以知道什么？还想知道什么？教师可以为儿童提供哪些支持？儿童可以在这样的探究中获得什么样的发展？

基于教师与儿童共同的好奇与疑问，本案例聚焦儿童真实情境下提出的真实问题展开STEM探究式学习，由教师与儿童共同开启探究。教师始终以"学习的促进者"的身份为儿童提供探究环境和丰富的资源，让儿童深入自主探究式学习活动中，满足其兴趣和发展需求，成为"自主的学习者"。儿童通过观察、交流、表征、推理去发现问题和解决问题，亲历"设计—制作—改进"这一解决工程问题的完整过程，享受"做工程"的快乐。

二、案例目标

本案例涉及的学科领域主要包括科学、技术、工程和数学，课程总体目标如下：

1. 借助多途径多方式搜集资料，观察了解火箭的基本信息，引发探究问题。

2. 同伴合作，设计并制作火箭，学习"发现问题—交流讨论—制定计划—合作建模—测试模型—反思改进"的设计思维。

3. 感知不同制作材料的特性,选择适宜的材料制作既稳固又满足发射条件的火箭和发射装置。

4. 融合科学、技术、工程和数学知识,反复测试优化方案,解决火箭发射的问题。

5. 通过 STEM 探究学习,获得分工协作、资源利用、批判性思维等核心经验,增强积极主动、专注、探究、创新、反思等学习品质,逐步习得工程思维。

本案例的系列探究活动依照儿童的真实问题不断深入,STEM 探究的特质呈现在每一次探究活动中,具体如下:(见表1)

表1　项目内容及教学方法

项目内容	跨学科元素	教学方法	课时
调查前认知,火箭我知道	技术	主要采用小组自主探究式学习;任务驱动法;启发法;实验法;演示法;讨论法;现场指导法等	1 课时
构思建模,我们一起造火箭	工程		1 课时
了解材料特点,火箭怎么站得稳	科学		1 课时
检测迭代,火箭怎么更牢固	数学		1 课时
构思解决方案,发射工具大搜集	社科		1 课时
探寻最优解决方案,发射火箭	社科		1 课时

三、案例评价标准

该案例是依据儿童的探究路径,跟随探究中儿童的真实问题不断生长和演化的,所以课程的走向是有机的、动态的,在教师与儿童、儿童与儿童、儿童与材料的交互作用中呈螺旋式深入。我们希望借助评估方案(见表2)为动态发展的项目课程做效能支持,促进课程的持续动态发展。课程评估方案是以"儿童发展、教师成长、互惠共生"为价值导向,力求评估指向教师与儿童下一步发展,发挥评价适切性。方案中,我们以儿童发展的关键经验为评估要素、过程性的儿童表现为评估依据。同时,分析教师就儿童发展提供的资源是否适时有效支持儿童的深度探究。以双向评估厘清教师与儿童发展路径,促进两者在此项目中的共同发展。

表2 课程评估方案

项目任务	评估要素	评估证据	教师支架
亲子调查，了解更多关于火箭的信息	1.收集资料的方法 2.任务意识 3.观点采择 4.表征记录	1.多途径收集关于火箭的图片 2.调查表回收率 3.调查表中儿童参与程度，如记录方式 4.火箭知识点数量	材料： 记录表《火箭知多少》
分享交流，表达自己对火箭最感兴趣的地方	1.良好的倾听习惯和能力 2.掌握并运用交流和表达的方法 3.初步运用谈话策略，如解释、补充	1.儿童分享交流的过程视频 2.教师现场观察记录 3.儿童发现并表达自己和同伴关于火箭相同与不同看法的视频记录	问题： 1.你知道火箭的哪些知识？ 2.怎么验证你的想法？你想造一个什么样的火箭？
设计建模，借助各种材料建造属于自己的火箭	1.运用工具和技术的能力 2.数据分析能力 3.实验、预测和得出结论的能力 4.科学思考能力 5.设计制作能力 6.表达交流能力 7.发现问题、解决问题能力 8.观点采择 9.分享、合作 10.表征记录 11.资源利用 12.批判性思维	1.儿童自由分组讨论的视频及照片 2.小组合作完成《哇，航天火箭》计划表 3.小组讨论、分工及收集材料的图片和视频 4.儿童制作火箭的过程中发现问题和解决问题的图片和视频 5.教师现场观察记录 6.儿童小组合作时采择同伴观点的文字、图片和视频记录 7.小组伙伴评价自制火箭的视频 8.小组间对火箭计划质疑的视频	问题： 1.你们打算用什么材料来制作火箭？ 2.有没有办法让火箭站起来？ 3.有没有办法让火箭变得坚固？ 4.问题可能出现在哪儿？你们打算怎么调整？ 材料和环境： 区域联动，各区域材料开放，只要儿童需要，一切都属于他们
合作探究，与同伴一起收集工具"发射"火箭		1.《发射火箭我需要》计划表 2.儿童收集发射火箭工具数量、种类的图片 3.小组讨论和寻找工具的视频 4.儿童验证工具可能性、发射火箭的过程图片和视频 5.教师现场观察记录 6.探究过程中小组成员采择观点的具体行为照片	环境： 每小组一个相对独立实验场地 材料： 各区域材料开放。 时间： 弹性计划、给儿童足够的探索时间 问题： ……

四、案例所需资源

资源是课程实施的重要载体和基础条件,儿童、教师、社会三者秉持"只要儿童需要,一切都属于他们"的资源支架策略合力为本项目提供丰富的教学资源,支持儿童去"了解火箭—设计火箭—制作火箭—发射火箭"。力求在与同伴、与材料的深度互动中运用技术、工程、科学和数学解决真实情境中的真问题,获得STEM关键经验。

本案例教学资源如表3所示。

表3　教学资源

类别	资源名称	具体问题
教师提供的资源	记录表	不同探究阶段借助不同记录表,将思维过程可视化: 1.调查前认知,"航天火箭知多少"记录表 2.构思设计,"瞧,航天火箭"记录表 3.检测迭代,"我们一起造火箭"记录表 4.构思解决方案,"发射火箭我需要……"记录表 5.探寻最优解决方案,"发射吧,火箭"记录表
	视频	火箭发射视频让儿童直观感知火箭发射,激发其探究兴趣和引发问题: 1."神舟十二号"发射视频 2."神舟十三号"发射视频 3."神舟十四号"发射视频
	书籍	儿童在自主阅读中获得关于火箭的各种信息: 《这就是火箭》《火箭发射》《天宫一日游》《我们的太空》《太空百科全书》《到有繁星的地方去》
	关键提问	教师适时以问题支架儿童观察、反思自己的设计与方案,从开放式探究走向聚焦式探究,拥有持续探究的激情和能量: 1.你了解火箭的哪些信息?最感兴趣的是什么? 2.我们要建造什么样的火箭?需要哪些材料? 3.火箭怎么站得稳? 4.火箭如何更牢固? 5.什么样的工具能将我们制作的火箭发射呢? 6.火箭发射成功了吗?问题可能出在哪里?

类别	资源名称	具体问题
儿童自寻的资源	制作火箭的材料	儿童根据小组模型设计,寻找建模的材料: 1.火箭主体:软硬不同的手工纸、纸筒、泡沫棒、纸杯、牛奶盒、矿泉水瓶、雪糕棒、地垫等 2.辅助材料:剪刀、胶棒、双面胶、透明胶、胶水等
	发射火箭的工具	儿童分工合作,寻找各种可能用于发射火箭的工具: 气球、打气筒、木棒、电扇、纸盘、塑料板、扇子、弹力球、宽窄长短不同的皮筋等
社会资源	家长资源	亲子合作,借助网络、书籍等资源与幼儿共同调查、搜集儿童感兴趣的关于火箭的信息,充分尊重儿童的个性化发展需要
	博物馆	参观航天展和航天博物馆,新增场景体验

五、案例设计思路

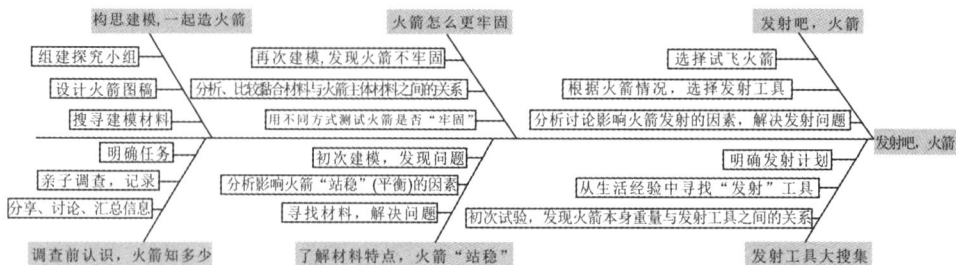

六、案例实施过程

	活动一:调查前认知,火箭我知道
探究任务	儿童在家长的支持下运用多途径、多方式调查、搜集资料完成记录表,增进对火箭的了解。
探究过程	 1.发现问题,制定计划。"你们了解火箭的哪些信息? 最感兴趣的是什么?"教师以问题和"航天火箭知多少"记录表为支架,以任务驱动儿童与家长就火箭的各类信息进行调查、搜集和记录。 2.合作探究,解决问题。明确任务后,儿童在家长的帮助下通过网络、书籍、纪录片等查找火箭的信息,并用自己的符号进行表征记录。 3.分享交流,反思改进。分享发现:儿童对火箭的构造和各部分的名称、火箭运行的路线、火箭运送的方式、火箭发射的指令、制作自己的火箭并发射等问题最感兴趣。教师请儿童以投票方式确定下一步的探究计划,这将为该课程的深入探究奠基。
设计意图	一个充分发展的项目课程,能使儿童投入全部的心力和情感。记录表的提供让儿童以任务驱动,有目的、有计划地与家人和同伴展开信息调查。同时,借助自己的文字符号将最感兴趣的信息进行可视化表征,教师从中获得儿童最真实、最详实的已有经验和表征背后潜藏的发展需要。教师支持儿童深入思考最感兴趣的问题,通过投票的方式获得聚焦式探究的可能,这是本次STEM项目开启的关键。

活动二:构思建模,我们一起造火箭

探究任务	同伴协商、讨论火箭造型,以及火箭建模时可能需要的材料预设,融合技术与工程的关键经验,初步感知设计思维。
探究过程	1.发现问题,制定计划。"我们要建造什么样的火箭? 需要哪些材料?"通过前期调查、分析与讨论,儿童聚焦工程问题——构思建模。儿童自行组建探究小组,每个小组3~5人,并制定小组公约。 2.合作探究,解决问题。小组借助"瞧,航天火箭"记录表展开讨论,由记录员绘制火箭设计稿和建模所需材料。小组分工寻找材料,如纸筒、手工纸、矿泉水瓶、胶棒、双面胶等初次建模。 3.分享交流,反思改进。小组间分享发现:建模过程中有的火箭呈二维平面;有的呈倾斜状无法直立等。小组间就此引发激烈争论,"火箭怎么站得稳?"成为下一步工程需要解决的首要问题。
设计意图	小组合作是顺利开展探究的核心,教师充分尊重儿童想法,支持他们自由组建小组,在小组的商讨中制定小组公约,确保后续探究的有序推进。记录表制定的过程凸显出儿童在技术上的思考,初次建模中发现的问题是儿童工程实施的起步。教师支持小组间进行分享交流,不仅让儿童获得思维的碰撞、启迪和开拓,也让儿童在对比反思中,明晰下一步工程实施的重点——解决火箭站稳的问题。

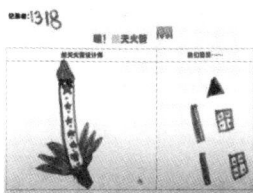

活动三:了解材料特点,火箭怎么站得稳

探究任务	通过调整材料数量、组合方式、造型和位置等,寻找火箭站稳的方法。
探究过程	1.发现问题,制定计划。"火箭怎么站得稳?"儿童观察了解影响火箭模型"站稳"的因素,小组内围绕该问题在技术上进一步调整和完善火箭设计图和预设材料。 2.合作探究,解决问题。为了解决火箭"站稳"的问题,各小组多方式寻找解决问题的办法。 3.分享交流,反思改进。分享发现:小组间解决"火箭怎么站得稳"各有妙招,然而,火箭能在桌面站稳就一定牢固吗? 火箭要发射,除了站稳,牢固更关键,不同的小组有不同的想法。儿童结合生活经验发表自己的观点,也为工程设计的优化提出了新的要求。
设计意图	儿童在以工程为核心的设计和制造中不断发现问题,深入地思考与探究推动着幼儿去解决新问题、迎接新挑战,这是STEM教育最核心的价值取向。幼儿在已有的火箭模型基础上不断调整,不仅考虑材料特点,还考虑多种材料组合的可行性。实践操作中充分体现了技术、工程、科学、数学等多学科融合与知识迁移能力的重要性。小组间逐渐由开放式探究走向聚焦式探究,围绕疑点开启下一轮的探究,寻找好方法解决本小组的真实问题。

活动四:火箭怎么更牢固

探究任务	小组内、小组间合作寻找检测火箭"牢固"的方法,并对自己的模型再设计和再优化。

探究过程

1. 发现问题,制定计划。"火箭怎么更牢固?哪些因素可能影响火箭的牢固?"小组内观察、讨论、反复测试发现:火箭主体与助推器黏合不牢固,一碰就坍塌;火箭体形太大,无法黏合;火箭太重了;纸杯做的火箭极易变形等。于是,制定优化方案和检测计划。

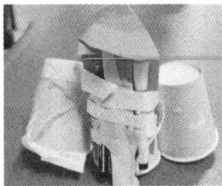

2. 合作探究,解决问题。小组间运用抛、扔、投、甩、砸、丢等方法对已完工的每架火箭进行检测,记录员记录检测结果,小组内及时对不够牢固的火箭进行调整优化。

3. 分享交流,反思改进。各小组结合"我们一起造火箭"记录表,将通过测试的火箭进行集体展示,并分享改进方案。分享发现:火箭选用的材料越轻越牢固;使用透明胶加固比双面胶更方便更牢固;火箭的造型对牢固性也有影响。

设计意图

工程思维推动儿童不断进行模型再设计和再优化,"工匠精神"和创造性解决问题的能力正在萌芽。他们自主探索跨学科整合学习、运用已有经验去有效利用各种材料解决问题,进而拓展对相关材料的新经验、获得新能力。同时,敢于质疑、大胆猜测并主动求证的科学品质在工程实施中显现。

	活动五:发射工具大搜集
探究任务	儿童联系实际生活和已有知识建构问题链,寻找"发射火箭的工具"。
探究过程	1.发现问题,制定计划。"什么样的工具能将我们制作的火箭发射呢?"儿童结合"火箭发射我需要……"计划表,将猜测的火箭发射工具进行记录。  2.合作探究,解决问题。小组分工合作,从家里、社区、幼儿园各处搜集可用的发射工具,如电扇、气球、橡皮筋、弹力球等,初步探索发射火箭的可能性。 3.分享交流,反思改进。小组内、小组间分享交流运用这些工具发射的方式,并相互进行提问和回应。儿童发现:纸盒做的火箭太重,用气球发射力量不够;电扇的风力太小,没有办法将纸杯做的火箭吹起来;弹力球安装在矿泉水瓶做的火箭底部不稳固;氦气球可以自己升空,打气筒充的气球没办法自己飞起来等。
设计意图	搜集发射工具、感知发射可能性让儿童发现"力"的重要性,这是本次项目中技术与科学面临的新挑战。儿童在小组内和小组间的讨论中,逐渐明晰火箭自身和工具蕴藏的"力"之间的关系,这是一个伟大的发现。

活动六：发射吧，火箭

探究任务	寻找办法解决火箭自身重量和发射工具产生的"力"之间的矛盾。
探究过程	1.发现问题,制定计划。"火箭发射成功了吗? 问题可能出在哪里?"小组内展开讨论,选择一架自制火箭和若干发射工具进行发射。 2.合作探究,解决问题。小组合作探究,并对发射的过程进行记录。  3.分享交流,反思改进。小组结合"发射吧,火箭"记录表分享自己的发射方法,发射过程中遇到的问题,以及解决办法等。分享发现:特别轻的火箭使用多个氢气球是可以发射成功的;电扇、纸盘等由于力太小没有办法发射火箭;较重、较大的火箭是可以借助弹力绳和木棒发射的。 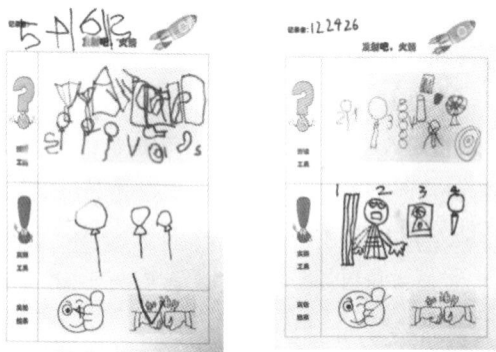
设计意图	通过STEM项目的持续性探究,儿童不仅获得技术与工程素养的提升,还获得发现问题、解决问题的能力,创新思维和批判性思维的发展。发射火箭的探究过程中,儿童经历不断的"试错",不断改进,或许最终也不能发射火箭。然而,儿童经历这样一个过程,会更加深刻地认识到研发的不易,过程中的收获远比单纯的一件作品更有价值,我们看到了儿童在持续、深入探究中的各种学习能力、学习品质的发展,"工匠精神"也在探究中显现。

七、学生作品及点评

（一）火箭"站稳"了

典型作品	关键经验	作品简介
		1.增加助推器数量,用长方体的牛奶盒作为底座,确保火箭的底部接触面更大。 2.使用透明胶确保黏合紧实。
	数的概念、量的认知、测量、空间方位、几何图形、力学、材料特性。	将助推器的材料调整为圆柱体纸筒,并放置在火箭主体的左右两侧确保平衡。
		用纸卷的方式,将火箭主体由二维平面转换成三维立体呈圆柱体站立。
		增加助推器数量,让火箭变得更重,由此站稳。

作品点评

以上 4 组作品呈现出儿童设计建模的独特视角和创造性。然而,他们面临着一个相似的挑战——"如何让火箭站稳",他们基于自己的设计原型,选择不同的材料,制作出不同造型的火箭,分析材料特性,运用不同的方式探索"站稳"的妙招,这是儿童从"设计"到"建模"过程中工程和技术思维的重要体现。在解决问题的真实情境中,他们不知不觉获得了测量、几何图形、材料特性、空间方位等关键经验的积累。

（二）火箭更牢固

典型作品	作品简介
	调整火箭原材料的体积和黏合剂:将建造火箭的牛奶箱调整为体形较小的纸盒,并用透明胶作为黏合材料。
	使用稳定性较强的立体图形做火箭主体:用圆柱体泡沫棒作为火箭主体,既能站得稳,也能减轻火箭自身重量。
	优化火箭造型和原材料使用:调整火箭造型,将纸杯与其他材料结合,黏合处使用双面胶、外轮廓使用透明胶黏合。

作品点评

牢固的火箭是发射的基础,该组作品是"站稳的火箭"的升级版。儿童选择的建模材料更加轻便:火箭主体多以长方体、圆柱体等形状的物品为主要材料;黏合是火箭"牢固"的关键,儿童对比各种黏合材料,选择更适宜的组合搭配。看似简单的一步探究,蕴藏着儿童对材料特性的分析、评估与调整,这是 STEM 课程中的综合能力的典型表现。

(三)发射吧,火箭

发射工具	力的探究	解决方案
弹力球 弹力绳	弹力工具使用、寻找力的方向、力的大小。	方案一:探索某一种发射工具产生更大的力; 方案二:调整火箭自身重量; 方案三:同时使用多种工具形成合力; 方案四:……
电扇、纸盘、打气筒	工具使用方法、风力大小、风的方向。	
气球	气球的安装位置、气球放气时的反作用力、力的大小和方向。	
氦气球	氦气球产生的浮力大小。	
长短不一的木棒	木棒的使用方法、支点的寻找、长短木棒的影响。	

作品点评

以上"发射"材料是儿童基于生活经验的选择,是本次探究的"成果物"之一,它们是儿童本次探究能否成功的关键因素。每组儿童根据自己小组建造的火箭模型寻找发射的工具和方法,他们分析火箭自身的重量、大小等,观察发射工具所能提供的力量,多维度调整,进而适配实现发射。儿童尝试的方案很多,每一步都是儿童的经典作品,无论成功与否,这是 STEM 探究的魅力,孩子们沉浸其中乐此不疲。

八、案例实施成效及反思

"发射吧,火箭"这一 STEM 项目是源于儿童对火箭发射过程的好奇,进而引发各种各样的问题,教师敏锐捕捉这一探究契机开启探究。项目中,教师以丰富的资源、巧妙的提问支架儿童跨学科融合,从多领域融通运用的角度提升儿童解决实际问题的能力。实现自我发展,习得主动、计划、专注、问题解决、资源利用、反思等学习品质,建构工程思维,涵养科学素养。

(一)关注真实问题,识别课程契机

本项目是基于儿童的真实问题发起的 STEM 探究,教师关注儿童的兴趣,并将其转化为探究的切入点,支持儿童与家人就这一兴趣展开调查,让儿童有充足的机会和时间寻找、思考自己最好奇的"真问题",教师分析每个真问题后蕴含的儿童发展价值,尊重儿童的发展需要,这是项目实施的关键。

(二)巧置教学资源,积蓄探究动能

项目中,教师、儿童、社会三者是教学资源提供的主体,儿童根据探究的现状,以小组为单位分工合作搜集资源;教师和社会关注儿童项目进展,适时以资源作支架,为其提供发现更多、挖掘更深和建构更高级知识的机会,这是项目不断深入的重要保障。三者间的合力,给整个项目积蓄资源动能、探究动能,儿童才能将自己对火箭的畅想进行设计、实施、优化调整,最终获得探索"发射"的机会。

(三)项目拓展反思

此项目并非单一领域的探究,教师的关注点并不是某一知识和概念的形成、实验的成败,而在于儿童科学思维、工程思维的建构。项目推进过程中,教师以资源助推儿童基于观察发现、猜想推测、实验探究、经验迁移等来深入思考项目问题,试验自己的想法,琢磨自己的好主意。尽管该项目在实施过程中各项资源准备很丰

富,但仍然遇到了一些问题:

第一,教师的 STEM 项目式教学经验不足。STEM 项目教学对教师的跨学科专业素养和工程思维要求较高,教师在知识储备、教学方式等方面仍需加强,迫切需要 STEM 领域专家给予引领和指导。

第二,动态发展的项目课程评估方式有待完善。该 STEM 课程体系和儿童发展价值需要进一步梳理、优化和完善,如何将儿童每一步的探究做价值评估和分析,如何为儿童发展搭建良好的支架和平台还需进一步考究。

我们深知 STEM 项目课程蕴藏融通多领域知识、涵养工匠精神的教育价值。儿童是项目的主角,他们跨学科多领域学习与运用技术、工程、科学、数学等,亲历探究、在行动中习得多元能力的发展。我们将在之后的教育教学中不断以儿童立场,关注儿童问题,支持他们像真正的工程师一样享受"做科学""做工程"的快乐,在行动中涵养工匠精神,给予儿童高质量的课程与发展。

小希,跑起来

重庆市沙坪坝区学府悦园第二幼儿园　马宇

一、案例介绍

在跨学科的综合课程改革浪潮下,幼儿园的科学教育活动也经历了从分科到综合的转型历程。本案例是以《3—6岁儿童学习与发展指南》为指导思想,依据STEM学科融合和PBL项目式学习理念,教材是选自华东师范大学出版社出版的《幼儿园活动整合课程》大班下册主题活动"未来车世界",通过对教材进行自主开发和应用实践,设计出"基于STEM教育理念的大班幼儿项目活动"的案例课程。

《3—6岁儿童学习与发展指南》指出:"幼儿科学学习的核心是激发探究兴趣,体验探究过程,发展初步的探究能力。"对大班的孩子来说,探究过程的体验与探究能力的培养尤为重要。本案例以项目式学习为指导策略,从四个阶段开展案例活动,在案例中基于问题学习、项目学习、工程设计等方式的STEM教育作为跨学科综合教育的有效途径,培养幼儿发现问题的能力、探究能力、创造力、合作沟通能力等,提高幼儿的科学核心素养。

第一阶段,发现问题,激发探究兴趣。选择孩子们生活中熟悉的汽车作为探究对象,能有效调动幼儿的已有经验,激发探究兴趣。

第二阶段,经验和材料准备。在调查和收集活动中,对车的外部特征、驱动源、内部构造等进行调查;在集体教学中学会工具的使用方法,从而进行测量并记录数据。

第三阶段,设计与制作,反复调试,解决问题。

第四阶段,拓展与延伸,项目展示,评价分享。

二、案例目标

本案例涉及的学科领域主要包括科学、技术、工程和数学,涵盖科学探究诸多领域以及问题解决策略等。通过项目式学习,幼儿能够基本理解并初步应用科学、技术、工程和数学的知识和技能,提高自己的 STEM 素养水平。鼓励幼儿发挥想象力和创造力,利用项目学习,发展他们的创新思维和探究能力,并提升解决问题的能力。通过小组合作和项目展示,培养他们的团队协作能力和沟通能力,增强他们的集体荣誉感和归属感。

"小希,跑起来"项目活动课程领域的具体表现如下:

科学(S):在生活中探究科学原理,如简单闭合电路、太阳能板是一种可再生能源、磁铁的磁极特性等,将这些科学知识与其他STEM领域紧密结合。

技术(T):学会工具的使用和测量方法的掌握,体验多种剥线的方法及用各种尺子测量的方法并通过实践提升技术工具的使用能力。

数学(M):使用数学的方法对测量数据进行读取、记录并分析,了解速度快慢、物体大小、空间方位等概念。

课程领域

工程(E):培养幼儿整体设计与解决方案的能力;在制作车身和反复调试的过程中,体会团队合作在工程项目中的重要性。

课程具体目标:

科学:了解车子的不同驱动源。

技术:正确使用尺子等工具;安装合适的驱动源,使小车跑起来。

工程:利用机器人模块、积木等材料设计并制作小车。

数学:了解车身的长宽、行驶方向、速度等数据对小车的影响。

三、案例评价标准

评价维度	评价指标	评价水平
观察与发现	幼儿能运用多种感官来观察,了解汽车的外部特征、驱动源、内部功能等特点,能发现制作过程中的重要问题,并对作品保持持续关注。	
提问与质疑	幼儿能主动提出与制作小车相关的问题,能运用已有经验对同伴的意见提出不同的观点和看法,大胆表达自己的想法,交流经验。	
操作与实践	正确使用多种工具对物体进行测量和比较,能够用设计图表达自己的设想,能借助材料和工具完成作品,能根据数据进行分析再反复调试,并尝试找到解决办法。	
结果与运用	能够清晰、完整地讲解制作过程,在展示作品的过程中,能够将设计思路表达准确,作品能接受同伴的反馈。	

四、案例所需资源

(一)社会资源

重庆汽车公园,位于重庆高新区,这里有一条F3赛道,也是国内唯一一个在主城区的F3赛道,还有汽车4S店集群,汽车后市场中心,汽车特色游乐小镇。幼儿可以在家长的带领下,观看汽车赛事,感受各种最新发布的新能源智能汽车,深入体验以汽车文化为主题的各类项目活动。

重庆汽车博物馆,作为重庆第一个"三线建设"的历史博物馆,陈列展览区分为室内、室外两部分。其中,室内展陈主题为"不负使命 无愧时代",线路全长 1118 米,主要分为:时光之门、重大决策、流金岁月、筑梦重车和盛世华章 5 大展区,另设有文创区和儿童活动区。室外展区则主要为工业遗产展示,是根据对越自卫反击战中老山战役的部分还原场景,展示了一辆 CQ261 军车实车,后面还拉载着加农炮,旁边还有一台 4000 吨液压机,这些都属于我国代表性工业遗产和重要文物,是博物馆的镇馆之宝。重庆汽车博物馆留存"三线建设"时期"一代匠人"众志成城、默默奉献、努力拼搏的珍贵史料,具有重大的历史价值及教育价值。

(二)课程资源

进一步让幼儿熟悉机器人图形编程和搭建汽车硬件互通,方便幼儿认知机器人和汽车驱动源的工作原理,熟练掌握汽车机器人"小希"在各类场地的运行和工作模式。在项目活动中,老师投放更丰富的不同材质的材料,收集整理大量关于汽车的视频资料和设计样稿以及成品资源等供幼儿自主学习研究使用。

五、案例设计思路

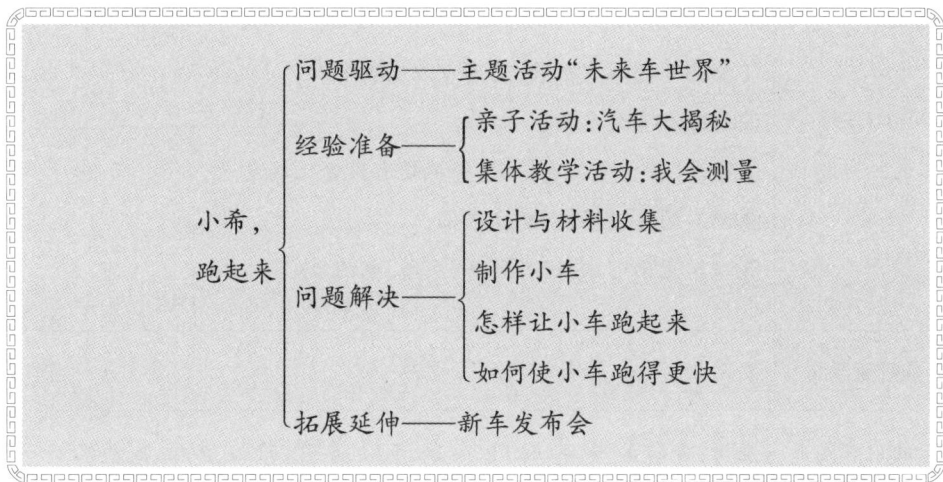

```
                问题驱动——主题活动"未来车世界"
                经验准备——┌ 亲子活动:汽车大揭秘
                           └ 集体教学活动:我会测量
小希,          ┌ 设计与材料收集
跑起来   问题解决 ┤ 制作小车
               │ 怎样让小车跑起来
               └ 如何使小车跑得更快
                拓展延伸——新车发布会
```

六、案例实施过程

(一)问题驱动

在主题活动"未来汽车世界"的探究中,孩子们对汽车表现出了浓厚的兴趣。他们会讨论关于最近游玩汽车公园和参观汽车博物馆的话题,在家收集了很多玩

具小车。一次游戏中,明明发现自己带来的小车有点问题,走走停停的,不能正常行驶,便找来螺丝刀拧下螺丝,想要自己动手修理一下。旁边的孩子见明明在修车,都围了过来。他们拆开小车,发现小车的内部并不复杂,仅仅由车身、底板和车轴及车轮组成,就都以为汽车构造很简单,于是他们便跃跃欲试,欢呼起来:"我也要造小车! 我也要造小车!"

在之前的主题活动中,孩子们关注到了家里的汽车与人们生活的息息相关,对汽车的不同类型及大致结构有了一定的了解。如果这个时候让孩子们尝试动手制作小车,将有可能在科学、技术、工程和数学等领域获得不同的经验,于是教师抓住这个契机,开始了关于未来汽车制造的项目化学习。

(二)经验准备

1. 亲子活动:汽车大揭秘

要制造未来汽车,需要孩子们对各种类型车辆的结构、驱动源、主要特征等有比较清楚的了解。因此,教师邀请家长和孩子们一起展开了调查活动。孩子们有了以下发现:

车的外部特征	①公交车的车身很长,里面可以坐很多人; ②消防车有大水箱; ③警车、救护车都有警笛,警笛既有声音又能发光; ④跑车的速度很快,底盘很低; ⑤房车里面有床,还有厨房、厕所、电视、冰箱……
车的驱动源	发动机、汽油、柴油、天然气、电池……
车的内部组成	座椅、方向盘、刹车、油门、车身、车门、车窗、轮胎、车轴、发动机……

2. 集体教学活动:我会测量

汽车车身的围合、车轴与底板的适配等都需要孩子们动手测量,然而,孩子们已有的测量经验不足以支持这些活动。因此,开展集体教学活动"我会测量",以丰富孩子们的测量经验,帮助其掌握正确的测量方法,为制作小车活动的顺利开展打下基础。

集体教学活动:我会测量	
活动目标	①认识直尺、卷尺等测量工具,初步掌握标准测量的方法。 ②结合实际,选择合适的测量方式(自然测量、标准测量)。 ③能较准确地读取测量结果并记录。
活动准备	标准测量工具:直尺、卷尺。 自然测量工具:木棍、绳子、毛线、积木块等。

活动过程	
主要环节	主要内容
体验感知测量,巩固已有经验	游戏:比比谁更高。 提问:怎样知道谁比谁高多少? 引导孩子们运用多种测量工具,如木棍、脚步、绳子等进行测量。
学习标准测量的方法	介绍测量工具:直尺、卷尺,引导孩子们探究其使用方法。 引导孩子们尝试使用标准测量的方法测量物体。
发放测量任务单	请孩子们自选工具进行测量,并记录测量数据。 讨论:如何选择合适的测量工具?
小结	不同情况下选择的测量工具有所不同,标准测量比自然测量更准确,但自然测量比标准测量更方便。

(三)解决问题

	1.设计与材料收集
制作什么样的小车	孩子们的想法总是千奇百怪,教师要肯定孩子们的想法,同时提出疑问:"怎样给车子提供动力,让它跑起来?" 讨论中,孩子们对小车的造型和驱动源已有初步的想法。教师鼓励孩子们绘制设计图,并尝试把所需的材料、制作步骤及成品样式画出来。

1. 设计与材料收集

需要什么材料

结合孩子们前面的设计,和孩子们一起梳理制作小车所需要的材料。

车轴、轮子:小木棍或方便筷子,圆形的物体……

车身:纸盒、纸杯、小瓶子、纸板、KT板、乐高积木、机器人模块、水管……

驱动源:太阳能电池、磁铁、电池……

于是,教师在科学区投放了支持孩子们进行小车制作的材料。

关键性材料——轮子、车轴、扇叶、小马达、太阳能板等;

辅助性材料——木块、小木板、KT板、吸管、纸筒、纸杯等。

孩子们也从家里带来了各种材料,如瓶盖、乐高积木等。

2. 制作小车

制作车身

孩子们选用各种材料做底板,将四个轮子固定在两根车轴上,根据车轴的长度对纸板、KT板进行剪裁或选择合适的积木板,再将车轴固定在底板上。然后,他们有的用不同的吸管作装饰,有的在底板上手绘图案,有的还用科学区现有材料制作了车尾灯。

安装驱动源

有的孩子准备制作磁力小车,他们在车头部粘贴上一块磁铁,在一个小木棍上再粘一块磁铁,用来吸引车子前行;

有的孩子利用气球制作空气能小车;

有的孩子将马达和电池连接,制作电动小车;

还有的孩子利用太阳板作为驱动源制作太阳能小车。

3. 怎样让小车跑起来

车子做好了,孩子们迫不及待地在地上、桌面上玩起来,很多孩子发现自己的小车要么跑不动,要么就是跑得很慢。教师拿来一辆小车,转动轮子让他们观察,查找原因,并组织孩子们展开讨论。

终于发现了车子跑不动的关键原因:车轴被固定了,车轮不能转动。孩子们再次找来材料进行改良,成功地让小车跑了起来。

4.如何让小车跑得更快

通过比赛,孩子们发现有的小车行驶速度明显慢些,而有的车子刚开始很快,但只能行驶一小段距离。大家讨论,分析车子的优缺点和影响行驶速度的因素,以便进行技术改进和调整。

对比了电动小车、空气能小车、磁力小车、太阳能小车,在讨论中发现,小车的行驶速度主要受两方面影响:

①车身的重量;

②驱动源的选择。

孩子们多次修改、多次尝试、多次验证,最后终于成功了,一个个兴奋开心的表情,成就溢于言表。

小车类型	优缺点分析	影响因素
电动小车	优点:便捷、速度快、行驶距离较长 缺点:电池续航不够、有污染	车身重量、马达的转速
空气能小车	优点:车身轻、行动灵活、速度快 缺点:行驶前要给气球充气,空气跑完了车也不能动了	车身重量、气球大小
磁力小车	优点:方便、无污染 缺点:要一直控制磁铁的方向	车身重量、磁性强弱
太阳能小车	优点:清洁无污染、速度快 缺点:阴雨天或室内速度慢甚至无法行驶	车身重量、阳光强弱

(四)拓展与延伸

为期一个多月的小车制作活动接近尾声,孩子们设计制作了各式各样的小车,并取了好听的名字,想要举办一场"新车发布会"。于是孩子们开始组织、策划一场"新车发布会",他们分工合作,邀请隔壁班的小朋友和老师参加,通过小组介绍、老师推荐、现场展示、分享过程等环节,获得了多领域的经验,提升了多种能力,体验到了成功的喜悦。

七、学生作品及点评

（一）太阳能小车

1.作品简介

孩子们了解太阳能是一种可再生能源,利用太阳能板吸收能量,驱动小车前进。

2.作品点评

太阳能小车的设计巧妙,孩子们能够利用太阳能模块将光能转化为电能,驱动小车前进。这种设计不仅展示了孩子们对可再生能源的理解,还体现了他们对环保和可持续发展的初步认识。小车的制作精细,太阳能板安装稳固,车轮行动灵活,整体表现非常出色。

（二）电动小车

1.作品简介

孩子们初步掌握简单闭合电路的原理,将电池槽的正负极与小马达的正负极连接,形成闭合电路,驱动小车前行。

2.作品点评

电动小车展现了孩子们对电路和电动机的基本理解。孩子们通过组装电池、电动机和开关等部件,成功搭建了一个能够驱动小车前进的电路系统。小车的速度和方向控制得当,体现了孩子们对电路原理的掌握和操作能力。

(三)磁力小车

1.作品简介

孩子们了解同名磁极相互排斥,异名磁极相互吸引,利用这个原理,制作出磁力小车。

2.作品点评

磁力小车的设计独特,孩子们巧妙地利用了磁铁同性相斥、异性相吸的原理,使小车能够自动前进或后退。这种设计不仅展示了孩子们对磁力的理解,还体现了他们的创新思维和解决问题的能力。磁力小车制作过程中需要精确的部件匹配和安装,孩子们的细心和耐心值得肯定。

(四)空气能小车

1.作品简介

孩子们给气球吹满气,然后松开,空气往外跑,小车被推动了。

2.作品点评

空气能小车利用气球的压缩空气产生的推力推动小车前进,体现了孩子们对气压原理的理解。小车的设计新颖有趣,气球的安装和密封都处理得很好,使得小车能够稳定地前进。这种设计不仅锻炼了孩子们的动手能力,还激发了他们对物理原理的兴趣和好奇心。

(五)电池风翼小车

1.作品简介

孩子们将电能和风能相结合,制作出电池风翼小车(半成品)。

2.作品点评

这款小车的制作没有完全成功,属于半成品,也展现了孩子们丰富的想象力和创造力,以及对不同能源原理的初步理解和应用。活动不仅提高了孩子们的动手能力和解决问题的能力,还为他们日后的科学学习和创新能力的培养奠定了坚实的基础。同时,这些成品或半成品也体现了幼儿园在 STEM 教育方面的成功实践和创新精神。

八、案例实施成效及反思

基于 STEM 理念下的幼儿园大班制作小车项目化学习是一个既富有挑战性又极具教育意义的活动。汽车是孩子们生活中常见的交通工具,他们经常接触且比较了解其基本构造,对汽车有着浓厚的兴趣。项目活动"小希,跑起来"在 STEM 理念上得到了充分的体现:

(一)科学

探究机械原理:在制作小车的过程中,孩子们需要了解并探究简单的机械原理,如车轮的滚动、引擎的驱动等。这种探究过程不仅激发了孩子们对科学的兴趣,也让他们在实践中学习了科学知识。

观察与实验:孩子们通过观察不同材料、零件和工具的使用,进行尝试和实验,以找出最适合制作小车的材料和方式。这种观察和实验的方法培养了孩子们的科学探究能力。

(二)技术

使用工具和技术:在制作小车时,孩子们需要掌握一些基本的工具和技术,如使用螺丝刀、尺子等工具,以及掌握一些简单的机械技术。这些技能的培养为孩子们未来的技术学习和应用打下了基础。

创新技术的应用:引入机器人小车编程教学,让孩子们通过编程来控制小车的运动。这种创新技术的应用不仅激发了孩子们对技术的兴趣,也培养了他们的编程思维。

(三)工程

设计与规划:在制作小车之前,孩子们需要进行设计和规划,包括小车的外形、结构、功能、材料等。这种设计和规划的过程培养了孩子们的工程思维和解决问题的能力。

实践与测试:孩子们通过实际操作和测试来验证自己的设计是否可行,发现问题并进行改进。这种实践和测试的过程让孩子们在实践中学习了工程知识,培养了他们的工程实践能力。

(四)数学

测量与记录:在制作小车的过程中,孩子们需要进行测量和记录,如测量车轮的直径、分析小车的速度等。这些数学技能的应用不仅帮助孩子们更好地完成小车制作,也让他们在实践中学习了数学知识。

比例与空间感知:孩子们在制作小车时还需要考虑比例和空间关系,如车轮与车身的比例、小车的整体空间布局等。这种比例和空间感知的培养有助于孩子们发展数学思维和空间想象力。

综上所述,通过此次活动,孩子们在科学、技术、工程和数学四个领域都得到了全面的发展。这种跨学科的学习方式不仅激发了孩子们的学习兴趣,也培养了孩子们的探究能力、团队协作能力和创新思维。孩子们的参与度和兴趣在活动中表现得淋漓尽致,他们积极参与,投入了大量的时间和精力,从中获得了极大的乐趣和成就感。在制作小车的过程中,团队合作的经历让孩子们深刻体会到了团队合作的重要性,也让他们学会了如何与他人沟通和协作。孩子们需要不断地尝试和创新,才能制作出独特且实用的小车。这种创新思维的培养对于孩子们的成长和发展非常重要。同时,孩子们还学会了如何从不同的角度思考问题,如何寻找新的解决方案。

活动的改进之处:虽然活动取得了很好的效果,但也有一些需要改进的地方。例如,在活动开始前,我们可以为孩子们提供更多的材料和工具选择,以满足不同孩子的需求和兴趣。此外,在活动过程中,我们还可以加强对孩子们的指导和帮助,确保他们能够顺利完成小车制作。

总之,此次项目化学习是一次非常成功和有意义的活动。通过活动,孩子们不仅锻炼了探究能力和团队协作能力,还培养了创新思维和解决问题的能力。相信这种活动对于孩子们的成长和发展将产生积极的影响。

小学篇

我们的夔龙灯会

重庆市人民小学校　　付洁瑶　　刘妍茜

一、案例介绍

科学教育是提升国家科技竞争力、培养创新人才、提高全民科学素质的重要基础。习近平总书记指出,要在教育"双减"中做好科学教育加法。而目前县城、乡村学校相较于中心城市学校实施科技教育的条件相对落后,面临更多困境。为了响应国家对义务教育优质均衡发展的要求,重庆市人民小学于2023年9月开始对奉节县教育进行帮扶。在前期调研中发现,奉节县整体科技教育亟待发展,存在科学、艺术等学科的专职教师不足,实验室、实验器材匮乏,学生和家长的视野被局限在对分数的关注上,学生综合素养有待提高等具体情况。我们希望探索一条易实施、易推广的提升学生综合素养的路径。我们从课程开发、活动开展、资源整合及管理机制等方面进行了深入探索。

基于国家课程同时立足奉节本土文化和科教资源,我们设计了跨学科项目化课程:我们的夔龙灯会。本课程基于夔州博物馆、重庆自然博物馆的馆校合作资源,通过学生自主规划、设计和制作夔龙灯,并举办夔龙灯会的方式,促进学生问题解决能力的全面提升,培养学生的创造性、创新思维等跨学科学习素养。本案例以"如何使用身边的常见材料,结合夔龙元素来设计制作一个具有奉节特色的花灯,并举办一场夔龙灯会呢?"为核心驱动性问题,通过六个子任务推动学习项目的进行。

二、案例目标

本案例涉及的学科领域主要包括科学、技术、工程、艺术、数学,课程领域的具体表现如下:

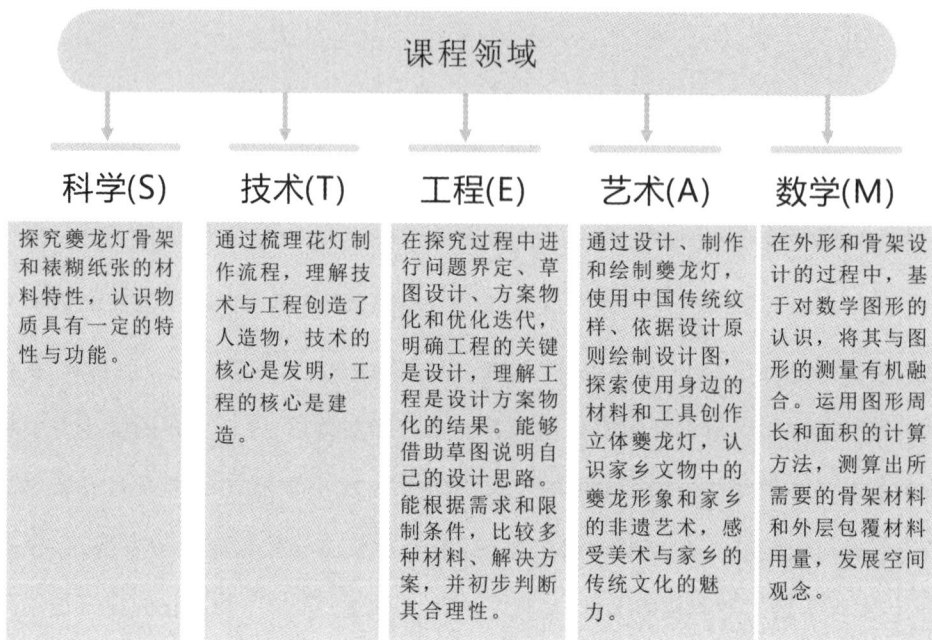

课程领域				
科学(S)	技术(T)	工程(E)	艺术(A)	数学(M)
探究夔龙灯骨架和裱糊纸张的材料特性,认识物质具有一定的特性与功能。	通过梳理花灯制作流程,理解技术与工程创造了人造物,技术的核心是发明,工程的核心是建造。	在探究过程中进行问题界定、草图设计、方案物化和优化迭代,明确工程的关键是设计,理解工程是设计方案物化的结果。能够借助草图说明自己的设计思路。能根据需求和限制条件,比较多种材料、解决方案,并初步判断其合理性。	通过设计、制作和绘制夔龙灯,使用中国传统纹样、依据设计原则绘制设计图,探索使用身边的材料和工具创作立体夔龙灯,认识家乡文物中的夔龙形象和家乡的非遗艺术,感受美术与家乡的传统文化的魅力。	在外形和骨架设计的过程中,基于对数学图形的认识,将其与图形的测量有机融合。运用图形周长和面积的计算方法,测算出所需要的骨架材料和外层包覆材料用量,发展空间观念。

课程总体目标概述如下:

STEAM 素养:学生通过基于核心问题驱动的项目化学习,能够运用科学、技术、工程、艺术、数学等领域的知识与技能解决实际问题,在解决实际问题的过程中反过来也提高了 STEAM 的素养水平。

文化与社会责任感:在策划、举办夔龙灯会的活动中,设计海报、邀请函,策划活动宣传夔龙灯会,向观众介绍作品及相关的历史文化,形成热爱传统文化、热爱家乡的情感。

团队协作能力:以小组合作、班级合作等方式,提高学生的沟通交流、分工协作的能力。

三、案例评价标准

素养维度	素养表现	关键要素
核心知识	认识家乡文物中的夔龙形象和家乡的非遗艺术,从造型元素、形式原理等方面对汪满田鱼灯和夔龙灯进行欣赏评述。 进行问题界定、草图设计、方案物化和优化迭代,探究龙灯骨架和裱糊纸张的材料特性,运用中国传统纹样、依据设计原则设计和制作夔龙灯。 在制作中,运用图形周长和面积的计算方法,测算出所需要的骨架材料和外层包覆材料用量。 通过手工活动,掌握正确使用剪刀、卷尺、纸胶带、LED灯等常见工具与材料的方法。	艺术:学生能够使用身边的材料和工具创作立体作品,掌握非遗艺术的制作工艺,理解艺术与文化的关联。 科学:学生在探究过程中明确工程的关键是设计,理解工程是设计方案物化的结果,认识物质具有一定的特性与功能。 数学:学生在立体图形的数据测量中形成空间观念。 劳动:学生形成基础的劳动安全意识,合理收纳、保持整洁的劳动习惯。
跨学科素养	学生能够在项目学习的过程中,创造性地运用科学、美术、数学多个学科的知识和能力,能够发现制作中遇到的问题。	在真实问题中综合运用跨学科的知识解决问题的能力。
学习实践	学生能够提出问题、设计方案,对项目进行规划和反思,在项目过程中能够综合利用技术实践完成作品制作,通过艺术创作创造性地解决问题。	将理论知识有效应用于实践中,解决实际问题。

素养维度	素养表现	关键要素
沟通合作	学生能够在团队中积极协作，共同完成项目任务。在项目实施过程中，学生能够及时沟通、相互支持，共同解决问题。	具有团队协作精神，学会与他人有效沟通，确保项目顺利进行。
学习成果	学生在探究过程的每个阶段形成阶段性的探究成果，形成多样化的个人成果及团队成果。学生能够清晰、准确地向公众介绍和展示项目的学习成果。	能形成阶段性和最终学习成果并能向公众展示与介绍。
反思评价	学生能够对自己和同伴的学习过程与项目进行反思与评价，借助自评表对项目成果、学习过程和交流合作能力进行评价和改进。	在学习过程中学会利用评价明确学习目标，调整自己的学习。

四、案例所需资源

（一）场馆资源

本项目通过馆校共建，利用奉节夔州博物馆的场馆资源，为学生们提供多元化的学习机会和丰富的文化体验，促进他们对科学、技术、历史和文化的综合理解和感悟，从而更好地参与到"我们的夔龙灯会"项目中，发挥出他们的创造力和想象力。

夔州博物馆为本项目提供了夔龙玉饰件和夔州文化的相关资料，对策划夔龙灯会的探究活动提供了策展专业指导，指导学生完成策展部分的学习内容，专家对学生的夔龙灯作品和夔龙灯会展览进行了评估和反馈。

（二）专家资源

通过馆校合作，邀请夔州博物馆场馆专家到校园进行课程活动指导、馆校共研、展览共设等活动。专家对学生的学习成果和项目总成果进行参与指导，为活动的开展提供专业支持。

教师和同学通过探访非遗传承人、观摩学习等方式了解夔龙纹样在奉节非遗夔梳中的应用，了解非遗蚕丝画技艺，将蚕丝画技法引入夔龙灯的制作，利用蚕丝画为夔龙灯"点睛"，引导学生在项目学习活动中建立对本土非遗文化的认知。

（三）课程资源

多媒体资源：教学多媒体课件、《汪满田鱼灯》视频、《汪满田鱼灯的制作》视频、《工具的安全使用及收纳》微课、《骨架基本制作》微课、《表面裱糊》微课。

学生学习手册：《观察鱼灯记录表》《夔龙灯制作流程及时间安排表》《夔龙灯外形设计图》《夔龙灯骨架设计图》《骨架材料选择探究记录》《裱糊材料探究记录》《夔龙灯小组工作日志》《外形设计自评表》《骨架制作自评表》《夔龙灯学习自评表》。

教具及学生参考资料：汪满田鱼灯实物、中国传统纹样相关资料、鱼灯骨架图、鱼灯外形图、夔龙资料、夔州博物馆馆藏夔龙玉饰件实物照片、夔龙结构分解图。

五、案例设计思路

① 资源整合
对课堂实施地的文化、自然资源与科普基地资源情况进行调研，基于对学情的前测情况，整合资源成为课程开发的素材与助力。

③ 学生项目管理
组建学习小组，自主制定项目计划，进行项目分工。

⑤ 策展
学生设计课程成果展示活动的内容、形式，筹备夔龙灯会。

② 问题驱动
设计驱动性问题，对任务进行分解，推动学生进行问题解决。

④ 设计与工程制作
学生进行夔龙灯的设计，骨架图分解，材料探究，并制作夔龙灯作品，调试改进。

⑥ 展示·评价
成果展示、学习总结与评价。

六、案例实施过程

(一)实施流程

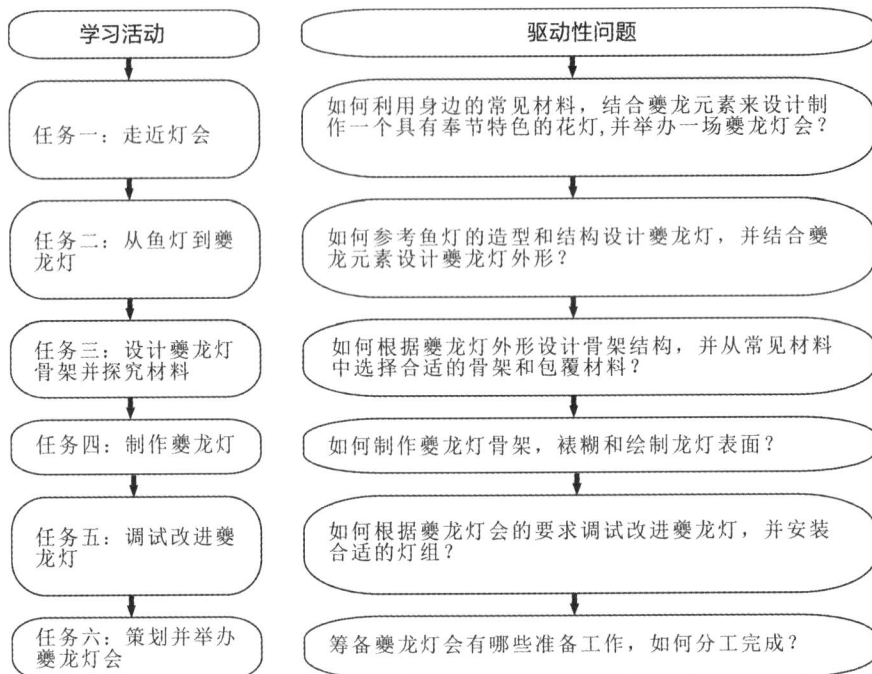

学习活动	驱动性问题
任务一:走近灯会	如何利用身边的常见材料,结合夔龙元素来设计制作一个具有奉节特色的花灯,并举办一场夔龙灯会?
任务二:从鱼灯到夔龙灯	如何参考鱼灯的造型和结构设计夔龙灯,并结合夔龙元素设计夔龙灯外形?
任务三:设计夔龙灯骨架并探究材料	如何根据夔龙灯外形设计骨架结构,并从常见材料中选择合适的骨架和包覆材料?
任务四:制作夔龙灯	如何制作夔龙灯骨架,裱糊和绘制龙灯表面?
任务五:调试改进夔龙灯	如何根据夔龙灯会的要求调试改进夔龙灯,并安装合适的灯组?
任务六:策划并举办夔龙灯会	筹备夔龙灯会有哪些准备工作,如何分工完成?

(二)实施过程

	任务一:走近灯会
教学目标	**工程素养:**通过分析夔龙灯制作步骤,知道制作过程应遵循一定的顺序。 **文化理解:**学生能够了解汪满田鱼灯的地方文化特色和制作工艺,并能把身边的夔州文化与花灯通过夔龙元素相结合。
学习目标	1.通过观看视频和对驱动性问题的讨论,初步了解鱼灯的地方文化特点和艺术造型,能将花灯艺术与家乡文化相结合。 2.通过小组讨论,自主规划项目的学习阶段目标和制作过程。
课型	新授课
课时	1课时

教学环节	教师活动	学生活动	设计意图	评价指标
视频导入	介绍非遗"汪满田鱼灯"的历史与鱼灯制作方法。	观看汪满田鱼灯视频、鱼灯制作视频，了解汪满田鱼灯的知识与制作。	引导学生主动思考和了解鱼灯的制作及汪满田嬉鱼灯活动。通过对鱼灯的了解，发现汪满田鱼灯以鱼为造型，是结合了当地避火尚水的文化。	学生是否具有对非遗艺术的感知，能否通过视频梳理汪满田鱼灯的相关信息。
提出驱动性问题	提出驱动性问题："如何使用身边的常见材料，结合夔龙元素来设计制作一个具有奉节特色的花灯，并举办一场夔龙灯会呢?"	对驱动性问题进行讨论，思维碰撞。	基于具有地方文化特色和非遗工艺的鱼灯工程制作，结合学生自身的家乡文化，激发学生的学习兴趣。	学生是否具备发现问题和问题分解的能力。
规划学习目标	组织学生针对问题，自主讨论明确项目目标。	学生针对项目方向和最终成果进行小组讨论。	培养学生对问题目标的认知能力，激发学生学习的自主性。	学生是否具备表达能力，根据目标规划学习的能力。
共同梳理项目学习	带领学生共同梳理小组讨论结果，确定"设计—制作—调式—举办灯会"的学习过程。	明确要实现举办灯会的目标，确定学习过程。	每个学生了解项目的学习目标，对项目的规划进行思考和迭代。	学生能否对学习规划进行反思和调整。

任务二：从鱼灯到夔龙灯

教学目标	审美感知：学生能够理解鱼灯是根据真实形象进行简化的造型特点，知道鱼灯纹样和装饰的平面化、装饰性的图形特点。 创意实践：学生能够根据鱼灯的艺术特点分析夔龙造型并提取形象特点。参考鱼灯的结构确定夔龙灯的结构，讨论确定夔龙灯的制作步骤并进行小组分工。
学习目标	1.通过观察分析，讨论并总结鱼灯在外形、色彩、纹样和结构上的造型特点，知道夔龙灯的制作步骤。 2.借助观察分析、资料阅读的方式，提取夔龙形象特点，将其运用到夔龙灯的制作中。 3.通过分析鱼灯的结构确定夔龙灯的结构，并制定制作计划
课型	新授课
课时	1课时

教学环节	教师活动	学生活动	设计意图	评价指标
观察分析	引导学生观察汪满田鱼灯实物，引导学生分析鱼灯的外形、色彩、纹样和结构特点，并共同梳理、总结分析结果。	借助学习记录单，从鱼灯的外形、结构角度分析鱼灯的特点。分享、讨论并总结鱼灯的外形和结构特点。	通过观察实物，培养学生的观察力和分析能力，为后续设计夔龙灯做准备。	学生能否准确从外形和结构分析艺术作品，并总结鱼灯的外形和结构特点。
认识夔龙形象	介绍夔州文化和夔龙玉饰件，引导学生阅读资料，分析夔龙玉饰件的结构图，提取夔龙形象的关键造型特点。	了解奉节夔州文化的代表形象"夔龙"。阅读资料并观察西汉夔龙形玉饰件实物，提取夔龙形象的关键造型和结构特点。	通过对夔龙的形象结构进行分析，从文字描述中提取关键信息，培养学生的阅读和分析能力，为设计夔龙灯提供文化背景。	学生能否准确描述夔龙的形象特征，并从夔龙玉饰件的结构图中提取出关键造型特点。

教学环节	教师活动	学生活动	设计意图	评价指标
外形和结构分析	引导学生分析鱼灯的外形和结构特点，指导学生讨论如何结合夔龙特征设计夔龙灯的外形和结构。	分析鱼灯的结构，确定夔龙灯的结构由三部分构成：骨架、表面材料、灯组。从外形、纹样和色彩三个方面总结夔龙外形特点。	让学生理解花灯的外形和结构特点，引导学生明白如何结合夔龙形象，利用花灯的艺术形式制作夔龙灯。	学生能否根据实物分析鱼灯的结构，从外形、纹样和色彩角度分析夔龙灯造型特点。
合作分工	引导学生根据制作计划进行小组分工。	以小组为单位制定制作计划，并确定每个成员的任务。	培养学生的团队合作和沟通能力。	学生能否进行合理规划并分工。
设计夔龙灯并自评	指导学生运用几何形体组合变化，设计夔龙灯外形。提供中国传统纹样的图像资料，供学生参考选择。指导学生进行自我评价和修改。	运用夔龙的形象元素，选择合适的纹样和色彩，根据造型特点设计夔龙灯外形。运用《夔龙灯外形设计自评表》对设计图进行自我评价，并调整夔龙灯的设计。	培养学生将传统文化元素与现代设计相结合的能力，提升他们的创造力和审美能力。培养学生的自我评价、并进行调整的能力。	学生能否根据夔龙形象选择合适的纹样，是否具备自我评价能力。

任务三：设计夔龙灯的外形和骨架

教学目标	**艺术表现**：运用夔龙的形象元素，挑选适合的纹样和色彩，根据造型特点设计夔龙灯外形。 **科学思维**：通过材料探究实验理解物质具有一定的特性与功能。 **数学逻辑**：在骨架设计中，学生能够理解骨架由基础立体几何图形组成，培养其空间想象能力，能够运用数学计算，统计各部分结构材料用量。

学习目标	1.根据鱼灯外形、纹样和色彩的艺术特征,结合夔龙的形象特点,设计合适的夔龙灯外形。 2.在外形设计的基础上,对图形进行分解和简化,确定夔龙灯骨架的设计。 3.根据夔龙灯的设计,确定材料选择的标准,并对竹子、打包带等常见的制作材料进行测试,探究材料的物理特性,确定制作材料。			
课型	新授课			
课时	2 课时			
教学环节	教师活动	学生活动	设计意图	评价指标
立体结构练习	讲解如何根据外形绘制内部骨架结构。	练习《画一画:圆柱和球体的骨架图》,学习如何根据外形绘制内部骨架结构。	根据基本几何形状的练习,掌握设计骨架结构的方法。	学生是否具备对立体几何进行分析的能力。
设计夔龙灯骨架	指导学生根据外形设计图设计合理的夔龙灯骨架结构。	根据外形设计图,利用基本几何形状,设计夔龙灯骨架。	学生学习如何将平面图形转变为立体结构,为夔龙灯的制作做准备。	学生是否能设计出合理、可实现的骨架结构。
探索材料特性	组织学生分组,指导他们进行材料特性的探究。引导学生分享测试结果,并进行总结。	探索适合制作骨架和裱糊外形的材料特性,根据材料性能进行测试、比较,并记录。各小组分享、交流探究结果。	了解不同材料的性能,培养学生的科学探究能力、团队协作能力、沟通和表达能力。	学生是否具备根据目的进行实验探究的能力,能否清晰地表达实验成果。

教学环节	教师活动	学生活动	设计意图	评价指标
计算骨架材料长度	指导学生将夔龙灯结构分割成多个部分,确定夔龙灯结构的固定方式。教授计算周长等方法,以统计材料用量。指导学生分小组准备制作材料。	基于外形设计图将夔龙灯结构分割成多个部分,计算并统计各部分结构材料用量,记录各部分骨架结构数据,确定夔龙灯结构的固定方式。根据夔龙灯的制作分工,准备材料和工具。	通过对夔龙灯结构分解,让学生通过立体几何与数据计算建立工程制作基础。培养学生小组合作,制作规划的能力。	学生能否利用基础立体几何图形设计合理的骨架,能否计算立体形状的周长,是否具备合理分工和协作的能力。

任务四:制作夔龙灯

教学目标	**科学素养:**学生能够通过分工合作制作夔龙灯,理解工程是设计方案物化的结果。 **创意实践:**学生能够运用打包带、纸胶带等多种材料与工具制作立体造型,并根据造型绘制和装饰合适美观的外形。 **艺术表现:**学生能够根据设计图,使用多种工具和材料,运用绘制纹样、剪贴装饰等技法制作具有夔龙形象特点的夔龙灯。
学习目标	1.掌握制作夔龙灯骨架与裱糊表面材料的方法,制作合适的夔龙灯骨架,裱糊平整、均匀的夔龙灯表面。 2.在制作夔龙灯的过程中分工协作,沟通交流,针对问题进行及时调整。 3.能够运用毛笔、国画颜料等工具,绘制夔龙灯的纹样及色彩,利用彩纸制作夔龙灯的冠、羽、足结构。
课型	新授课
课时	3 课时

教学环节	教师活动	学生活动	设计意图	评价指标
了解骨架制作并梳理步骤	使用课程微课讲解花灯骨架制作的一般方法。组织学生进行问题讨论,思考骨架分割和材料的连接方式。	学习并掌握骨架制作的一般方法,基于夔龙灯的骨架制作方法与步骤展开问题讨论。	让学生了解并掌握骨架制作的基本知识和技能,引导学生观察并思考骨架的制作。	学生是否掌握多段骨架的连接方法,并确定骨架的分割和连接方式。
确定制作标准	明确小组成员的分工和夔龙灯骨架的制作标准。	进行小组分工,总结好的骨架制作的标准。	培养学生的规划能力和团队协作精神。	学生能否制定夔龙灯骨架的评价标准。
动手制作	组织学生分小组合作,指导学生进行骨架的制作和调试。提供《夔龙灯骨架制作自评表》供学生自评。	制作夔龙灯骨架,运用《夔龙灯骨架制作自评表》对骨架进行评价,进一步改进。	培养学生的动手能力和实践能力,使学生能够将理论知识运用到实际制作中,引导学生对自己的骨架制作进行评价和改进。	学生能否按照标准完成骨架的制作,是否具备调试和改进骨架的能力。
技法学习	播放微视频,讲解裱糊外层材料的方法。	观看微视频,学习裱糊外层材料的一般方法。	了解并掌握裱糊外层材料的方法,并能灵活运用。	学生是否认识和掌握裱糊外层材料的方法。
裱糊表面	指导学生合作完成裱糊外层材料。	在完成好的骨架上,合作完成裱糊外层材料。	引导学生自主合作,制作完成平整、美观的外层材料。	学生能否运用裱糊方法,协作裱糊外层材料。

教学环节	教师活动	学生活动	设计意图	评价指标
上色装饰	引导学生根据设计图绘制纹样并完成上色。教授利用彩色卡纸装饰夔龙灯的方法。	根据夔龙灯外形设计图绘制纹样并完成上色。利用彩色卡纸装饰夔龙灯的冠、羽、足结构。	在实践创作中,培养学生的审美能力和创造力,使学生能够将创意付诸实践。	学生能否根据设计图在外层材料上绘制纹样和上色。

任务五:夔龙灯的改进迭代,灯光调试

教学目标	**审美感知**:学生能够利用纹样、造型等艺术语言对自己和同伴的夔龙灯进行评价。 **工程实践**:学生能够通过检查和改进夔龙灯的外形、摆动和灯光情况,理解根据需求和限制条件,比较多种可能的解决方案,并初步判断其合理性。
学习目标	1. 能够在项目完成过程中,结合项目目标进行评价和反思。 2. 能够结合夔龙灯的结构和外观布置亮度合适的内部灯光。 3. 能够在项目过程中,发现问题,并探索问题的解决方案,对作品进行迭代改进。
课型	新授课
课时	1课时

教学环节	教师活动	学生活动	设计意图	评价指标
制作自评	提供《夔龙灯制作自评表》,指导学生借助自评表对夔龙灯进行评价。	根据《夔龙灯制作自评表》测试夔龙灯的外形、摆动情况。	通过对夔龙灯作品的评价,学生进一步理解和掌握如何根据目标进行工程设计与制作。	学生是否具备自我评价和总结改进办法的能力。

教学环节	教师活动	学生活动	设计意图	评价指标
改进迭代	指导学生根据评价结果对夔龙灯作品进行改进迭代。	针对自评后发现的问题对夔龙灯进行改进迭代。	学生通过动手制作改进夔龙灯,理解工程设计需要结合目标、根据实际情况进行迭代。	学生是否具备改进迭代夔龙灯的能力。
灯光布局	指导学生分析灯光亮度和布局是否合适。	根据夔龙灯的外观和结构,在夔龙灯内部及外层固定LED灯带。	让学生理解模拟电路中常常被用于表示各种物理量的变化,例如声音、光线、温度等。	学生能否根据夔龙灯外形和结构布置灯光。
检查调整	指导学生如何根据灯光情况调整夔龙灯造型。	知道举办夔龙灯会需要检查夔龙灯的外形、摆动和灯光情况。	让学生能够基于问题目标分析问题、解决问题。	学生能否根据灯光布局调整夔龙灯。

任务六:策划并实施灯会

教学目标	**文化理解:**通过策划灯会展览活动,感受家乡文化与灯会艺术结合的美,体会灯会艺术对家乡文化的传播作用。 **创意实践:**学生能够通过夔龙灯会视觉系统设计活动,运用设计原则,设计海报、邀请函,体会设计能改善和美化我们的生活。学生能够在策展活动中,进行小组工作计划的制定与组织安排,和同伴进行分工合作,有效地计划并实施各种活动,并能根据实际情况对计划进行合理调整。
学习目标	1.能够根据项目学习成果策划展览活动,并能合理分工、团队协作进行筹划和准备。 2.能够为展览活动设计海报、邀请函,吸引观众。 3.能够通过项目展览的实施和介绍,提升表达能力,并从中反思自己的作品。
课型	新授课
课时	2课时

教学环节	教师活动	学生活动	设计意图	评价指标
策划灯会	引导学生讨论并确定灯会策划方案,梳理需要准备的材料和工具。	根据夔龙灯制作情况,讨论夔龙灯会的策划方案,准备清单并明确分工。	让学生自主完成灯会策划方案的讨论和确定,调动学生的积极性,培养学生的策划和组织能力。	学生能否根据制作情况策划夔龙灯会展览。
完成准备	组织学生完成灯会准备工作,确保各项任务按时完成。	根据灯会准备清单及分工,完成灯会的准备工作。	让学生在实际准备灯会的工作中,学会与团队协作和沟通合作。	学生是否具备团队协作能力和沟通能力。
邀请观众	指导学生设计并绘制灯会相关的海报、邀请函。	确定灯会的时间及地点,设计活动海报,向观众发送邀请函。	让学生了解活动的宣传,如何为活动设计海报、邀请函,吸引观众。	学生能否根据活动设计海报,宣传展览。
现场布置	教师和专家对灯会活动进行专业指导,提出举办校园灯会的建议。	学生利用夔龙灯以及相关的学习手册、夔龙灯设计图等布置夔龙灯会展。	通过对灯会的准备,提高学生的动手能力和实践能力。	学生能否分工协作,布置展览。
展示介绍	指导学生如何更好地向公众展示和介绍自己的学习成果。	根据策划方案及现场分工,完成灯会活动。记录灯会活动收到的反馈和评论。	通过分工合作完成灯会任务,增强学生的团队协作能力及向公众展示、介绍项目学习过程和作品的能力。	学生能否有效分工合作完成展示,是否具备表达能力。

七、学生作品及点评

（一）夔龙灯外形和骨架设计图

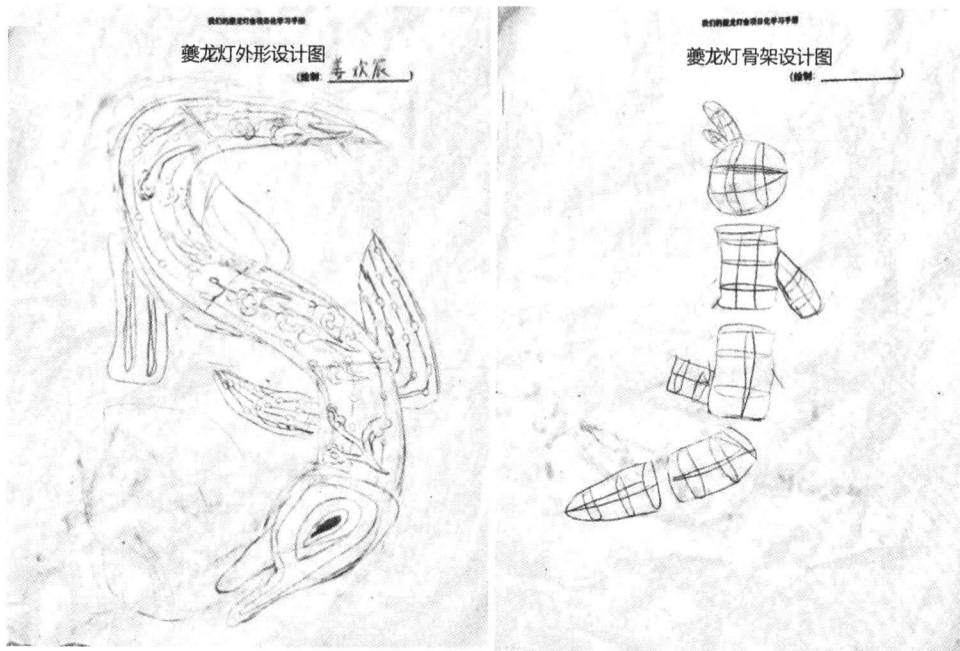

1.作品简介

学生运用夔龙的形象元素，利用几何形体组合变化，设计夔龙灯外形和骨架。选择适合夔龙形象的纹样，并搭配合适的色彩。

2.作品点评

"夔龙灯外形设计图"是学生根据夔龙形象，选择合适的中国传统纹样绘制的夔龙灯设计图纸。该设计图突出了夔龙"卷尾""张口""一足"的特点。在夔龙灯的身体结构上，依照结构特点，运用了卷云纹、如意纹等纹样进行了设计。

"夔龙灯骨架设计图"是学生对夔龙身体结构进行分割，利用基础立体几何形状设计的夔龙灯设计图纸。该设计图依据外形的设计图确定了骨架设计，结构清晰的同时也能体现夔龙形象特点。

（二）夔龙灯

1.作品简介

"福龙"夔龙灯是学生根据自己绘制的夔龙灯设计图，小组合作，利用宣纸、塑料打包带等材料和工具制作完成的夔龙灯。

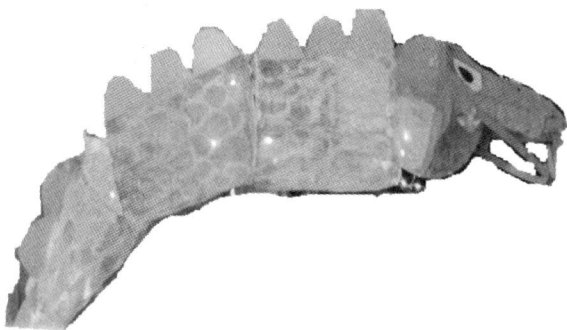

2.作品点评

"福龙"基于夔龙形象,将主体结构分为四节,利用圆柱、圆锥、球体等基本立体几何形状,制作夔龙骨架。"福龙"以红、橙为身体主要色彩,绘制白色的鳞纹,加以简单图案点缀,利用黄色卡纸制作羽和足。

(三)夔龙灯会展览

1.作品简介

"我们的夔龙灯会"是学生将自己制作的夔龙灯以及相关的学习手册、夔龙灯设计图等成果,根据灯会策划方案布置的夔龙灯展览。

2.作品点评

"我们的夔龙灯会"展览活动中,根据自主策划的灯会展览方案,展示自己的夔龙灯作品和学习过程。学生作为讲解员,向前来观看的专家和公众进行讲解,介绍自己的学习成果和过程。

八、案例实施成效及反思

本案例基于县城科技教育的实际情况,结合本土文化,设计了易于操作、便于推广的跨学科STEM课程。学生在此过程中,利用夔龙元素设计、制作具有奉节特色的花灯,并举办夔龙灯会。明确学科核心知识与能力,通过问题导向的项目化学习,学生进行探究性实践、社会性实践、调控性实践、审美性实践和技术性实践,发展社会性能力。学生综合运用科学、技术、工程、数学、美术知识,在解决真实问题的过程中,感受家乡文化的魅力,形成对中华优秀传统文化的认知。

本案例促进了学生自主学习的能力,重构了课堂学习方式和教育评价。学生在项目化学习中,通过实践活动,进行自我评价和结果性评价,促进自我反思和改进。

在设计、实施课程的过程中,通过城区优质学校和帮扶学校的多学科教师的课程共建,加强了学科联系,落实核心素养的教学目标,实现整体育人。通过城区学校驻校深度帮扶。促进城乡教师教研共同体的形成,探索了科学教育优质均衡发展的新模式。

案例实施成效显著,参与课程的学生的综合素养获得了良好发展。案例促成了学校与夔州博物馆、重庆自然博物馆的馆校合作。课程成果的展示活动一部分在学校首届科技节上进行,一部分在学生赴夔州博物馆的研学活动中进行,同时重庆自然博物馆在科技节上带来了"山城里藏着龙"的校园首展,开展了恐龙科普讲座和科普美育课程。在本案例的设计和实施过程中,夔州博物馆的专家也多次进行指导,基于本案例,我们探索了馆校合作以文化、协作、课程为理念,探索、体验、表达、综合为路径的"3C4E"新模式。

我们也认识到需要进一步优化课程设计,提高教师跨学科教学能力,加强学生实践探究的深度和广度。后期改进设想包括:

1. 加强教师培训,提升跨学科课程设计能力,促进教师专业成长。

2. 深化课程内容与本土文化的融合,丰富学生的文化体验。

3. 完善评价体系,引导学生进行更深入的自我评价和学习改进。

4. 加强与科普基地的合作,拓展科普资源,丰富学生的学习渠道。

通过这些改进措施,我们期待进一步提升本案例的实施成效,为发展学生综合素养提供更优质的课程。

给车建个"家"

重庆市璧山区剑山实验小学校　邓春梅　刘玉平

一、案例介绍

本活动是属于学校 PBL 项目式学习中自主研发的校本 STEM 活动。活动主要来源于学校科技社团的学生发现的身边生活问题——停车难,由此展开一系列的采访、考察、调研活动,找出停车难的各种原因,并由此与创客社团的学生合作,进行自主探究学习,寻求最佳解决方案。

通过近一年的项目调研,学生拍摄了 150 多张调查图片,查阅了约 60000 字的资料,走访了区内 30 几个单位,完成了近 10000 字的调研报告。大家研讨分析,根据璧山城区的实际情况,提出修建立体停车场的整改解决方案来缓解停车难的问题。为了使解决方案更加具体、完善,学生发挥集体智慧,设计制作了 5 种类型的立体停车场模型。

我们通过该项目活动解决现实生活中发现的问题,科技社团和创客社团两个社团间相互合作,共同交流,结合实际,深度探究,拟出最佳解决方案;根据方案画出图纸,动手做出模型;最后梳理整个调查活动及解决方案,最终转变为成果——给车建个"家"项目研究报告。

在项目活动中,学生在老师的带领下从实际出发,将校内和校外知识相结合,发挥集体智慧,通过社会实践来探索和解决现实生活中的挑战和问题。

二、案例目标

此活动课程旨在让学生"做中学""用中学""创中学",开阔自己的视野,向生活学习,向社会学习,运用自己所掌握的知识与技能去参与解决社会难题,从中体验学以致用的快乐和成就感。

（一）总体教学目标

本课程旨在培养学生的核心素养，为学生的终身发展奠定基础。通过活动课程开展，学生掌握基本的科学知识和科学思维的方法，具有初步的模型理解和模型建构能力，掌握基本的信息技术操作技能，具有初步探究技术与工程的实践能力。让学生从小树立爱科学、学科学、用科学的科学态度，并具有节约资源、保护环境、推动生态文明建设和可持续发展的社会责任感。

（二）跨学科目标

1. 提升综合素质：通过综合运用科学、信息技术、美术、数学等学科的知识与技能，解决真实的社会问题，让学生接触到更为广泛的知识领域，促进学生全面发展。

2. 增强创新能力：鼓励学生跨越传统学科框架，以创新的视角去解决发现的问题，提升学生自主学习、合作探究、分析思考、动手实践等能力。工程思维——系统与模型，创意设计——结构与功能，数据分析——稳定与变化，材料成本——物质与能量，使他们在未来的学习和工作中更具竞争力。

3. 应对现实挑战：本实践活动，着眼于解决璧山区公共区域停车难的问题，该问题涉及多个领域，学生在活动开展中，要了解交通法规、车辆停放标准、公共建筑修建标准、公共设施安全标准等。学生将自己所学的知识和技能进行扩展，以此来应对这些挑战，提高他们解决实际问题的能力，体会学以致用的快乐和成就感。

三、案例评价标准

（一）素养要素评价标准

素养维度	素养表现	关键要素
创新能力	学生能够基于3D建模软件和Lab plus软件平台及乐高EV3套盒，自主设计并实现具有创新性的项目。在项目实施过程中，学生能够独立思考，提出新颖的解决方案，并勇于尝试和实践。	从不同角度思考问题，寻求创新点。尝试多种新方法、新技术。

素养维度	素养表现	关键要素
跨学科融合	学生能够将信息技术、物理、数学、科学、美术、法律等多个学科的知识融合到项目中，实现跨学科的综合应用。在项目实施过程中，学生能够理解和运用不同学科的基本原理和方法。	跨学科知识应用于解决实际问题中，形成综合性知识体系。
实践能力	学生能够熟练使用 3D 建模软件和 Lab plus 编程平台结合乐高 EV3 等进行项目开发。在项目实施过程中，学生能够独立进行硬件连接、编程调试等操作。	将理论知识有效应用于实践中，解决实际问题。
合作能力	学生能够在团队中积极协作，共同完成项目任务。在项目实施过程中，学生能够相互支持、相互学习，共同解决问题。	具有团队协作精神，学会与他人有效沟通，确保项目顺利进行。
学习成果展示	学生能够清晰、准确地展示项目成果，包括功能演示、操作说明等。在展示过程中，学生能够清晰地展示学习成果并接受同伴的反馈。	利用适当的工具和方法，与他人进行有效交流，分享学习经验和成果。

(二)跨学科学习评价量规

1.学生个人评价

一级指标	二级指标	三级指标	自评	学生互评	教师评价
学习能力	学习习惯	讲究学习策略； 养成独立思考的习惯； 善于反思与自我调整； 合理安排学习时间； 善于收集和使用学习资料； 善于分工协作,合作学习。	☆ ☆ ☆	☆ ☆ ☆	☆ ☆ ☆
	创新意识	善于观察,有强烈的好奇心； 在学习过程中能大胆质疑,敢于提出自己的见解； 喜欢寻找多种解决问题的方法。	☆ ☆ ☆	☆ ☆ ☆	☆ ☆ ☆
	学习效果	能在规定时间内完成学习任务； 善于改进学习方法,提高学习效率； 学习成效进步明显,学习成绩达到课程标准。	☆ ☆ ☆	☆ ☆ ☆	☆ ☆ ☆
交流与合作	表达能力	能明确表达自己的思想； 能准确回答他人的问题； 善于运用各种方法与人沟通。	☆ ☆ ☆	☆ ☆ ☆	☆ ☆ ☆
	倾听习惯	尊重对方,耐心倾听对方的观点； 在听取别人意见时注意提取有益的信息； 虚心接受他人的忠告和建议。	☆ ☆ ☆	☆ ☆ ☆	☆ ☆ ☆
	合作能力	能充分认识自己的优势和不足； 尊重并理解他人的观点和处境； 能客观地判断问题； 能与他人一起确定目标,并努力去实现目标。	☆ ☆ ☆	☆ ☆ ☆	☆ ☆ ☆
终极评价		金星队员(累计获得48～54个☆) 银星队员(累计获得40～47个☆) 未来星队员(累计获得35～39个☆)			

2. 小组评价

标准	☆☆☆☆☆	☆☆☆	☆	得分
界定某个区域停车难的难题，并对解决方案进行头脑风暴	对待解决的问题有清晰的理解。能成功抓住璧山某个区域内停车难的问题，并对该地区停车难如何解决提出多项有创意的方案，实施头脑风暴。	需要一些教师指导来界定需要解决的难题，并对可能的解决方案进行头脑风暴。	需要大量的教师指导来界定难题，并对可能的解决方案进行头脑风暴。	
作为团队成员进行工作	合作得很好。所有团队成员都参与进来，并坚持完成任务。	一些团队成员偶尔会脱离任务。	大多数团队成员经常脱离任务，没有充分合作或参与。	
方案设计过程	团队头脑风暴得出了许多设计思路并对设计进行了测试和改进。能够熟练使用3D建模软件和Lab plus编程平台结合乐高EV3等进行项目开发。最终的设计已完成或接近完成，并展示出创造性的问题解决过程。	团队头脑风暴得出了设计思路，但需要在教师指导下，使用3D建模软件和Lab plus编程平台进行项目开发，才能完成测试并展示问题解决过程。	团队头脑风暴得出的设计思路模糊，几乎没有进行测试或重新设计。最终的设计缺乏清晰的设计思路。	
对科学、工程学、艺术学的展示	团队对解决方案进行了强有力的讨论，并清楚地在方案中展示了对科学概念和设计过程的理解。作品设计具有美学原理。	团队对解决方案进行了基本介绍，并展示了对科学概念和设计过程的基本理解。	团队解决方案说服力弱，对理解科学概念和设计过程比较模糊。	
模型作品	团队成功创建了一个可以解决璧山某个区域内停车难的新型停车系统模型。	团队创建了一个有创意的停车模型。	团队创建出一个简单停车系统模型。	

标准	☆☆☆☆☆	☆☆☆	☆	得分
交流、展示	团队学生能够结合演示文稿和模型作品进行清晰、准确地演示说明,包括功能演示、操作说明等。	团队学生能够结合演示文稿和模型作品进行简单演示说明。	团队学生仅能对设计模型作品进行简单演示说明。	
终极评价	金牌设计师团队(累计获得 25~30 个 ☆) 银牌设计师团队(累计获得 20~24 个 ☆) 铜牌设计师团队(累计获得 14~19 个 ☆)			

四、案例所需资源

我们从学科小课堂出发,夯实学生基本知识技能;拓展学校中课堂、课外活动,提升学生自我能力;走进社会大课堂,利用校外社会机构,进行社会实践,向社会学习,向生活学习。

1. 科学问题的探究、实践(学科小课堂);

2. 基础编程教学(学科小课堂);

3. 科学小课题研究与实践(学校中课堂);

4. 乐高机器人课程、3D 建模课程、Lab plus 编程平台(学校中课堂);

5. 各社会机构,例如车管所、交警大队、城建局、市政局、物价局等校外机构(社会大课堂)。

还有硬件学习资源、项目式应用案例分享、项目发布与展示评价三个方面的课程资源,共计 24 课时,满足学生个性化、多样化的学习、发展需求。

五、案例设计思路

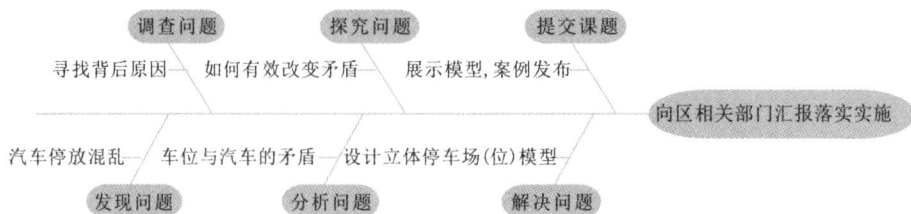

调查问题　探究问题　提交课题
寻找背后原因——如何有效改变矛盾——展示模型,案例发布
　　　　　　　　　　　　　　　　　　向区相关部门汇报落实实施
汽车停放混乱——车位与汽车的矛盾——设计立体停车场(位)模型
发现问题　分析问题　解决问题

六、案例实施过程

教学过程	教师活动	学生活动	设计意图
活动前期	1. 听取学生发现的社会问题。 2. 组织学生分组，强调外出考察安全事宜。 3. 梳理学生调查情况，组织学生讨论分析。 4. 问题聚焦。	1. 问题提出：如何改变璧山城区汽车乱停乱放的现象。 2. 成立调研小组对城区停车难的地方进行实地考察和采访，收集资料。 3. 各小组汇总资料讨论分析车辆乱停乱放背后的原因。 4. 找出解决璧山停车难问题的办法——修建立体停车场。	问题来源于生活，学生留心身边的社会问题，教师及时抓住这一有利时机，鼓励学生大胆思考，留心观察，汇总梳理收集到的资料，实现问题聚焦。 资源准备： 1. 调查问卷、摄影设备、调查统计表等。 2. 联络家长志愿者保证学生外出调查安全。
活动中期	1. 了解学生遇到的瓶颈，及时给学生建议：向创客社团小伙伴求助。 2. 组织两个社团合并，引导学生重组分工，列出行动计划。 3. 组织学生外出考察，提醒学生详实记录，并注意活动安全。 4. 从调查的实际情况出发，引导全社团进行交流，思维碰撞，研讨解决方案。指导学生根据解决方案画设计图稿。	1. 解决停车难的思路明确，但有些具体解决方法无法实施，寻求帮助。 2. 与创客社团重组，列出行动计划。 3. 再次深入实地考察，落实停车难的真正原因，记录资料，并汇总。 4. 讨论交流，从调查的实际情况出发，分小组提出不同解决方案，并绘制立体停车场设计图稿。	及时合并科技和创客社团，重组分工，让学生各自发挥自己特长的同时也使他们接触更多的知识与技能，锻炼学生的团队合作精神。 有针对性地考察，在考察中进行思考、分析，为初步提出解决方案做准备。

教学过程	教师活动	学生活动	设计意图
活动中期	5.指导学生细化设计方案，完善设计图，解答学生在选择制作模型的相关材料方面所产生的疑问。 6.给个别小组提出人工智能化设计建议，对学生进行相对应的开源硬件和编程教学。 7.对学生在立体停车场模型制作和安装中出现的问题进行答疑解惑。 8.组织全社团学生进行模型展示与交流，收集意见，指导学生对模型进行最后的美化和完善。	5.分小组进行立体停车场方案细化，完善设计图，选择适合的模型材料，分工动手制作。 6.个别小组立体停车场模型选择加入人工智能化，学生对此进行相关编程、开源硬件的学习和使用。 7.分组完成立体停车场模型制作及安装调试。 8.小组间进行模型展示与交流，相互提出意见，各小组收集建议，并对本组立体停车场模型进行美化和完善。	分组交流，更能锻炼学生的思维能力，创新能力，团队合作的能力。学生在合作交流中完成设计图稿。教师也可参与到学生的设计中，为学生的设计方案提出建议，指导优化，特别是在选择制作材料上，教师的指导至关重要，学生了解各类材料的特性后，能选择最佳的制作材料，为后面模型制作做好准备。 充分发挥创客社团学生的优势，带领科技社团小伙伴学习相关编程、开源硬件的知识与操作。让学生设计的模型不仅停留于手工制作上，更要顺应时代的发展，给模型赋予人工智能因素。 交流评价能促进学生相互学习，共同提高。 资源准备： 1.盛思智能套盒。 2.3D建模软件。 3.3D打印机。 4.3D打印耗材。

教学过程	教师活动	学生活动	设计意图
活动后期	1.利用学校一年一度的"青雅学术论坛"的机会,组织学生对自己的项目研究课题进行展示和解读。 2.组织学生代表把项目研究成果提交区委。 3.支持学生向璧山媒体投稿,扩大项目研究的影响力。	1.在学校"青雅学术论坛"中,向到访的区委区政府的专家和领导进行项目课题研究成果汇报,展示自己的解决方案。 2.把研究报告提交给区委区政府相关部门。 3.发出倡议书,在媒体上进行项目活动宣传。	提升学生对STEM课程学习的兴趣,建立科学研究的自信心,鼓励学生像科学家那样思考问题,像工程师那样解决问题。并感受自己的研究成果能为家乡、为社会作贡献的成就感和自豪感。 资源准备: 1.学校"青雅学术论坛"课题发布会。 2.璧山区媒体。

教学流程

教学活动前期　　发现问题 ➡ 实地考察、收集资料 ➡ 讨论分析原因 ➡ 问题聚集

教学活动中期　　合并学科社团,列出行动计划 ➡ 再次实地考察,资料汇总

建模材料的选择与运用 ⬅ 研讨解决方案,绘制模型设计稿

人工智能的学习与实践 ➡ 实践完成模型 ➡ 模型展示交流与完善

教学活动后期　　课题发布 ➡ 提交整改建议 ➡ 项目反馈

七、学生作品及点评

(一)秀湖公园景观立体停车场

1. 作品简介

秀湖公园是璧山风景最美的公园之一,周末和节假日的游客众多,停车难也是公园目前亟待解决的问题,我们设计了带升降电梯的立体停车场,用此来缓解公园停车难的问题。同时考虑到秀湖公园是一座中国古典建筑园林,我们的立体停车场设计也具有浓浓的中国古典建筑特征。立体停车场模型是采用了3D建模、打印和编程技术完成的作品,是在原有的室外停车场中心,建一个三层圆盘形的智能立体停车场,中间是可供汽车上下的升降电梯,这样能够节省空间和上下停车的时间。该设计是古典与现代技术相结合的新型停车场设计。

2. 作品点评

该设计与公园的景观相融合,具有中国古典艺术气息。它与秀湖公园周围仿古建筑环境整体相匹配,如果能够建成,它将能给黛山秀湖增添一道亮丽的风景。

(二) 升降机器人停车装置

1. 作品简介

通过对璧山区各个住宅小区进行实地考察,了解到一些老旧的住宅小区和还建小区根本没有建停车场,政府在这些小区周围的道路边规划了一些停车位,但这些停车位完全不能满足这些小区的停车。每到傍晚,外出回来的汽车,把这些车位挤得满满的。于是我们就设计了这个升降机器人停车装置。它把原有路边的停车位改为三层,机器人在编好的程序控制下,用它安装有电磁铁的手臂,可以把汽车"抱"起来,通过下方的滑槽,移动机器人的位置,把汽车放到想要停的车位上,也可以把汽车"抱"下来,平安地放到地上,让其安全开走。

2. 作品点评

本设计方案如果能成功实现,能充分、有效地将公路两侧的停车位变成立体停车位,至少能增加两倍的停车量,这使没有建停车库的老旧小区停车难问题能得到很大的改善。

(三)摩天轮停车场

1. 作品简介

摩天轮作品是为了配套璧山枫香湖儿童公园而设计的立体停车场,枫香湖儿童公园以儿童娱乐为主题,以耕读文化为底色,融游乐、科普、山水为一体,深受广大少年儿童和家长的喜爱。一到节假日或周末,来玩的游客络绎不绝,枫香湖公园停车场的车位也严重不足,也急需建设立体停车场,利用乐高 EV3 套盒完成摩天轮停车场的设计与制作。

2. 作品点评

游客可以把汽车开到摩天轮上,鸟瞰整个枫香湖公园风景,也可以把汽车停在摩天轮上,下来游玩,这样既增加停车位的数量,也可作为公园游览的一个项目。同时它也与公园内各种大型儿童玩具设施相匹配,看上去酷酷的,相信小朋友和大朋友都喜欢吧。

(四)斜坡式停车场

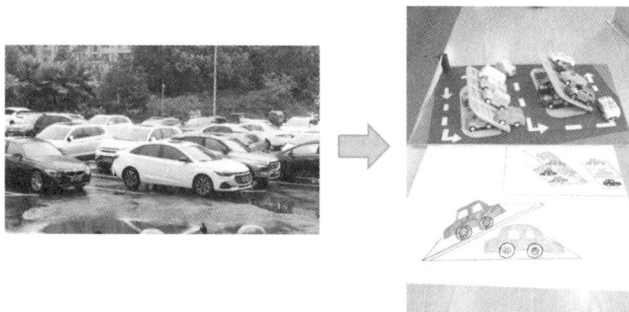

1. 作品简介

该设计方案适用于中央大街、摩登时代广场等商贸区或医院、体育中心等大型公共服务地区的露天停车场。根据我们实地考察的情况,这些地方原本建有露天停车场,但是很多时候车位根本不够用,我们的方案是在原有的车位上建一个与地面形成大约35°~40°角的斜面,可以用钢板、混凝土等材料进行建造。考虑到汽车不宜长期停在斜坡上,我们建造的地方都是汽车流动性很强的地区,汽车短期内停在斜坡上并无大碍。

2. 作品点评

该设计方案最大的优点在于:在原有的停车位上进行改进,改建成本较低,工期不会很长,假如建成后,这些车流量很大的地方,至少能够增加一倍的停车量。

(五)楼顶停车场

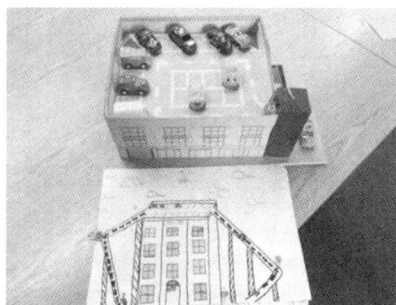

1. 作品介绍

通过实地考察,了解到璧山老城区的楼房大都建于20世纪八九十年代,当时规划落后,没有预留出地上和地下的停车位,同时街道狭窄,停车是个大难题。但是,我们有一个发现:老城区楼房不高,基本在5~7层,并且楼顶基本空着,于是我们建议把停车场修建到楼顶上,把这个空间想办法利用起来。

2. 作品点评

老城区的楼房密集,楼房之间能够占用的空间很少,所以我们把设计改为用升降电梯把汽车运送到楼顶。这样就能减少占地空间,同时也能大幅缩短司机停车时间。假如我们的设计方案能成功,就能大大缓解老城区停车难的问题。

八、案例实施成效及反思

本项目课程的主要目的是鼓励学生——大胆想,尽力做。学生通过自己的观察,发现身边的社会问题,并由此问题进行深入探究,积极运用自己所学知识想办法解决问题。在活动中,学生间相互合作,发挥自己的特长,实现了科学、信息技术、美术、数学等跨学科融合,着重发展了学生的创新思维能力、动手能力与问题解决能力。

学生的方案在大人眼中还显得那么稚嫩,还有很多学生在动手做的时候,发现能力有限,做和想有很大的差异。作为教师的我们要给学生留足想象的空间,积极鼓励他们像科学家那样思考问题,像工程师那样解决问题。

我们的调研活动得到了璧山区交警大队、车管所、市政局、物价局、城建局以及区发展改革委员会的大力支持,学生走出学校,到社会大课堂中不仅开阔了眼界,还学习了解了很多课本上未涉及的知识领域,这对他们来说也是一次人生中难忘的经历。

我们的项目课题研究引起了璧山区委区政府和新闻媒体的注意,璧山电视台、璧山报社先后对我们的研究进行报道,刊登了我们文明停车的倡议书。2023 年年初,区委区政府对车辆乱停乱放的现象进行了大力度的整治,同时接纳了我们提出的改建立体停车场的建议,在 2024 年将对部分城区停车位(场)进行人工智能化改建。

基于 Arduino 的车内高温安全预警装置的设计与实现

重庆市沙坪坝区森林实验小学校　黄凯英　宾先丽

一、案例介绍

加强科学教育是贯彻党的教育方针的必然要求,是落实立德树人根本任务的重要途径,是培育国家战略科技力量的基础支撑。习近平总书记在一系列重要场合论述了科学教育的意义、内涵和方法,反复强调,要在教育"双减"中做好科学教育加法,激发青少年好奇心、想象力、探求欲,培育具备科学家潜质、愿意献身科学研究事业的青少年群体。此背景下,学校在"好奇探索,智在生长"的科创育人理念下,体系化建构科创课程。将 STEM 教育理念融入 PBL 教学中,探索跨学科、项目式学习,重视科学实验,在现有课程中增加 STEM 元素,将原本分离的各学科统整为"科创 + 源·创"系列课程,本案例为"科创 + 源·创"课程中的《开源硬件》课程。

本案例聚焦夏季高温天气中,汽车车内温度迅速攀升,如何避免车内人员滞留带来的安全隐患,跨学科整合科学、技术、工程、数学的知识,实施过程经历"提出问题—制定方案—探究实践—成果展示—教学评价"五个环节,最终制作出一款车内高温伤害智能安全提醒装置。案例强调多学科知识的融合与实践应用,致力于激发学生崇尚科学、探索未知的兴趣,培养学生实践能力,促进学生创新思维和核心素养的全面发展。

二、案例目标

本案例在学校四年级学生中开展,学生普遍对编程和科技创新表现出浓厚的兴趣,积极参与各种科技活动和竞赛。结合学生特点设置了如下的课程目标及教学目标。

(一)课程总体目标

1.跨学科知识整合

在车内高温安全预警装置的设计与实现过程中,学生能够了解电路原理、传感技术、编程逻辑等方面的知识,促使学生综合运用科学、技术、工程和数学等领域的知识解决真实问题。通过对车内高温伤害的分析、预警装置的设计与实现,培养学生对跨学科知识的整合应用能力和综合实践能力。

2.创新思维培养

鼓励学生从多角度、多维度思考如何有效避免夏季车内高温伤害,提出新颖、独特的解决方案。同时,倡导学生进行个性化设计,运用所学尝试解决给定案例外的其他问题,以此提升学生创新意识,激发学生创新精神。

3.问题解决能力

引导学生识别问题的实质——夏季滞留车内,在汽车密闭时,温度飙升,导致人体因体温调节失衡而受到中暑、脱水、休克等伤害。通过团队协作、讨论交流,探索多种解决方案,并强调具体解决方法,鼓励学生不断反思与总结,以培养团队协作及沟通能力,提升问题解决能力。

4.社会责任感

引导学生关注社会热点问题,了解车内高温伤害等安全事故对儿童、老人等弱势群体的影响,培养学生的社会责任感和人文关怀精神。鼓励学生运用所学解决实际问题,为社会做出贡献。

5.终身学习能力

通过课程实践,培养学生自主学习和终身学习能力,培育适应新时代发展的关键能力及必备品格。

（二）教学目标

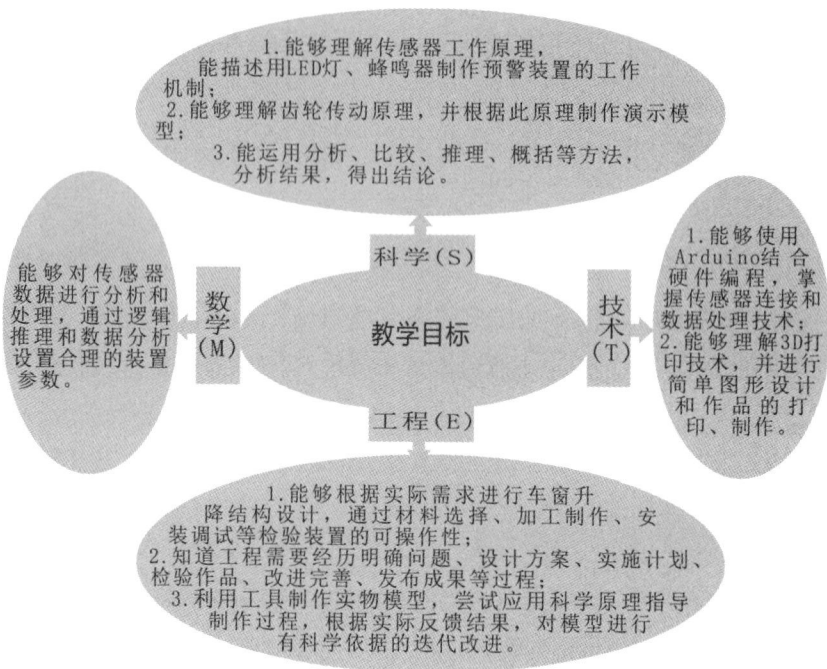

中心：**教学目标**

科学（S）
1.能够理解传感器工作原理，能描述用LED灯、蜂鸣器制作预警装置的工作机制；
2.能够理解齿轮传动原理，并根据此原理制作演示模型；
3.能运用分析、比较、推理、概括等方法，分析结果，得出结论。

数学（M）
能够对传感器数据进行分析和处理，通过逻辑推理和数据分析设置合理的装置参数。

技术（T）
1.能够使用Arduino结合硬件编程，掌握传感器连接和数据处理技术；
2.能够理解3D打印技术，并进行简单图形设计和作品的打印、制作。

工程（E）
1.能够根据实际需求进行车窗升降结构设计，通过材料选择、加工制作、安装调试等检验装置的可操作性；
2.知道工程需要经历明确问题、设计方案、实施计划、检验作品、改进完善、发布成果等过程；
3.利用工具制作实物模型，尝试应用科学原理指导制作过程，根据实际反馈结果，对模型进行有科学依据的迭代改进。

三、案例评价标准

在案例实施过程中，教师聚焦学生核心素养，突出评价的功能性，利用过程与结果相结合的方式多维度评价。

（一）交流互评

1.项目组的每位学生，围绕他们在学习过程中的态度、实践操作、合作与交流等多方面地进行自我评价，以清晰地了解自身学习情况，培养自我反思和自我提升的能力，帮助教师准确地了解学生的学习需求和困惑。（见表1）

2.项目组员之间、小组之间以作品汇报展为评价载体，激发学生参与性和积极性，通过展演和打分点评，从学习态度、解决问题、协作与交流、信息识读、创新改进等多方面进行评价，并根据评价交流改进意见。（见表2）

表1　学生自评表

评价维度	学习态度	实践操作	合作与交流	创新与改进
评价内容	积极加入项目，兴趣浓厚。能够按时、认真地完成个人分配的任务。能主动查找和学习与项目相关的知识。	能运用多种方法收集、整理和分析数据。项目制作过程中，操作规范，注重实验安全和细节。能参与设计与制作，对出现的问题能提出解决方案。	能与同伴配合完成设计与制作，乐于分享想法，尊重团队，认真倾听他人意见。能够清晰、准确地表达自己的观点。	善于观察、分析、思考，能够提出创新性的思路或方法。对现有的方案或作品有改进的建议，并能够说明其可行性和优势。
自评	☆ ☆ ☆ ☆ ☆	☆ ☆ ☆ ☆ ☆	☆ ☆ ☆ ☆ ☆	☆ ☆ ☆ ☆ ☆
自我反思				

表2　学生互评表

评价维度	学习态度	解决问题	协作与交流	信息识读	创新与改进
评价内容	积极主动参与活动，具有高度的热情和动力。面对挑战时保持积极的心态，不退缩。按时提交项目学习日志，记录学习过程和心得。	遇见疑难问题时，能迅速提出有效的解决方案。恰当选用不同实践手段来解决问题，展现良好的实践操作能力。能够发现并提出阻碍方案实施的关键问题，并提出改进措施。	运用一定技巧激励、说服他人，促进团队协作。主动向他人提供帮助，共享成果，增强团队凝聚力。遵守小组协作的规则和约束，维护良好的团队秩序。	利用信息技术采集资料，能够快速、有效地定位关键信息。能对本组的项目资源进行有效管理，确保信息资源的合理利用。在访问、获取信息时能遵守网络行为规范、网络道德。	在项目过程中展现出创新思维，能够提出新颖、有价值的想法。勇于尝试新的技术方法和工具，推动项目的创新与发展。
小组互评	☆ ☆ ☆ ☆ ☆	☆ ☆ ☆ ☆ ☆	☆ ☆ ☆ ☆ ☆	☆ ☆ ☆ ☆ ☆	☆ ☆ ☆ ☆ ☆
我们的改进					

（二）综合评价

教师通过评价量表了解学生在学习中的表现和收获以及教学目标的达成情况。此外，教师利用问卷调查了解学生对本项目学习的满意度、学习收获等方面的信息。（见表3）

表3　教师评价量表

评价维度 \ 分值	1分	2分	3分
设计思路	设计不完整,无文字标注及功能说明	设计较完整,有文字标注或功能说明,但不清晰	设计详细完整,有文字标注或功能说明,且清晰明确
分工合作	团队存在争抢器材现象或争吵现象	部分人完成制作,分工无效	团队合作分工明确,能齐心协力完成挑战任务
作品 外现	制作粗糙,不完整	有一定设计思想,但未能成功展示	设计精美,有创意
作品 功能完整性	功能实现1项	功能实现2项	功能实现超过2项
汇报分享	一人分享,语言表达不流畅	能较为清晰阐述自己作品的特点,但逻辑不清晰	多人合作上台分享,有反思和改进,逻辑清晰明确

四、案例所需资源

（一）硬件资源

Arduino UNO 是一款功能强大的开源微控制器开发板。它能通过 USB 数据线连接电脑实现供电、程序下载和数据通信。通过连接各种各样的传感器来感知环境，以及控制灯光、马达等执行器来影响环境。

人体红外传感器是一种利用人或动物身体发射的红外辐射来检测周围物体存

在的传感器。

温度传感器是能测出具体温度并感知环境温度的变化的传感器,可将检测值转换成可用输出信号显示出来。

超声波传感器是用于检测自身与障碍之间距离的传感器,通常由两个探头组成,一个发射超声波信号,另一个接收信号,根据发射和接收信号的间隔时间计算与障碍的距离。

除此之外,还扩充使用了蜂鸣器、LED 灯、按钮、电机、LCD 显示屏等硬件设备。

(二)编程环境

Arduino IDE 是一个功能强大、简单易用、开放性和兼容性强的开发环境,具有直观的图形用户界面,使得编程过程变得简单易懂,即使是初学者也能快速上手。

(三)教学资源

1. 内在条件

学校在"好奇探索,智在生长"育人理念下的"科创 + 源·创"课程体系具备科学性、先导性。《开源硬件》课程中引导学生深入思考生活中社会热点问题,让学生在具有真实问题的项目学习中,综合运用科学、技术、工程和数学等多学科知识来解决问题。

学校积极搭建资源平台,提供丰富的学习资源和设计实践场所,包括信息化学习平台和资料库,使得学生能够充分利用各种信息化手段进行学习,并通过有效地展示评价活动检验学习成果。

在案例实施过程中教师为关键的实施者、引导者和辅助者。凭借先进的教学观念,为学生提供有效的指导和支持。

2. 外在支持

为保障项目开展,学校更换了 8 套 Arduino 套件,更新了开源硬件器材,丰富了科创实验室的硬件设备,为学生提供了一个集实践、创新、合作于一体的学习场所。

五、案例设计思路

在案例设计过程中,STEM 教育理念始终贯穿其中,强调多学科知识的融合与实践应用。以"车内高温安全预警装置"为例,经历"提出问题—制定方案—探究实践—成果展示—教学评价"五个环节,以激发学生探索欲与好奇心,促使其运用科学原理、技术工具、工程设计及数学逻辑解决真实问题,突出培养学生实践能力和创新思维,促进核心素养的全面发展。实施流程图如图1所示。

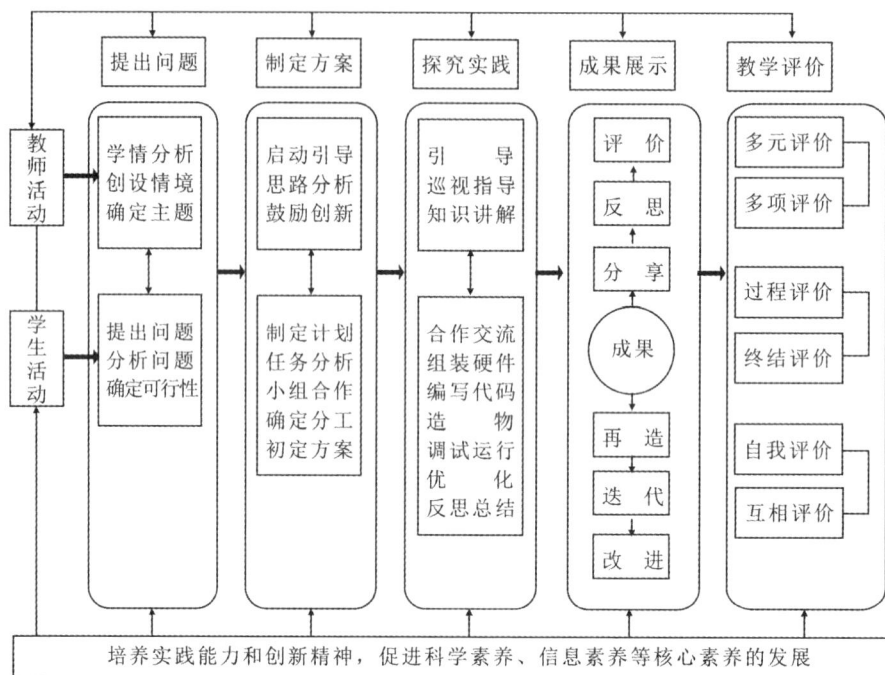

图1 基于STEM理念的PBL教学流程图

六、案例实施过程

活动一:聚焦问题,确定目标	
教学目标: **科学(S):**学生能够理解和分析车内高温对人和物造成的伤害背后的科学原理,如热传导、热辐射等。 **技术(T):**学生能够识别并讨论现有技术中用于监测和控制车内温度的技术和工具,如温度传感器、智能控制系统等。 **工程(E):**学生能够提出初步的设计方案,并考虑装置的可行性、成本效益和可持续性。 **数学(M):**学生能够运用数学知识和技能来分析和预测车内温度的变化趋势,如利用统计图表展示温度变化数据。	**达成评价:** 1.学生能否理解车内高温对人和物造成伤害的科学原理(如热传导、热辐射等)。 2.学生能否识别一些相关监测和控制车内温度的技术和工具。 3.学生能否针对车内高温伤害这一现象提出初步解决方案。

课时	1 课时		
教学过程			
教学环节	教师活动	学生活动	设计意图
结合情境，提出问题	1. 结合多篇新闻报道，向学生展示儿童滞留车内导致的意外事故案例，唤起学生的社会责任感。 2. 提出问题："如何能够预防或避免这类车内高温伤害或者意外事故发生?"	1. 观看新闻报道，感受问题的严重性。 2. 主动提出问题，思考解决方案。 3. 自发成立"项目小组"，准备开展研究。	通过实际案例引入，让学生直观感受到问题的严重性和现实性，激发他们的兴趣和关注，同时培养他们的社会责任感和团队合作精神。
分析问题，确定研究目标	1. 引导学生对车内高温伤害进行文献检索和分析，了解现状、原因及预防措施。 2. 指导学生明确研究目标：制作一款智能安全预警装置，实现对车内环境的实时监测和高温预警。	1. 查阅文献资料，了解车内高温伤害的科学数据及现状。 2. 小组讨论，确定研究目标，并明确装置的功能和性能要求。	培养学生的文献检索和分析能力，同时让他们通过讨论明确研究方向和目标，为后续的实践活动奠定基础。
目标设定与细化	指导学生如何将整体目标细化为具体、可行的子目标，并设定相应的阶段成果和评估标准。	小组讨论，将整体目标细化为具体的子目标。	培养学生的目标设定和项目管理能力，让他们学会如何设定明确、可行的目标，并为实现目标制定详细的计划。
团队展示与讨论	1. 邀请每个小组展示他们的目标和初步的设计方案。 2. 组织讨论，对每个小组的目标和设计方案进行点评和提出建议。	1. 展示并解释小组的目标和初步的设计方案。 2. 听取其他小组和教师的点评和建议，进行反思和调整。	通过展示和讨论，让学生互相学习、借鉴，同时培养他们的表达能力和批判性思维能力。此外，还能帮助他们进一步完善设计方案，提高项目的可行性和创新性。

教学环节	教师活动	学生活动	设计意图
小结与反思	1.总结本次活动的收获和成果,强调跨学科学习和团队合作的重要性。 2.提醒学生关注后续活动的重要性和准备事项。	1.回顾并总结自己在活动中的表现和收获。 2.思考并准备后续活动的相关事项,为项目的实施做好准备。	通过总结和反思,让学生明确自己的成长和不足,同时强调跨学科学习和团队合作的重要性,为后续的实践活动做好充分准备。

活动二:制定方案,初步探究

教学目标: **科学(S):**学生能够掌握 Arduino UNO 主控板、传感器和执行器等硬件的工作原理及其在项目中的应用。 **技术(T):**1.学生能够熟练使用 Arduino IDE 开发环境进行程序设计,实现所需功能。 2.学生能够掌握 3D 打印技术在齿轮传动机制设计中的应用。 **工程(E):**学生能够设计出监测车内温度及后座是否有人滞留的智能安全提醒装置。 **数学(M):**学生能够通过数据分析(如温度数据、测试数据等)来评估和优化设计的性能。	达成评价: 1.学生能否提出多种创新性解决方案并合理解释其科学原理。 2.学生能否独立完成 Arduino IDE 程序编写和硬件组装调试工作。 3.学生设计的齿轮传动机制是否能够有效实现车窗升降功能。

课时	4 课时

教学过程

教学环节	教师活动	学生活动	设计意图
导入新课	复习前课内容,强调预防车内高温伤害的重要性。	回顾前课内容,思考如何预防车内高温伤害。	引发学生兴趣,建立知识联系。

教学环节	教师活动	学生活动	设计意图
头脑风暴	引导学生思考车内高温安全预警装置的设计方案。	分组讨论,记录创意点,并准备分享。	培养学生创新思维和团队合作。
分享与讨论	听取各组的头脑风暴成果,点评并提出改进建议。	分享本组的创意点,听取教师和其他组的意见。	促进学生间的思想交流,拓宽设计思路。
选择硬件与组装调试	讲解 Arduino UNO、传感器和执行器的使用方法及注意事项。	根据设计思路选择合适的硬件,并利用学习手册进行组装调试。	培养学生的动手能力和解决问题的能力。
程序设计	演示 Arduino IDE 开发环境的基本操作,提供主程序流程。	在教师指导下编写程序,实现所需功能。	提升学生的编程能力和逻辑思维能力。
设计齿轮传动机制	讲解齿轮传动原理。	设计齿轮传动机制,利用 3D 打印制作齿轮,并连接车窗模型。	培养学生的设计能力和工程实践能力。
成果展示与反思	邀请学生分享设计思路和优化过程。	展示成果,回答教师和同学的提问,进行反思和总结。	提升学生的表达能力和批判性思维能力。
作业布置	布置课后任务,如进一步熟悉相关软、硬件,准备作品的制作完善。	接受任务,规划课后学习和工作。	巩固学习效果,促进知识迁移和应用。

活动三:探究实践,物化设计

教学目标:	
科学(S): 1.学生能够深入理解智能安全预警装置的科学原理及其在现实生活中的应用。2.学生能够识别并解释装置中不同组件之间的相互作用和依赖关系。 **技术(T):** 1.学生能够熟练使用Arduino IDE和相关技术工具进行程序调式。2.学生能够掌握3D打印技术的初步应用,如设计简单模型。 **工程(E):** 1.学生能够在实际操作中解决装置设计、组装和测试过程中遇到的复杂问题。2.学生能够设计和实施有效的迭代优化策略,以改进装置的性能和可靠性。 **数学(M):** 学生能够运用数学原理进行更精确的数据分析和性能预测。	**达成评价:** 1.学生能否独立完成装置的高级编程和复杂组件的组装调试。 2.学生设计的装置在测试中是否表现出预期的性能和可靠性。 3.学生能否根据测试结果提出并实施有效的优化策略。 4.学生能否清晰地解释装置的工作原理、设计思路和优化过程。

课时	4 课时

教学过程

教学环节	教师活动	学生活动	设计意图
回顾与导入	回顾前面所学的内容,强调探究实践的重要性。	回顾已学知识,思考如何进一步物化设计。	巩固基础知识,激发探究兴趣。
深化设计	引导学生讨论装置设计的改进点和创新点。	分组讨论,提出改进和创新方案,并准备分享。	培养学生的创新思维和批判性思维能力。
程序调试	讲解Arduino IDE的程序调试方法。	在教师指导下进行程序调试,优化设计,实现装置的改进功能。	提升学生的编程能力和解决问题的能力。

教学环节	教师活动	学生活动	设计意图
3D 打印的零件拼接、测试	演示 3D 打印的零件设计和优化。	打印优化后的零件,并进行组装。	培养学生的设计能力和工程实践能力。
装置集成与测试	指导学生将各个组件集成到装置中,并进行整体测试。	进行装置集成,并根据测试结果进行调试和优化。	培养学生的系统集成能力和测试能力。
数据分析与优化	指导学生进行数据分析,评估装置的性能和可靠性。	收集测试数据,进行数据分析,并根据结果提出优化策略。	培养学生的数据分析和优化能力。
作业布置	布置课后任务,如进一步完善装置、准备项目展示等。	接受任务,规划课后学习和工作。	延续学习热情,提升自主学习能力。

活动四:成果展示

教学目标:

科学(S):1.学生设计的智能安全预警装置能够呈现科学原理的应用。2.学生能描述如何将科学原理应用到实际问题的解决中。

技术(T):1.学生能够演示所使用的技术工具,如 Arduino IDE 调试程序等。2.学生能够解释他们如何运用技术来改进和优化装置。

工程(E):学生能够解释他们在工程实践中遇到的挑战和提出的解决方案。

数学(M):学生能够解释数学在装置设计中的应用。

达成评价:

1.学生能否清晰地展示他们设计的装置和测试的过程。

2.学生是否能够准确地解释他们在项目中所使用的技术和工具。

3.学生是否能够展示他们的数据分析结果和根据结果进行优化的过程。

4.学生是否能够有效地回答教师和同学的提问,展示他们的批判性思维能力。

课时	1 课时		
教学过程			
教学环节	教师活动	学生活动	设计意图
导入与开场	简要介绍学习成果展示的目的和意义,激发学生展示的意愿。	准备展示材料,准备展示。	营造展示成果的氛围,激发学生的兴趣和积极性。
装置展示与介绍	组织各组逐一上台展示装置。	各组按顺序上台,展示装置,并使用PPT、视频等辅助手段介绍设计思路和测试过程。	培养学生的表达能力和自信心,展示他们的学习成果。
技术与工具应用展示	邀请学生展示他们所使用的技术工具及其在项目中的应用。	展示程序、3D打印模型等,并解释它们在项目中的作用和优势。	加深学生对技术工具的理解和应用能力。
数据分析与优化展示	引导学生展示他们的数据分析结果和根据结果进行优化的过程。	展示数据表格、图表等,并解释数据分析的过程和结果,以及如何根据结果对装置进行优化。	培养学生的数据分析和优化能力,展示他们的科学思维。
互动提问与讨论	邀请教师和同学提问,学生回答并讨论。	积极回答教师和同学的提问,参与讨论,分享经验和见解。	促进学生之间的交流和互动,拓宽他们的视野和思路。

教学环节	教师活动	学生活动	设计意图
评价与总结	1. 教师根据评价量表对各组进行评价。 2. 利用问卷了解每个学生的学习收获。 3. 总结项目学习过程和收获,提出未来可能的研究方向。	1. 根据评价量表互评。 2. 回顾项目过程,思考未来发展方向,并准备项目报告。	1. 及时了解学生在项目过程中的学习效果。 2. 巩固学习成果,促进知识迁移和应用。
表彰与鼓励	对表现优秀的学生进行表彰和鼓励,激发他们的学习热情。	向优秀学生学习,并将继续努力。	肯定学生的努力和成果,激励他们不断进步。

七、学生作品及点评

在教师指导下,学生积极主动,小组间紧密合作,充分发挥各自优势,高效推进项目。成果丰富,既有按方案制作的"车内高温安全预警装置",也有中途调整目标后完成的"酒驾智能安全预警装置""车库入口安全智能提示管家"。

(一)车内高温安全预警装置

1. 作品简介

该装置是为解决案例提出的问题而设计,利用 Arduino UNO 主控板连接温度传感器、LED 灯、蜂鸣器、电机,实现监测车内是否有人滞留的情况,一旦发现有人滞留就触发报警系统,并控制车窗下降,实现通风。(如图2)

图2 车内高温安全预警装置

2.作品点评

该装置创新地引入智能安全预警机制,确保锁车后,实时监控车内滞留人员情况。当有人滞留车内时,触发 LED 闪烁及蜂鸣器报警发出提醒注意潜在危险,减少车内人员滞留意外事故的发生。同时,该装置还创新地调整车窗状态联动装置,利用电机及齿轮传动原理,连接 PE 线和弹力绳设计智能车窗控制功能。根据车内温度和人员状态自动升降车窗,以便控制车内温度,确保空气流通,从而在一定程度上有效避免车内高温伤害的安全隐患。

(二)酒驾安全预警装置

1.作品简介

该项目小组在案例实施初始调整目标,项目小组在教师提出的问题下引申出如何避免饮酒导致的交通事故问题。利用 Arduino UNO 主控板连接酒精乙醇传感器模块、蜂鸣器、电机设计了该装置,能实现酒精含量的检测,如检测到酒精浓度超过某个范围,则方向盘锁定,无法行车。(如图 3)

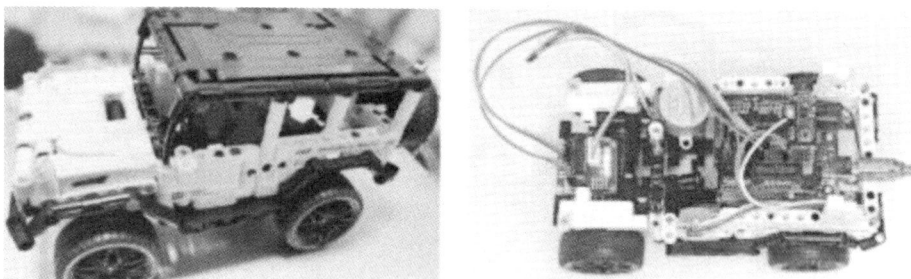

图 3　酒驾安全预警装置

2.作品点评

该装置能够检测酒精浓度,当检测到酒精浓度超过规定值时,蜂鸣器发出警报,电机带动钩锁锁定方向盘,汽车无法运行。人性化的锁车和预警,帮助驾驶员了解自己的状况,从而避免酒驾,保障交通安全。但相较于锁定方向盘而言,更应该锁定油门。

(三)车库入口安全智能提示管家

1.作品简介

该项目小组聚焦老旧小区车库或低洼地带易积水导致车辆损坏的问题,利用 Arduino UNO 主控板连接超声波传感器、水位传感器、LED 灯等实现车辆限高和路

面积水谨慎通行的预警。(如图4)

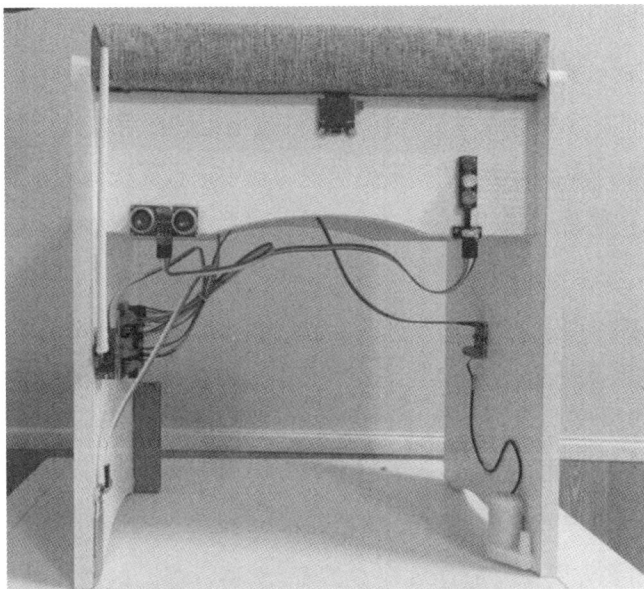

图4　车库入口安全智能提示管家

2.作品点评

该装置适用于车库入口,实现对车辆高度和车库积水情况的实时监测,具有较高的实用性和可靠性,能够有效地解决问题。当超声波传感器检测到超高车辆靠近,舵机控制道杆落下,亮红灯警示;当水位传感器检测到地面积水时,当识别为低水位时,亮黄灯,屏幕显示谨慎通行;当识别为高水位时,亮红灯,屏幕显示禁止通行。

八、案例实施成效及反思

(一)成效

本案例深度融合STEM教育理念与PBL教学模式,充分展现以学生为中心的教学特点,达到预期目标,充分体现了STEM教育理念的核心——跨学科整合学习与综合实践能力。学生在案例实施过程中,积极分工合作,共同完成了装置的设计、制作和测试、展示等工作,既学习了知识与技能,又培养了解决问题的能力、实践能力和创新思维。

案例的成功实践,带动了学生讲科学、爱科学、学科学、用科学;有效提升了学生对跨学科知识的整合学习和实践能力,更激发了学生创新精神,促进核心素养的全面发展。同时,为学生解决实际生活中的问题提供了有益的尝试和探索,为学生未来的科学探索与技术创新奠定了坚实的基础。

本案例中的学生作品在沙坪坝区重庆科技小记者授牌仪式、重庆市科技活动周、中国科学院学部第八届科学教育论坛等活动中进行了交流展示。在第39届重庆市青少年科技创新大赛、宋庆龄少年儿童发明大赛等赛事中多次获奖。

(二)反思

通过本案例的教学实践,也发现了一些待改进的地方:一是基于STEM教育理念的PBL教学强调跨学科学习,其涉及多个学科领域,如何确保教学内容之间的连贯性和逻辑性?二是在教学过程中应实施多元化、多维度评价,关注学生对多学科知识的应用、对实际问题解决及自我反思。三是教师综合能力的考验与提升。教师需加强跨学科素养的培养,提升综合教学能力,加强教学方法的创新和实践。四是应整合、调动多方资源。应注重建立教师、学科、校际、区域间教学资源共享机制,多渠道整合资源,推动优质教学资源共享交流。

总体而言,本案例的实施取得了显著的成效,学生在实际项目中深入理解并应用科学、技术、工程、数学等学科知识,激发了创新精神,促进了科学素养的提升,同时为解决实际生活中的问题提供了有益的尝试和探索。尽管STEM教育理念的PBL教学具有推广价值,但作为教师还需加强学习,以进一步在教学中灵活运用此教学模式,提升教学效果,为后续STEM课程开发与实践提供更多思路,为教学改革与创新提供有益探索。

我们的过山车

重庆市永川区教师进修学校　张璇

一、案例介绍

本案例是在激发学生兴趣,提高教学活动质量的基础之上,依据课程标准,有意识、有目的地进行的开发和重构。开发过程中注重积累与利用生成性资源,设计教学时,将教与学活动过程中生成性资源进行搜集与积累。在课堂教学、项目研究、科学讨论会、科技实践活动、作品及成果展示等互动性、探究性学习情境中,抓住信息生成、交流借鉴、碰撞观点的机会,培养学生的合作意识、学习能力、创新精神和实践能力,体现了思想性、多元性和适宜性,从而促进课程目标的达成。

以学校第十届科技节中过山车模型大赛这一真实问题为主题情境,基于"问题—构想—计划—构建—改进—推广"的工程设计,通过模拟制作过程的真实体验,构建出"解析过山车、设计、制作、测试、完善、比赛、推广"这一系列驱动任务,培养学生基于科学思维和实验,设计解决方案的能力。基于证据的论证,帮助学生建立系统与模型的跨学科概念,掌握、了解与认识复杂问题的方法,通过简化,提炼出系统最本质的特征,并据此进行预测。从因果关系层面了解现象背后的原因,结构决定了功能和性能,功能依赖于结构,将学习的科学观念,应用于解决实际问题,帮助学生建立结构与功能的跨学科概念。促进学生对物质与能量的跨学科观念的掌握,奠定学生最基本的世界观,为客观理解自然以及自然现象,进而了解、探索未知世界打下基础。

二、案例目标

	问题构想	设计建模	改进推广
问题构想	知道物体有不同运动形式,运动有快慢。	解释过山车运行的过程与原理,利用技术和工程制作过山车。	解释科学、技术与工程源自现实问题解决需要。
科学思维	能分析比较,把握结构设计方案。	建立并不断完善假设与观点之间的联系。	基于实验发现对原有模型进行改进与创新。
探究实践	基于实验发现对原有模型进行改进与创新。	运用控制变量进行实验设计。	基于证据反思进行调整探究。
态度责任	培养有创新意识的科研精神。	基于证据,认真严谨的态度。	责任担当,精益求精的工匠精神。
教学重点	建立结构与模型、系统与功能之间的联系。	根据设计图建构模型。	测量分析数据。
教学难点	建立结构与模型、系统与功能之间的联系。	理解物体有不同运动形式,比较运动快慢。	分析数据、追寻影响因素,寻找解决方案。

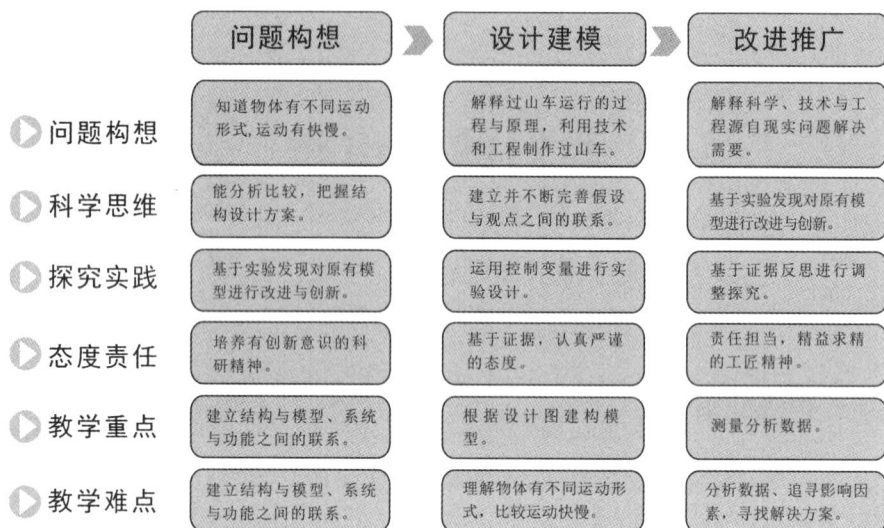

三、案例评价标准

素养维度	素养表现	关键要素
创新能力	创设真实问题情境,通过学生体验操作和设计制作,引导学生在解决问题的过程中感受工程设计过程。在项目实施过程中,学生能够独立思考,提出新颖的解决方案,并勇于尝试和实践。	从不同角度思考问题,寻求创新点。尝试新方法、新技术。
跨学科融合	学生能够在实践中初步体验科学、技术、工程和数学之间的联系,在项目实施过程中,学生能够理解和运用不同学科的基本原理和方法。	跨学科知识应用于解决实际问题中,形成综合性知识体系。

素养维度	素养表现	关键要素
实践能力	科学与技术结合,了解过山车的起点、终点、直线轨道、曲线轨道、旋转轨道、支柱等一些结构要素。通过工程设计体验,培养学生工程实践能力。	将理论知识有效应用于实践中,解决实际问题。
合作能力	学生能够在团队中积极协作,共同完成项目任务。在项目实施过程中,学生能够相互支持、相互学习,共同解决问题。	具有团队协作精神,学会与他人有效沟通,确保项目顺利进行。
学习成果展示	学生能够清晰、准确地展示项目成果,包括功能演示、操作说明等。在展示过程中,学生能够清晰地展示学习成果并接受同伴的反馈。	利用适当的工具和方法,与他人进行有效交流,分享学习经验和成果。

四、案例所需资源

(一)媒体资源

为了让学生能够回忆坐过山车时的感受,课前播放视频,让学生回答在坐过山车时,哪些时候是静止状态,哪些时候是运动状态,学生联系生活实际,以事实为依据,进行猜测推理,解析同一物体运动时,可以有滚动、直线运动、曲线运动等多种运动方式,还可以多种方式组合叠加。

(二)课程资源

以学校第十届科技节中过山车模型大赛这一真实问题为主题情境,基于"问题—构想—计划—构建—改进—推广"的工程设计,通过模拟制作过程的真实体验,构建出"解析过山车、设计、制作、测试、完善、比赛、推广"这一系列驱动任务,培养学生基于科学思维和实践设计解决方案的能力。基于此我们准备了丰富多样的材料和课程资源,包含材料制作资源、项目式应用设计图、展示评价三个方面,共7个项目21个任务群的课程资源,满足学生个性化、多样化的学习发展需求。

五、案例设计思路

(一)单元总体设计思路

"过山车模型大赛"主题教学指向的核心概念及学习进阶分析与设计：

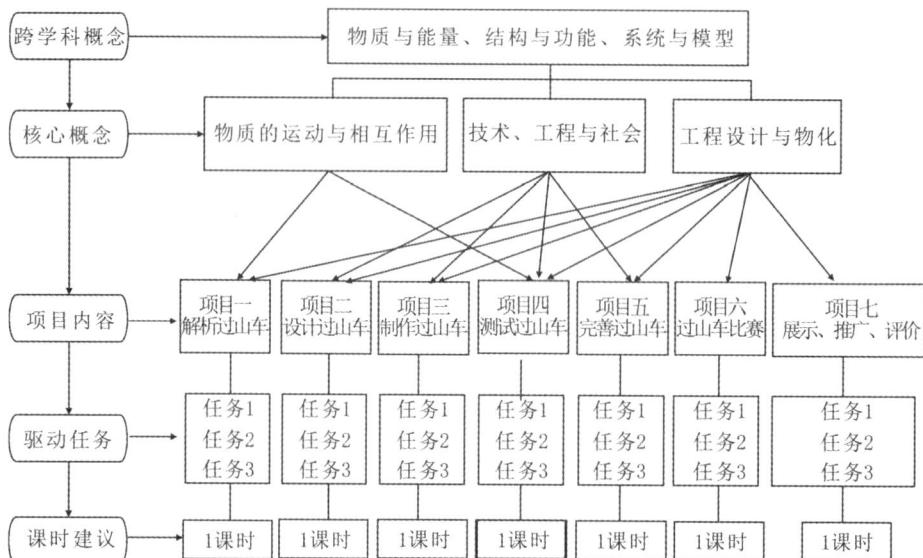

(二)项目实践任务设计思路

科技节过山车模型大赛

项目内容	项目一:解析过山车	项目二:设计过山车	项目三:制作过山车	项目四:测试过山车	项目五:优化过山车	项目六:过山车比赛	项目七:展示推广过山车
课中活动	1. 观察结构 2. 聚焦设计 3. 确定方案	1. 构建设计 2. 研讨修改 3. 拟定制作	1. 构建模型 2. 研讨方案 3. 互评方案 4. 完善模型	1. 初次测试 2. 探究评价 3. 探讨方案 4. 测试记录	1. 课前调查 2. 分享优化 3. 小组评价	1. 小组比赛 2. 宣传介绍 3. 设计展示	1. 展示推广 2. 相互评价 3. 总结反思
活动聚焦	运动和位置、运动的各种方式	物体运动的方向和距离	工程设计的基本步骤	比较物体运动快慢、探究影响因素	不畏艰难、精益求精的工匠精神	培养学生认真严谨的社会责任感	了解社会、培养理想、规划未来
融合学科	语文+工程	语文+艺术+工程	数学+艺术+工程+技术	语文+数学+工程+技术	数学+艺术+工程+技术	数学+艺术+工程+技术	语文+艺术+工程+技术

六、案例实施过程

	活动一:解析过山车			
教学目标	1.在主题背景下,认识物体有多种运动形式,能在教师引导下观察并描述过山车这一具体事物的构成要素,分析并表达要素之间的关系,找到它们之间重要的、共同的特征。 2.通过用相对于另一个物体的方向和距离来描述运动物体,来理解起点与终点时刻的位置。 3.能用速度的大小描述物体运动的快慢。 4.描述生活中常见物体的直线运动、曲线运动、旋转、滚动等多种运动方式,比较不同的运动,举例说明各种运动的形式和特征。			
学习目标	1.了解本次过山车项目比赛,说说你在哪里坐过或者见到过什么样的过山车。基于科学思维和实践的设计解决方案,基于证据的论证,帮助学生建立系统与模型的跨学科概念,掌握、了解与认识复杂问题的方法,通过简化,提炼出系统最本质的特征,并据此进行预测。 2.观察并想一想这些过山车有哪些共同的特征,观察并总结过山车的组成结构与功能,了解直线运动与曲线运动。 3.知道比较物体运动快慢有多种方式,明确这次比赛的标准。			
课型	新授课			
课时	1课时			
教学环节	教师活动	学生活动	设计意图	评价指标
情境导入	展示相关课件内容(学校第十届科技节的过山车智力运动项目的比赛)。	聚焦科技节过山车项目活动的比赛,激发学生兴趣。	引导学生主动回忆过山车的生活经验,大胆思考、汇总收集并梳理相关资料,实现问题聚焦。	帮助学生建立主题背景,激活与主题相关的前经验,发现生活与科学联系。

教学环节	教师活动	学生活动	设计意图	评价指标
提问	展示相关图片，提问：坐过山车时有什么感受呢？	观察过山车运行的方式，并回忆坐过山车的感受，小组讨论交流。	通过对过山车运动方式的了解，探究过山车的结构和功能，研究过山车静止和运动的状态。	学生是否具备乐于表达和回忆梳理相关知识的能力。
观察过山车	老师展示过山车的图片，让学生观察。提问：过山车从哪里坐，经过哪些地方，最后到哪里？	观察过山车的结构组成，并对其进行描述。	观察过山车的结构组成，并对其进行描述。	学生能否科学地表达过山车的结构：有起点、终点，运动时有曲线运动、直线运动、旋转等多种方式。
播放视频	播放视频，提问：物体有静止和运动两种状态，在坐过山车的时候哪些时候是静止，哪些时候是运动状态？	通过观看视频，并联系生活实际，了解过山车运动的状态。	引导学生主动观察过山车的结构和组成，初步学会描述起点与终点，静止与运动两种状态，并能进行判断。	学生能否通过对起点和终点的理解，用相对于另一个物体的方向和距离来描述运动物体在某个时刻的位置。理解物体有静止与运动两种状态。
观察轨道	轨道有直线的，曲线的，旋转的，那我们坐过山车的时候，在这些轨道中是做什么运动呢？	观察过山车轨道，描述物体运动有直线运动、曲线运动、旋转等多种运动方式。	通过观察将结构特征与轨道形状相联系，为后续制作做准备。	通过观察比较，认识到物体的运动有多种不同形式，学生是否知道同一物体不仅有一种运动方式，还可能有其他多种运动方式。

教学环节	教师活动	学生活动	设计意图	评价指标
聚焦过山车	过山车的支柱、轨道,有什么作用?起点和终点为什么要这样设计呢?	学生深入思考,进一步大胆猜测结构与功能之间的关系。	用所学知识进行推测,培养学生基于生活实际进行合理推理的进阶思维。	学生是否对各组成要素进行提炼和总结之后,深入思考,初步试着推导解析出结构与功能之间的关系。

活动二:设计过山车

教学目标	1.知道工程设计的基本步骤包括:明确问题、确定方案、设计制作、改进、完善等。 2.愿意与同伴合作探究,认真观察,及时记录并以事实为依据开展交流探究。 3.初步体验包括设计、实施、改进在内的简单的技术与工程设计过程。 4.发展对技术设计和动手制作的兴趣,激发创造精神。 5.注重训练学生工程实践能力,针对学生工程实践方面的薄弱环节进行针对性的训练。对于图纸设计的能力,要从草图、简图到示意图循序渐进,帮助学生养成用图形表达设计思路的习惯。 6.学会根据设计图列出材料清单,为下一步制作流程做好准备。
学习目标	1.基于过山车的基本结构和原理,结合本次比赛要求,设计过山车方案。 2.科学辩论,相互评价,修改并确定自己的最佳方案。 3.根据修订后的设计图,列出所需材料的种类、数量清单。
课型	新授课
课时	1 课时

教学环节	教师活动	学生活动	设计意图	评价指标
情境聚焦	通过多媒体展示学生上节课的作业:过山车设计图,并提问,你喜欢哪一张设计图?说说你的理由。	学生对于参加本次大赛,兴趣浓厚,通过老师的几个提问,回忆过山车的结构与功能。	创设真实问题情境,通过学生体验操作和设计制作,引导学生在解决问题的过程中感受工程设计过程。	学生能否科学地说明过山车的结构。
构建工程设计过程	引领学生,做一个模型或者作品,要求要经历"问题—构想—计划—构建—改进"的过程。	描述过山车的设计思路,绘制过山车设计图。	通过可操作的活动,培养学生解决实际问题的能力。	学生能否从描述、草图、简图到示意图循序渐进。
设计过山车	引导学生分析不同人的不同需求,设计各种各样的过山车,特别是适合不同年龄段坐的过山车。设计前要有设计思路。	学生聆听学习,然后分小组讨论,自己思考设计什么样的过山车,然后对自己设计的过山车适合哪类人群进行定位分析。	在美术的基础上,将科学与技术结合起来,设计过山车的起点、终点、直线轨道、曲线轨道、旋转轨道、支柱等结构要素。	学生能否尝试用图形表达设计思路。
修改设计图	引导学生说出自己的感受,大胆质疑,鼓励、引导学生提出自己的修改建议。	同学聆听后,或进行质疑,或肯定,或提出自己的修改建议,说出自己的意见或感受。	学生能乐于分享自己的经验,能接纳他人的观点,完善自己的方案,同时发展对设计和动手制作的兴趣,激发创造精神。	学生能否进行科学辩论,相互评价,修改并确定最佳方案。

教学环节	教师活动	学生活动	设计意图	评价指标
拟定制作方案	引导学生根据设计图,为实施制作做好准备,分别列出所需的各类材料及相应数量清单,并对学生进行相应的备份引导。	学生组内讨论根据设计图列出材料清单,为下一步制作流程做好准备。	根据修订后的设计图,列出所需材料的种类、数量清单。工程设计没有最好,只有更好。	学生是否学会根据设计图列出材料清单,为下一步制作流程做好准备。

活动三:制作过山车

教学目标	1.体验工程设计中的制作过程。 2.根据已经准备的材料,针对过山车的设计要求,按照工程设计的流程完成制作任务。 3.学生愿意跟同伴合作探究完成指定任务,体验设计产品的成就感。
学习目标	学生能在教师指导下利用常用工具制作某种产品的简化实物模型,并能反映其中的部分科学原理,具有参与技术与工程实践的兴趣;能提出满足一定限制条件的简单设计问题和多种设计方案;能用多种方式说明设计。
课型	新授课
课时	1课时

教学环节	教师活动	学生活动	设计意图	评价指标
情境导入	设计图你们还有修改的吗?如果没有就先清点材料,再选择合适的材料进行制作。	小组合作进行制作。	按照设计图,制作过山车模型。	从设计图到模型构建循序渐进,学生是否能发现问题并提出解决方案。

教学环节	教师活动	学生活动	设计意图	评价指标
构建模型	引领学生,在制作的过程中发现问题并解决问题。	明白工程设计需要经历"问题—构想—计划—构建—改进"的过程。在制作过程中总结出现的问题,梳理解决的方案,并记录。	学生能在教师指导下利用常用工具制作某种产品的简化实物模型,并能反映其中的部分科学原理,具有参与技术与工程实践的兴趣。	学生是否知道过山车的结构由哪些部分组成,能找到它们之间重要的、共同的特征。
研讨新的设计方案	教师对学生的制作过程作简单点评,并请小组代表作分享。	小组代表与他人分享本组制作心得,从制作过程中发现问题,并提出解决思路,其他同学认真倾听、思考。	科学辩论,相互评价,修改并确定最佳方案。	学生能否认识到不同设计具有不同的科学性。
互评方案	引导学生说出自己的感受,大胆质疑,鼓励、引导学生提出自己的修改建议。	同学聆听后,或进行质疑,或肯定,或提出自己的修改建议,说出自己的意见或感受。	学生能乐于分享自己的经验,能接纳他人的观点,完善自己的方案,同时发展对设计和动手制作的兴趣,激发创造精神。	学生能否进行科学辩论,相互评价,修改并重新确定最佳方案。
完善模型制作	教师引导学生根据新的修改方案,为重新制作做好准备,分别列出所需的各类材料及相应数量清单,并对学生进行相应的备份引导。	学生组内讨论,根据新的设计图,列出材料清单,为重新制作流程做好准备。	在本学科核心概念的教学过程中,特别要强调没有标准答案,所有学生的设计作品都应得到认可,让学生懂得经历过程比得到结果更加重要。	学生是否能在对各组成要素进行提炼和总结,深入思考,初步试着推导解析出结构与功能之间的关系。

活动四：测试过山车

教学目标	1. 学会轨道长度测量方法,理解稳定性的测量方法和判断依据。 2. 通过同一现象,从不同角度进行分析、寻找多个影响因素,渗透多角度探究思维模式,培养认真严谨的态度与责任,树立正确的价值观。 3. 通过观察、记录实验现象,结合数据,找出存在的问题,进而分析导致问题的多种因素,并进行修改完善,体验产品测试工作的真正意义,培养认真严谨、有责任担当、精益求精的工匠精神,提升职业素养。
学习目标	通过实际操作测试,发现过山车模型的问题及缺陷,并如实记录下来。在好奇心驱使下,乐于动手操作感兴趣的事物,知道科学学科的学习与实践要实事求是,能如实记录和报告观察与实验的信息,具有基于事实表达观点的意识。
课型	新授课
课时	1 课时

教学环节	教师活动	学生活动	设计意图	评价指标
初评过山车	展示学生制作的过山车。这么多不同的过山车,你喜欢哪一个呢?说说你的理由。	学生选择自己喜欢的过山车,说出喜欢的理由。	对学生作出肯定性评价,激发学习兴趣。	学生是否能够梳理喜欢的理由并能表述清楚。
探究评价角度	引导学生说出其他评价标准。从多角度去评价过山车。	认真聆听,然后思考回答。	渗透多角度思维方式,引导学生从轨道长度等多角度去评价。	学生是否能从多个角度去看问题、分析问题、解决问题。

教学环节	教师活动	学生活动	设计意图	评价指标
探讨稳定性测试方案	学会测量轨道长度,从稳定性方面来评价过山车。稳定性是指哪些方面?	思考并举手回答问题。	学习多次测量的科学探究方法。渗透严谨的科学探究精神。培养基于证据表达观点的科学态度。	学生是否学会从稳定性来评价过山车的方法。
测试过山车	做实验,用实验来验证,用数据来说话。巡视各组,发现问题,及时指导,汇总各小组设计的测试数据。	小组合作,测量过山车,记录数据,完成记录表。	学会利用常用工具测量长度、时间,并运用数学知识计算速度。	学生能够运用常用工具直接测试,善于在测试中发现问题,并如实记录。

活动五:优化过山车

教学目标	1.通过发现作品的不足并进行改进,培养具有参与技术与工程实践的意识。 2.在教师引导下,能运用基本的学习方法对学习过程和结果进行总结和反思,养成良好的学习习惯。 3.培养学生不断创新和设计的能力,初步感受工程与设计的意义。
学习目标	在教师指导下,能对发现的问题进行分析,并针对问题,制定措施,完成过山车的改进与迭代。在改进后能进行多次测试,并不断对模型进行完善。
课型	新授课
课时	1 课时

教学环节	教师活动	学生活动	设计意图	评价指标
课前调查	通过调查,了解学生的实践作业完成情况以及遇到的困难。	发现问题,对过山车进行优化,并进行记录。	了解学情,根据学生的反馈对本节课的学习内容做及时的调整。	学生能否通过小组合作与交流找到过山车遇到的问题。
分享优化方案	各小组同学汇报优化中遇到的问题和优化措施。	聆听学习,大胆质疑或提出解决新方案。	针对原因进行修改优化,并体验测试工作的成就感。	学生能否尝试不同思路和方法完成探究和实践。
小组评价	学生对各小组汇报的优化方案进行评价。	根据同学们提出的改进建议,针对自己的过山车,做进一步的优化和测试。	乐于倾听他人观点,做改进和完善探究的一个创新者。	学生是否愿意分享自己的想法并能有依据地质疑别人的观点。

活动六:过山车比赛

教学目标	1.通过团队合作,经历"设计→构建→测试→优化过山车模型"的过程,培养解决问题的能力、创新思维和团队协作能力。 2.通过比赛中得到的启示,再次对过山车进行完善。 3.在比赛中能尝试用不同思路和方法完成探究和实践。
学习目标	学生明白设计制作一个作品,不仅需要运用之前学习的科学知识,还需要利用其他的知识。作品的评价是多方面的,需要全方位去考虑。
课型	新授课
课时	1课时

教学环节	教师活动	学生活动	设计意图	评价指标
小组比赛	收集各组学生作品,展示,并制定比赛评价标准。	各小组通过轨道长度、外观、创意、稳定性进行比赛。	通过比赛评选出"综合性能最好的过山车""最快过山车""最受人喜爱的过山车""最漂亮的过山车"等多项奖。	通过比赛,学生能否感知在设计中可能存在的问题以及作品与别人存在的差距。
制作宣传海报	学生根据自己的过山车,制作一个宣传海报。	小组内根据不同学生的特点,进行组内分工,制作具有特色的小组宣传海报。	让学生转变成作品介绍人员,体验作品从制作到推广应用的环节。	学生能否完成这些活动任务,使自己的实践能力有所提高。
设计展示台	学生为自己的过山车设计特别的展示方案或展示台。	以过山车的特点为卖点,介绍推广过山车。	让学生经历从宣传到推广的全程体验,明白产品没有最好,只有更好。	通过体验,学生能否与组内同学很好地交流合作,并能认真对待活动,善始善终。

活动七：展示、推广过山车

教学目标	1. 学会使用秒表、软尺等常用测量工具。 2. 学习如何有效地展示小组过山车，积极汇报小组过山车的特色。 3. 通过展示、推广，能运用所学知识对过山车进行创新设计，激发创新精神和实践能力。
学习目标	通过回顾整个在真实情境中解决问题、跨学科学习的过程，学生能认识到科学与生活的联系，对生活中的科学问题有好奇心和探究热情，提升合作探究能力。
课型	新授课
课时	1课时

教学环节	教师活动	学生活动	设计意图	评价指标
布置展示台	小组分工合作，布置展示台。	进行组内分工，分配推广人员、介绍人员及布置人员。	培养学生解决问题、创新思维和团队协作能力。	学生是否分工明确、团结协作、在规定时间内完成小组内的展台布置。
小组投票	学生将手中的票投给自己觉得表现最好的小组。	推广、宣传吸引各组进行投票，同时根据特色对其他组投票。	通过全程参与体验，感受作品展示的乐趣。	小组作品是否有新意，推广、宣传是否思路清晰，语言流畅，有效表达出过山车的设计和特色。

教学环节	教师活动	学生活动	设计意图	评价指标
撰写体验记录	学生将精彩的、特别的感受和体验记录下来。	记录整个过山车等项目中的体验和感受。	学生回顾整个在真实情境中解决问题、跨学科学习的过程,能认识到科学与生活的联系。	小组成员能否积极参与设计、展示、汇报等过程,并认真撰写体验记录。

七、学生作品及点评

(一)设计过山车

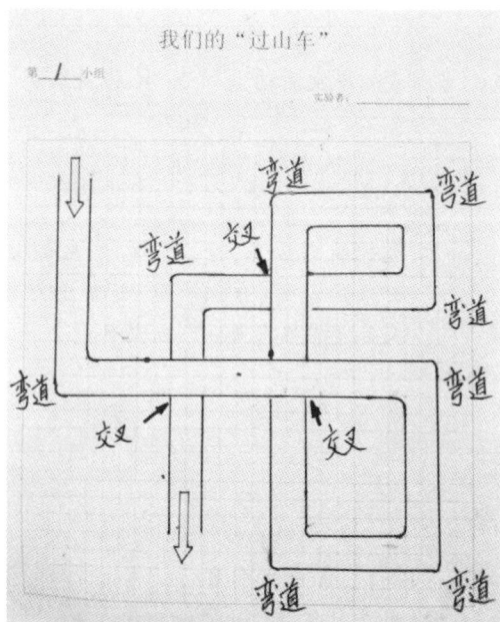

我们的"过山车"

1.作品简介

学生回忆过山车的结构,组成元素,在老师引领下,将美术与过山车结构结合在一起,画出设计草图。

2.作品点评

创设真实问题情境,通过学生体验操作和设计制作,引导学生在解决问题的过程中感受工程设计过程。通过可操作的活动,培养学生解决实际问题的能力。在美术的基础上,将科学与技术结合起来,设计过山车的起点、终点、直线轨道、曲线轨道、旋转轨道、支柱等一些结构要素。通过工程设计体验,培养学生工程实践能力。

(二)制作过山车

1.作品简介

学生根据过山车的设计图,通过列出的材料,小组合作完成过山车模型的制作。该模型针对弯道和交叉点的设计采用吸管可折叠的属性,在泡沫板上进行穿插,是操作材料最简单实用的设计。

2.作品点评

按照设计图,学生利用常用工具、材料制作出了过山车的简化实物模型。制作活动中学生通过分工与合作,根据需要不断优化过山车模型。通过这一项目的体验,学生懂得在制作过程中,要先发现问题,然后才能解决问题,懂得经历过程比得到结果更加重要。

（三）测试过山车

1. 作品简介

学生根据过山车模型的评价标准,掌握轨道长度和稳定性测量的方法,设计制作出稳定性较强、轨道长度相对较大的过山车模型,并在模型周围也进行了装饰和美化。

2. 作品评价

通过对过山车模型的测试和分析,培养学生分析数据、解决问题的能力。工程设计没有最好,只有更好。在本学科核心概念的教学过程中,特别要强调没有标准答案,所有学生的设计作品都应得到认可,让学生在评价过程中懂得尊重,懂得经历过程比得到结果更加重要。

八、案例实施成效及反思

（一）实施成效

"我们的过山车"项目成功激发了学生对科学、技术、工程和数学（STEM）的浓厚兴趣,显著提升了他们的好奇心、探索精神和初步的问题解决能力。通过亲自参与过山车的设计、构建和测试,学生深刻体验到了跨学科学习的乐趣,学会了观察、思考和动手实践。整个活动中学生积极参与过山车的设计过程,展现出了基本的工程设计思维,在实践过程中,学生体验了工程设计的迭代过程,通过不断的测试和改进,成功优化了过山车模型的性能。

(二)反思

通过本案例的教学实践,也发现了一些需要改进的问题:一是在教学中,制作过山车、测试过山车、优化过山车等环节均存在方案制定后,在实施中,学生在知识层面、动手制作技能、责任态度等方面遇到各种问题,面对这些课堂生成,需要进行深化和引导;二是引入更多现代化的教学工具和技术,如虚拟现实(VR)技术,让学生更加直观地理解过山车的设计和运行原理;三是需要更加精细地规划教学时间,留出足够的时间供学生进行自主探索和实验,以培养他们的独立思考和问题解决能力;四是引导学生深入挖掘跨学科知识之间的联系,培养他们的综合思维能力和创新能力。

总之,"我们的过山车"项目不仅让学生在科学、技术、工程和数学(STEM)领域获得了宝贵的学习经验,而且在团队合作、沟通能力和创新思维等方面也得到了全面发展。通过这一项目,学生不仅学会了如何设计和制作过山车,更重要的是,他们还学会了如何学习知识和解决问题,为未来的学习和生活打下了坚实的基础。

绿意工坊——设计和制作盆栽保湿装置

重庆市江北区玉带山小学校　陈雪萍　郭智仙　张俊锋

一、案例介绍

"绿意工坊——设计和制作盆栽保湿装置"项目以生活中、学校中的盆栽无人浇水会导致绿植枯萎的常见现实生活问题为背景,通过让学生进行产品的开发,完成设计和制作一个盆栽保湿装置的任务来解决该问题。本项目以五年级学生为教学对象,立足科学学科,关联数学、艺术等多学科领域,从四个阶段开展教学实践,让学生学会选择合适的材料,设计和制造盆栽保湿装置,培养学生的实践能力和解决问题的能力。

第一阶段教师导入真实生活中盆栽浇水存在的问题,引导学生提出初步解决方案,呈现项目驱动问题。第二阶段引导学生学习设计盆栽保湿装置所需要的知识和技能,并基于工程设计的探索与形成成果,进行设计图的调整迭代。第三阶段学生需要根据设计图纸进行盆栽保湿装置的制作,并在测试中不断改进设计,进行产品迭代。第四阶段,举行盆栽保湿装置的发布会,向社会大众发布和推广装置,听取意见建议,并进行反思创造。

设计和制作盆栽保湿装置在培养学生跨学科整合、实践操作能力、创新思维培养和解决现实问题的能力等方面效果显著。通过本项目的学习和实践,学生可以更好地理解和掌握STEM教育的核心要素,提升个人综合素质和能力水平。

二、案例目标

本案例涉及的学科领域主要包括科学、技术、工程、数学及艺术,涵盖科学观念、探究实践、模型构建、审美创造以及问题解决等核心素养,各课程领域的具体表现如下：

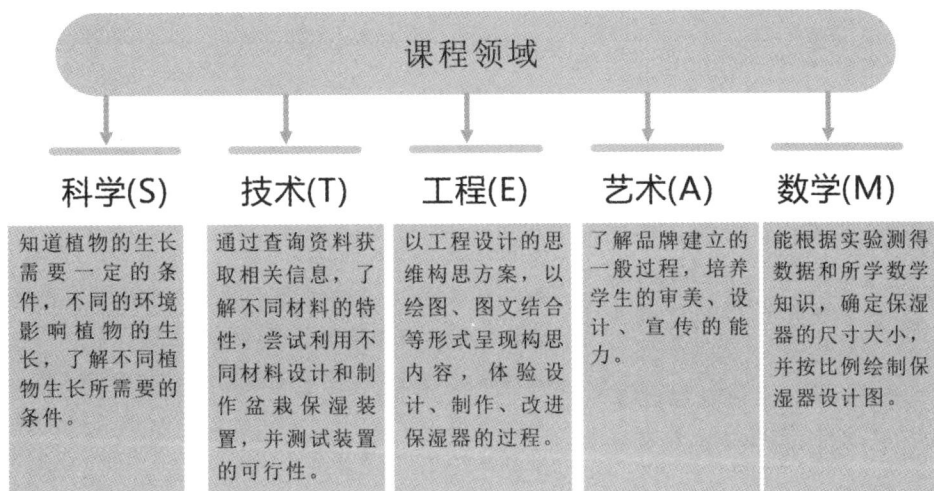

课程总体目标旨在以富有挑战性的驱动性问题为导向,通过解决生活中的盆栽浇水问题,让学生了解盆栽保湿装置的原理和作用,引导学生探索更多关于植物养护的知识和技能,如光照、土壤、肥料等方面的知识,调动学生的高阶思维,并利用所学所思改变生活,培养学生善于观察生活、发现问题的能力。同时鼓励学生将所学的知识和技能应用到实际生活中,如为不同场所的植物设计并制作盆栽保湿装置,培养学生的创新精神和创新能力以及运用所学知识解决问题的能力。

三、案例评价标准

素养维度	素养表现	关键要素
创新能力	发挥想象力和创造力,设计出既实用又美观的盆栽保湿装置。同时,学生还需要在设计和制作过程中不断思考、探索和改进,以优化产品的性能和效果。	探索精神:学生展现出从多个角度审视问题的能力,积极探索创新的途径。 创新精神:学生愿意尝试不同的方法和新技术,通过具体的实践操作来测试和改进解决方案,以实现最佳的效果。

素养维度	素养表现	关键要素
跨学科融合	了解虹吸原理、定时器、湿度传感器等现代科技产品的使用,实现盆栽的自动补水功能。在进行结构设计、材料选择等工程任务的同时,还需要运用比例、测量、计算等数学知识来确保保湿器的尺寸、容量等参数符合要求。	科学原理的理解:学生需要理解植物生长所需的基本条件,如水分、光照等,以及虹吸原理等科学原理在盆栽保湿装置设计中的应用。 技术与工程知识的运用:学生应掌握现代技术,如定时器、湿度传感器等的基本原理,以及将这些技术融入保湿器设计中的工程知识。 数学技能的应用:在保湿器的设计过程中,学生需要运用比例、测量、计算等数学知识来确定保湿器的尺寸、容量等参数。
实践能力	亲自动手制作保湿器,包括材料准备、制作步骤执行、测试和调整等环节,学会分析材料不合适、制作步骤出错等问题的原因并寻求解决方案。	动手制作能力:学生应能独立完成保湿器的制作,包括材料的选择、制作步骤的执行等。 测试与调整能力:学生需要测试制作的保湿器是否能正常工作,并根据测试结果进行必要的调整。 解决问题的能力:在制作过程中,学生应能识别并解决问题,如材料不合适、制作步骤出错等。
合作能力	相互协作、分工合作,共同完成任务。根据各自的优势和特长进行角色分配,如设计师、制作者、测试员、汇报员等。通过角色互补、听取他人意见建议,提高整个团队的工作效率。	团队协作:学生应在团队中分工合作,共同完成保湿器的设计和制作任务。 沟通与表达:团队成员之间应有良好的沟通与表达能力,以确保任务的顺利进行。 角色分配与互补:团队成员应根据各自的优势和特长进行角色分配,实现互补,提高团队工作效率。

素养维度	素养表现	关键要素
学习成果展示	对自己的学习成果进行反思和总结,思考自己的优点和不足,并提出改进方案。	成果展示内容:学生应能清晰地介绍自己制作的盆栽保湿装置,包括设计思路、制作过程和功能特点等。 反思与总结:学生应对自己的学习成果进行反思和总结,分析自己的优点和不足,并提出改进方案。 展示形式:学生可以采用多种形式进行成果展示,如实物展示、PPT展示、视频展示等,以吸引观众的注意力。

四、案例所需资源

(一)教学资源

一是教材与教案介绍盆栽保湿装置制作的理论知识、技术原理、设计思路和步骤等,以及相关的教学案例和实验指导。二是制作PPT或教学视频用于课堂讲解和演示,包含盆栽保湿装置的设计原理、制作流程、材料选择等内容。同时,还可提供相关网站、视频教程或论坛链接,供学生自主查阅参考。

(二)实践材料

盆栽:准备若干盆适合保湿的植物盆栽,供学生实践使用。

容器:如矿泉水瓶、塑料瓶等,用于制作保湿器的主体部分。鼓励使用可回收或环保材料,减少浪费和污染。

管道与配件:包括弯头吸管、软管、滴头等,用于水的引导和滴灌。

黏合剂:如热熔胶,用于固定管道和配件。

工具:剪刀、打孔器、螺丝刀等,用于剪切、打孔和固定等操作。

湿度传感器和定时器(可选):对于高级版本或拓展项目,可以引入湿度传感器和定时器,实现自动补水功能。

(三)社区资源

与植物园或园艺中心合作,为学生提供实地观察和学习的机会,了解不同植物的生长需求和养护方法,并让他们在实际环境中测试和应用自己制作的盆栽保湿装置。参观与园艺、环保或科技相关的企业和机构,了解行业前沿技术和发展趋势。在课程结束时,邀请行业专家对学生的作品进行评审和反馈,帮助学生了解自己在设计、制作和创新能力方面的优势和不足。在社区或线上建立学生作品展示平台,如线上展览或实体展览,让更多人了解和关注学生的学习成果。

五、案例设计思路

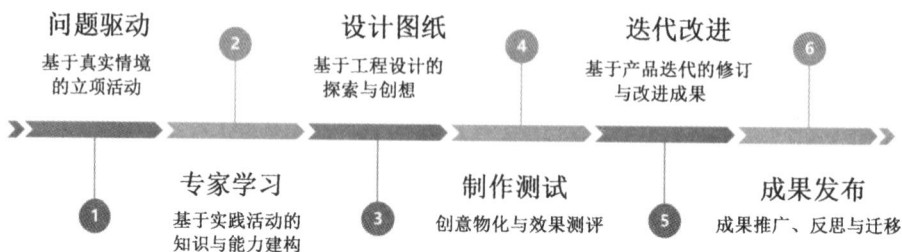

| **问题驱动** | ② | **设计图纸** | ④ | **迭代改进** | ⑥ |
| 基于真实情境的立项活动 | | 基于工程设计的探索与创想 | | 基于产品迭代的修订与改进成果 | |

| ① | **专家学习** | ③ | **制作测试** | ⑤ | **成果发布** |
| | 基于实践活动的知识与能力建构 | | 创意物化与效果测评 | | 成果推广、反思与迁移 |

六、案例实施过程

	阶段一:初步探索盆栽保湿装置	
教学目标	**科学:**知道植物的生长需要一定的条件,不同的环境影响植物的生长,了解不同植物生长所需的条件。能够认识到环境因素(如温度、湿度)对植物生长的影响。 **技术:**通过查询资料获取相关信息,了解不同材料的特性,尝试利用不同材料设计和制作盆栽保湿装置,测试装置的可行性。 **工程:**以工程设计的思维构思方案,以绘图、图文结合等形式呈现构思内容,体验设计、制作、改进保湿装置的过程。 **数学:**能根据实验测得数据和所学数学知识,确定保湿装置的尺寸大小,并按比例绘制保湿装置设计图。	
学习目标	1.通过观察生活现象,明确核心问题,了解核心任务。 2.能够使用绘图、图文结合等形式呈现构思内容,并能够清晰、准确地表达设计思想。 3.能够认识到不同环境因素(如温度、湿度)对植物生长的具体影响,并能够举例说明。 4.团队建设,确认小组分工。	
课型	新授课	
课时	1课时	

教学环节	教师活动	学生活动	设计意图	评价指标
情境导入，出示任务	播放暑假前后绿植因缺水而枯萎的对比图片。引出本节课任务："作为设计师，你们能否为教室中的盆栽设计一个保湿装置，让它能在无人照料的情况下存活7天？"	观看图片，思考并回答问题。明确本节课的任务和目标。	以生活中真实情境入手，引出课程内容，激发学生学习兴趣，试图解决生活实际问题。	学生是否能够迅速理解任务背景和要求，是否能够积极回应教师提出的问题。
明确要求，初步设计	引导学生分析问题，思考设计盆栽保湿装置需要考虑哪些因素。鼓励学生小组合作，讨论并设计盆栽保湿装置方案，要求记录设计思路和方案。	小组讨论并分析设计盆栽保湿装置需要考虑的因素。尝试提出设计方案，并记录下设计思路和方案。	培养学生分析问题、解决问题的能力。锻炼学生小组合作、沟通交流的能力。	学生是否能够准确理解设计要求，是否能够提出有创意且合理的设计方案。小组内成员是否能够积极参与讨论，相互协作。
汇报交流，方案改进	邀请各小组代表展示他们的设计方案，并解释设计思路和特点。鼓励其他学生提问和提出建议，引导全班对设计方案进行点评和讨论。引导学生根据讨论结果对设计方案进行改进和优化。	展示并解释自己小组的设计方案。倾听其他小组的方案，并提出问题和建议。根据讨论结果，改进和优化自己的设计方案。	培养学生的表达能力和批判性思维能力。通过全班讨论，促进学生之间的思想碰撞和灵感激发。	学生是否能够清晰、准确地展示和解释自己的设计方案。学生是否能够积极提出问题和建议，参与全班讨论。学生是否能够根据讨论结果对设计方案进行有效改进。

教学环节	教师活动	学生活动	设计意图	评价指标
项目成立，小组分工	正式宣布项目组成立，引导学生进行小组分工，明确各自职责。	小组分工，明确自身职责，建立项目团队。	通过正式宣布项目组成立并进行小组分工，让学生明确自己在团队中的角色和职责，增强他们的责任感和使命感。	小组分工是否合理、明确，每个成员是否清楚自己的职责和任务。

阶段二：设计盆栽保湿装置——探索与迭代

教学目标	**科学**：学生能够理解不同保湿材料对水分保持能力的影响，学生能理解植物生长所需的水分条件，以及这些条件如何影响植物的健康生长。 **技术**：引导学生掌握使用绘图软件或手绘工具绘制设计图的技术，以便准确表达设计思路。 **工程**：培养学生进行工程设计和迭代的能力，包括从初步设计到测试反馈，再到优化改进的全过程。 **数学**：引导学生运用数学概念和技能（如比例、测量）进行精确地设计、计算，确保装置的尺寸和功能满足要求。培养学生的逻辑思维和数据分析能力，以便对设计进行量化评估和优化。
学习目标	1.学生能够掌握植物生长所需的水分条件，以及这些条件对植物健康生长的影响。 2.学生能够使用绘图软件或手绘工具绘制盆栽保湿装置的设计图。 3.学生能够识别设计中存在的问题，能在团队合作中共同解决问题，实现设计方案的优化。 4.能提出创新性的设计思路，以实现设计的优化和创新。
课型	新授课
课时	1课时

教学环节	教师活动	学生活动	设计意图	评价指标
知识储备与技能学习	回顾上节课内容，明确设计盆栽保湿装置的重要性与现实意义。学习盆栽保湿装置设计的基本原理，包括保湿材料的选择、水分控制机制、装置结构等。	回顾上节课内容，理解设计盆栽保湿装置的背景。学习保湿装置设计的原理与材料选择。	通过知识储备，为接下来的设计迭代提供理论支持，培养学生的理论联系实际能力。	学生能否准确理解保湿装置设计的原理与材料特性，是否积极记录与思考。
设计图调整与迭代	引导学生分析不同小组上节课提交的设计方案。让学生根据所学知识，对设计图进行调整与迭代。强调设计过程中的实用性、美观性和经济性，鼓励学生创新。	认真聆听老师、同学对自己设计方案的点评，并进行回应。小组讨论，根据所学知识对设计图进行调整与迭代。动手修改设计图，标注出改进之处。	通过设计图的调整与迭代，培养学生的工程设计与创新思维能力，提高学生的动手实践能力。	学生能否根据教师、同学点评与所学知识，对设计图进行有效调整与迭代，能否积极参与讨论，提出创新性的改进意见。
设计成果展示与交流	组织学生分组展示迭代后的设计成果。引导学生对其他组的设计成果进行评价与讨论。	分组展示迭代后的设计成果，解释改进之处。认真听取其他组的设计成果展示，进行评价与讨论。	通过设计成果展示与交流，培养学生的团队合作与交流能力，提高学生的自信心与表达能力	学生能否清晰、准确地展示设计成果，能否积极参与评价与讨论，提出建设性的意见。

教学环节	教师活动	学生活动	设计意图	评价指标
总结	总结本节课的学习成果,强调工程设计与迭代思维的重要性。 根据迭代后的设计图,准备制作盆栽保湿装置的材料与工具。	总结本节课的学习收获。 思考后续制作所需的材料。	明确工程设计与迭代思维的意义。为制作盆栽保湿装置做好准备。	学生选择的材料是否经济合理,成本适中,符合设计需要。

阶段三:盆栽保湿装置制作与测试迭代	
教学目标	**科学:**学生能够运用科学原理来评估盆栽保湿装置的性能,包括保湿效果、稳定性等。 **技术:**指导学生使用工具和技术将设计图转化为实际产品,提高他们的动手实践能力。 **工程:**学生能够按照工程设计的流程,从原型制作到测试评估,再到迭代优化,完成产品的整个开发周期,培养他们的问题解决能力,使他们能够根据测试结果进行产品迭代,优化装置性能。 **数学:**引导学生在产品迭代过程中运用数学知识和思维,如比例、测量和数据分析,来优化设计方案,培养他们用数学工具(如图表)来直观展示测试结果和迭代效果的能力。
学习目标	1.能够理解并应用科学原理来评估盆栽保湿装置的性能。 2.能够利用工具和技术将设计图转化为实际产品,并具备基本的手工制作技能。 3.能够识别并解决在制作和测试过程中遇到的问题,如保湿效果不佳、结构不稳定等。 4.能够根据测试结果进行产品迭代,优化装置性能。
课型	新授课
课时	2 课时

教学环节	教师活动	学生活动	设计意图	评价指标
制作前的准备与指导	回顾前阶段的学习成果，强调设计图转化为实物的重要性。展示盆栽保湿装置的制作流程和关键步骤。讲解安全操作规程，防止在制作过程中出现安全事故。	回顾制作盆栽保湿装置的目的和要求。仔细检查所需材料，确保齐全并符合设计要求。认真听讲，了解制作流程、关键步骤和安全操作规程。	通过准备与指导，帮助学生明确制作目标和要求，熟悉制作流程和关键步骤，为接下来的制作活动奠定基础。	学生是否了解制作流程和关键步骤。学生是否准备齐全所需材料，并符合设计要求。
盆栽保湿装置制作	巡回指导，解答学生在制作过程中遇到的问题。提醒学生注意细节，确保装置的结构稳固、功能完善。鼓励学生相互协作，共同完成制作任务。	按照设计图纸和制作流程，开始制作盆栽保湿装置。成员间相互协作，共同完成制作任务。	通过实践操作，培养学生的动手能力和团队协作能力，加深对产品设计和制作的理解。	学生是否能够按照设计图纸和制作流程完成盆栽保湿装置的制作。学生制作的盆栽保湿装置是否结构稳固、功能完善。学生在制作过程中是否能够相互协作，共同解决问题。
盆栽保湿装置的测试与迭代	指导学生进行盆栽保湿装置的测试，包括保湿效果、稳定性等。分析测试结果，指出装置存在的问题和不足。引导学生根据测试结果进行产品迭代，优化装置性能。鼓励学生提出创新性的改进方案，并进行尝试。	按照教师指导进行盆栽保湿装置的测试，并记录测试结果。分析测试结果，找出装置存在的问题和不足。根据测试结果进行产品迭代，优化装置性能。提出创新性的改进方案，并进行尝试和验证。	通过测试与迭代，帮助学生理解产品设计的循环优化过程，培养学生的问题解决能力和创新思维。	学生是否能够准确进行盆栽保湿装置的测试，并记录测试结果。学生是否能够根据测试结果进行产品迭代，优化装置性能。学生在迭代过程中是否能够持续改进和优化设计方案。

教学环节	教师活动	学生活动	设计意图	评价指标
课后任务	布置项目成果展示任务。	测试作品和完善改进作品。	让学生针对反馈信息进行反思,合理地优化作品。	学生能否根据反馈信息合理地优化自己的装置。

阶段四:盆栽保湿装置发布会

教学目标	**科学**:能够理解盆栽保湿装置的工作原理,以及它如何应用科学原理来保持盆栽植物的水分。 **技术**:能够运用多媒体工具(如PPT、视频等)进行产品展示,使展示更加生动和直观。 **工程**:能够按照工程设计的流程,从需求分析、方案设计、原型制作到测试改进,对盆栽保湿装置进行完整的工程设计。 **数学**:能够分析收集到的用户反馈数据,以评估产品的市场接受度和改进方向。
学习目标	1.能够准确解释盆栽保湿装置的工作原理和设计特点,能够理解并应用相关的科学原理和技术知识。 2.能积极参与团队合作,学会倾听和尊重他人的意见和建议。 3.通过发布会和推广活动,收集到有价值的反馈信息。 4.能够保持开放和批判性的思维,愿意接受反馈并进行自我反思和改进。
课型	新授课
课时	1课时

教学环节	教师活动	学生活动	设计意图	评价指标
发布会前期准备	组织学生讨论并制定发布会策划方案,包括场地、时间、邀请对象、宣传方式等。指导学生准备发布会所需的宣传材料,如海报、PPT、产品手册等。	积极参与发布会策划方案的讨论和制定。动手制作发布会所需的宣传材料,如海报、PPT等。	通过前期准备环节,培养学生的策划和组织能力,以及团队协作能力。	学生是否能积极参与策划方案的讨论和制定。学生是否能独立完成宣传材料的制作。

教学环节	教师活动	学生活动	设计意图	评价指标
发布会进行	主持发布会,让学生分组介绍盆栽保湿装置的设计原理、功能特点和使用方法。引导学生进行现场演示,展示盆栽保湿装置的实际效果。收集反馈意见,为后续的改进和优化提供依据。	现场演示,展示盆栽保湿装置的实际效果。认真回答听众的问题,互动交流,收集并整理观众的反馈意见。	通过发布会环节,让学生学习如何向公众展示和推广产品,并学会与公众进行互动交流。同时,通过收集观众的反馈意见,为后续的改进和优化提供依据。	学生是否能清晰地介绍盆栽保湿装置的设计原理、功能特点和使用方法,是否能与观众进行有效的互动交流。
项目反思与总结	组织学生讨论发布会的效果和收获,总结经验教训。引导学生根据观众的反馈意见,分析盆栽保湿装置的不足之处和改进方向。提供改进建议和资源支持,鼓励学生进行产品迭代设计。	认真总结发布会的效果和收获,反思自身的不足。分析盆栽保湿装置的不足之处和改进方向,提出具体的改进建议。	通过反思与总结环节,培养学生的批判性思维和创新能力。	学生是否能认真总结本次项目的效果和收获。学生是否能提出合理的改进建议,并进行产品迭代设计。

七、学生作品及点评

(一)绿意点滴瓶

1. 作品简介

该作品是一个利用矿泉水瓶和输液管制作的简易盆栽保湿装置。它利用了废弃的塑料矿泉水瓶作为主体,结合医疗废弃的输液管进行简易改装,实现了对盆栽植物持久且稳定的保湿功能。该作品将矿泉水瓶的上半部分切割开,留下合适的开口以便插入输液管。输液管的一端连接在瓶子的开口处,另一端则巧妙地连接到了瓶子的底部。这样的设计使得瓶中的水能够通过输液管缓慢而均匀地滴入盆栽土壤中,为植物提供持续的水分供应。在瓶子的侧面,标注了一些黑色的文字和数字,是为了记录水分补充的量和更直观地显示土壤的湿度状态,增加了装置的实用性。

2. 作品点评

这款简易盆栽保湿装置设计精巧,操作简单,体现了学生的动手能力和创新思维。学生巧妙地利用了废弃物品进行再创造,不仅为植物提供了良好的生长环境,也体现了环保和可持续发展的理念。

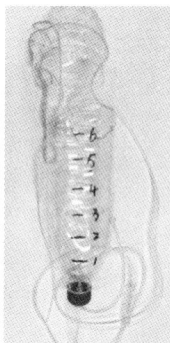

在作品制作过程中,学生表现出了对细节的关注和对材料运用的智慧。通过将输液管的一端连接在瓶子的开口处,另一端连接到瓶底,学生成功地实现了水分的自动循环和补给,为植物提供了持久而稳定的水分来源。此外,学生在作品上标注的文字和数字也展现了他们对科学实践活动的严谨态度和对植物生长的关注。这些标记可以帮助他们更好地了解植物的生长情况,及时调整水分补给量,促进植物的健康生长。

(二)润根智瓶

1. 作品简介

该作品是运用毛细现象原理制作的盆栽保湿装置。该装置巧妙地利用了棉线的吸水性和矿泉水瓶的密封性,构建了一个简易而高效的植物保湿系统。装置中,棉线从矿泉水瓶的底部延伸至瓶口外的土壤中,当瓶内加水后,水分便通过棉线的毛细作用自动输送到土壤中,为植物提供稳定的水分供给。这个装置主要考虑的是植物自身的需水量,结合植物根茎的吸水性,让植物能主动地获取水分。

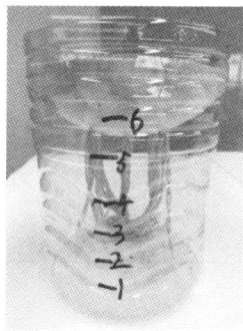

2. 作品点评

学生巧妙地将毛细现象原理应用于实际生活中,制作出了一个既实用又有趣的植物保湿装置。这一过程中,学生不仅学会了如何运用科学知识解决实际问题,还锻炼了观察、分析和动手实践的能力。在材料选择方面,学生充分利用了废弃的棒棒糖盒和棉线等常见物品,这些物品不仅易于获取,而且成本低廉,符合环保和可持续发展的理念。在结构设计上,学生考虑了水分输送的效率和稳定性,通过多次试验和调整,最终确定了最佳的棉线长度和布局方式。

(三)自动浇水器

1. 作品简介

该作品利用了 Arduino 开发板、土壤湿度传感器、水泵等开源硬件,当土壤湿度传感器检测到土壤中的水分含量较低时,自动启动水泵,否则关闭水泵,这样就实现了自动浇水的功能。

2. 作品点评

"自动浇水器"是利用 Arduino 开发板和土壤湿度传感器、水泵实现自动浇水的创新项目,充分展现了创新科技与农业实践的完美结合。它通过高精度传感器实时监测土壤湿度,并借助 Arduino 开发板的智能控制,实现了自动化、精准化的浇水过程。这一设计不仅提高了植物养护的效率,还为用户带来了极大的便利,减少了外出无人浇水的烦恼。同时,该作品还体现了开源硬件的灵活性和可扩展性,为未来智能农业的发展提供了有力支持,也让学生真实感受到 STEM 项目在实际生活中的应用价值。

八、案例实施成效及反思

学生在设计盆栽保湿装置的过程中,展现出了浓厚兴趣和较高的参与度。各小组积极讨论、合作设计,并在制作过程中不断尝试和改进。

然而,部分学生由于动手能力或设计能力有限,无法完全独立完成作品,需要教师及时关注学生需求并提供必要指导,不断为学生增强积极性和自信心。在创意物化过程中,大多数学生都能够根据所学知识设计出具有创新性和实用性的盆栽保湿装置。例如,有学生结合了智能化技术,利用湿度传感器实现自动浇水功能;还有学生设计了模块化结构,方便用户按需选择盆栽数量。但也有部分学生设计的作品缺乏创新性和实用性,这可能与教师提供的参考案例类型不足以及学生创新能力水平有限有关。在制作过程中,学生的动手能力和制作技能得到了明显的提高,学会了使用各种工具和材料,掌握了基本的制作技巧和方法。但也有部分学生由于缺乏耐心和细心,其作品质量不高或出现损坏的情况。综上所述,通过本次案例的实施,学生的综合能力得到了有效锻炼和提高,教师也获得了宝贵的教学经验和反馈,为今后的教学改进提供了有益的参考。

针对实施过程中存在的不足,在以后的教学过程中教师应深入了解各类盆栽保湿装置的制作原理,为学生提供更多样化的参考案例,帮助学生丰富产品类型。同时,教师还应提前准备好所需的材料和工具,确保教学过程的顺利进行。在教学过程中,教师可以引入更多创新元素和技术,如智能化技术、模块化设计等,激发学生的创新思维和创造力,提高他们的设计水平。同时,教师还可以鼓励学生进行跨学科学习,以及增加实践环节和个性化指导的比重,让学生在实际操作中不断尝试和改进自己的作品。对于动手能力较弱或设计思维受限的学生,还可提供针对性的指导和帮助,以增强他们的学习效果和自信心。

探索九龙坡区华岩小学北校门道路拥堵问题的解决方案

重庆市九龙坡区华岩小学校　姜延花　黄杨

重庆市九龙坡区教师进修学院　潘波

一、案例介绍

"探索九龙坡区华岩小学北校门道路拥堵问题的解决方案"项目是华岩小学STEM系列项目课程之一。北校门出入高峰期会引起拥堵,学校的科学社团就如何解决北校门道路拥堵问题开展了项目式学习。在项目式学习过程中,学生聚焦生活中的真实问题,通过系列的合作、探索、实践,聚合家校社共同的力量,促使问题真正地解决。学生在解决问题的过程中不断发现问题,分析问题,整合运用各学科知识,学习解决问题的方法,提出多种解决方案并对其进行优化,促进问题解决。

二、案例目标

课程领域的具体目标如下:

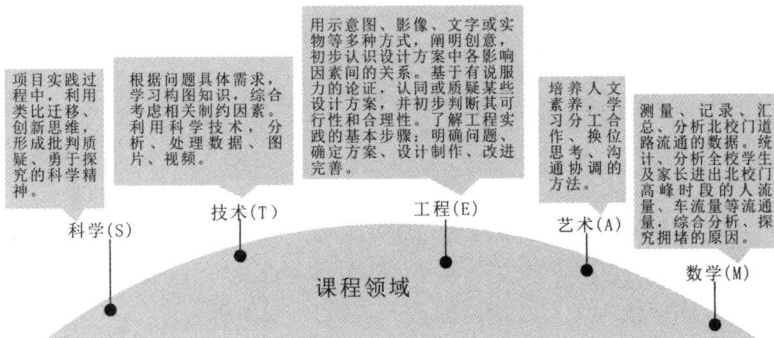

科学(S):项目实践过程中,利用类比迁移、创新思维,形成批判质疑、勇于探究的科学精神。

技术(T):根据问题具体需求,学习构图知识,综合考虑相关制约因素,利用科学技术,分析、处理数据、图片、视频。

工程(E):用示意图、影像、文字或实物等多种方式,阐明创意,初步认识设计方案中各影响因素间的关系。基于有说服力的论证,认识或质疑其可行性和合理性。了解工程实践的基本步骤:明确问题、确定方案、设计制作、改进完善。

艺术(A):培养人工换位思考、沟通作的素养,学习协调的方法。

数学(M):测量、记录、汇总、分析北校门道路流通的数据,统计、分析全校学生及家长进出北校门高峰时段的人流量、车流量等流通量,综合分析,探究拥堵的原因。

课程领域

三、案例评价标准

水平 评价要素	优秀	良好	合格	基本合格
问题意识	能基于所学知识，自主从真实情境中发现可探究的问题，能对发现的问题提出有新意且有效的解决办法。	能在实际勘测、调查后，发现可探究的问题，能提出有新意的解决办法。	在教师的引导下，通过对实地情况的调查和比较，提出可探究的问题，初步思考解决办法。	能在教师引导下，进行实地调查，提出直观问题。
团队协作	在调查研究、方案设计、模型制作、反思改进等学习活动中明确自己的任务，有意识掌控全局、布置任务、控制时间，对同伴主动提供帮助。	在调查研究、方案设计、模型制作、反思改进等学习活动中较明确自己的任务，在完成团队分配给自己的任务的同时，能积极帮助其他同伴。	在调查研究、方案设计、模型制作、反思改进等学习活动中，在完成团队分配给自己的任务后，便自行休息或玩耍，不理会其他成员的问题。	在调查研究、方案设计、模型制作、反思改进等学习活动中，不太清楚自己的任务，甚至游离在团队之外，仅是偶尔参与一下。
反思改进	能全程监测学习过程和进度，提出有效的改进意见。	较关注学习过程和进度，能提出较多改进意见。	不太关注学习过程和进度，能提出一些改进意见。	不关注学习过程和进度，不能提出改进意见。
方案可行性	能很好地解决校门口的拥堵问题。	能较好解决校门口的拥堵问题。	能部分缓解校门口的拥堵问题。	不能解决校门口的拥堵问题。
方案合理性	目标清晰，提出合理、完善的解决方案。	目标清晰，提出一些合理的解决办法。	目标不清晰，提出较少合理的解决办法。	目标不清晰，不能提出合理的解决办法。

四、案例所需资源

1. 设计图纸:学生在设计解决方案时,需要进行整体规划和设计,因此需要提供一些设计图纸的资源,例如空间和尺寸的规划、结构和支撑框架的设计资料说明等。

2. 工具和设备:调查研究需要一些基本的工具和设备,例如计时器、米尺、皮尺、计算器、马克笔、纸等,便于学生顺利调查研究。

3. 社团活动室:为了让学生更好地进行实践和探究,可以提供一个实验场地,便于学生可以在安全、安静的环境中进行探究实践。

4. 学习支持:网络资源,物资保障,家、校、社的支持。科学教师分工、分层、分级组织活动。

五、案例设计思路

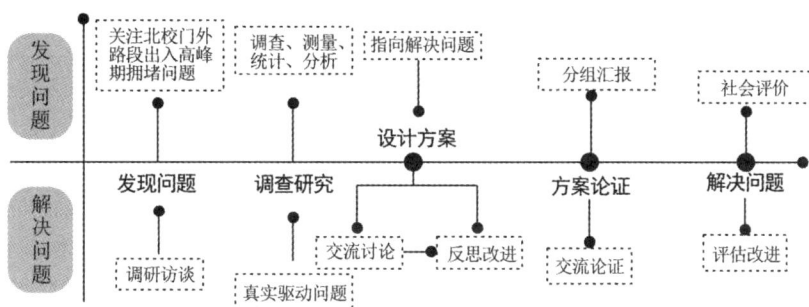

六、案例实施过程

活动一:关注北校门路口上学时段拥堵情况,提出问题。	
核心问题:通过关注北校门高峰时段真实情况,提出可以探究的有价值的科学问题	
学生活动	设计意图
环节1:组建项目团队 社团成员分组、分角色组建项目团队,根据不同成员的不同长处进行合理分工,使小组合作更加高效。 **环节2:关注问题** 从照片和视频看北校门入校高峰期的情况,观察与讨论,发现拥堵问题。	1. 提出科学问题,针对科学问题进行合理猜测与假设。 2. 了解项目式学习的一般过程和方法。

活动二:北校门路口上学时段拥堵情况调查,聚焦问题	
核心问题:通过调查研究,发现造成道路拥堵的原因	
学生活动	设计意图
环节1:学习调查方法 学习调查研究的基本方法。 制定调查计划。 **环节2:实践运用** 使用皮尺、米尺、计时器等工具测量、记录、调查北校门路口入校高峰期人、车流动的具体情况,测量道路的使用宽度,统计全校师生入校时间段及道路选择,提出入校时造成道路拥堵的问题。	学习方法,制定计划,收集数据,学生经历实地考察,对存在的问题的理解更深入,为设计解决方案提供信息支撑。

活动三:探讨北校门路口上学时段拥堵问题的解决方案	
核心问题:有什么办法可以缓解北校门路口上学时段的拥堵	
学生活动	设计意图
环节1:分析数据,梳理问题 经过前期的调查研究,讨论梳理存在的实际问题,要建造一个工程项目,设计需要有充分的信息支撑。 **环节2:明确问题,设计框架** 1.聚焦重要问题:"人流量""车流量""硬件设施""秩序",总结出驱动性问题。 2.归纳总结真实情境中存在的约束条件,形成整体的方案设计的思路框架。 **环节3:交流汇报,方案决策。** 1.依据收集的资料和框架,每个项目组设计解决方案,鼓励使用多种形式。 2.全班交流汇报如何设计解决方案,以便讨论和聚焦方案的核心设计。	1.分析数据,切实发现问题的多样,解决方案呈现多样化。如设立路牌,写建议信,学校协助督促分流,人员分流,车辆分时段禁行,宣传管理倡议…… 2.通过交流讨论,优化方案。发现拥堵问题的原因在于人流量分布、拥挤路段距离、车流量、通行秩序、路线合理性、地面通行条件、标牌指示不明确等方面。

活动四:探讨北校门路口上学时段拥堵问题的解决方案——沟通交流	

核心问题:懂得与人沟通,学会准确表达自己的观点,学会耐心倾听。当未达成一致时,也不要相互指责

学生活动	设计意图
环节1:初步明白与人沟通交流表达、倾听很重要 **环节2:学会勇敢、准确地表达** 1. 链接生活明表达 2. 情境体验练表达 3. 沟通讨论来总结 **环节3:懂得与人沟通交流要学会耐心倾听** **环节4:懂得与人沟通交流未达成一致时,也不要相互指责**	学习解决问题的方法,以及如何通过合作、沟通、交流、协商,应用创造性思维的基本方法提出多种解决方案。

活动五:探究北校门路口上学时段拥堵问题——解决方案	

核心问题:探究北校门路口上学时段拥堵问题的三个主要解决方案

学生活动	设计意图
1. 项目学习中,解决方案可以有很多种,项目组根据实际情况,聚焦问题,深入探究解决方案中某一个办法的具体实施过程。 2. 根据展示汇报,交流讨论,聚焦车辆限行、堵点疏通、人员分流三个方向的解决方案。	1. 通过明确任务和要求有助于学生清楚知道自己要做什么,怎么做,帮助学生有梯度地完成设计任务。 2. 实现项目组方案分流,实践分流。 3. 混龄学生的社团活动时间有限,需要聚焦问题,明确的任务,分期完成活动,促使小组成员忙中有序,共同努力,为完成共同的任务凝聚团队的力量。

活动五:探究北校门路口上学时段拥堵问题——解决方案

(一)北校门道路拥堵问题解决方案——人员分流解决方案组

核心问题:解决方案的优点有哪些?可行性有哪些?合理性有哪些?困难和问题有哪些?

学生活动	设计意图
环节1:交流讨论 讨论人员分流的方法: ①人车分流?②年级分流?③时段分流?④方向分流?⑤男女生分流?……分流的依据是什么?哪一种最合理? **环节2:优化方案** 解决方案的优点有哪些?可行性有哪些?合理性有哪些?困难和问题有哪些?	人员分流是外界限制因素最少的解决办法。在学习过程中,学生需要综合分析数据、考虑多种情况,才能找到合适的分流方式。

(二)北校门道路拥堵问题解决方案——堵点疏通解决方案组

核心问题:解决方案的优点有哪些?可行性有哪些?合理性有哪些?困难和问题有哪些?

学生活动	设计意图
环节1:交流讨论 1.收集小卖部等加重拥堵的照片。 2.怎样跟小卖部老板初步沟通?对方的诉求是什么? 3.解决小卖部问题的办法:引流到对面?写倡议书?建议信? 4.小卖部搬迁到对面?搬迁有什么困难?针对困难有什么应对策略?咨询相关部门有没有解决办法? **环节2:优化方案** 解决方案的优点有哪些?可行性有哪些?合理性有哪些?困难和问题有哪些?	学生发现小卖部是入校路段主要引起人员拥堵的原因,项目组综合考虑合理优化小卖部的位置。活动中涉及多种限制因素,促使学生学习沟通、建议、反馈等过程是解决问题的重要途径。

活动五:探究北校门路口上学时段拥堵问题——解决方案

(三)北校门道路拥堵问题解决方案——车辆限行解决方案组

核心问题:解决方案的优点有哪些?可行性有哪些?合理性有哪些?困难和问题有哪些?

学生活动	设计意图
环节1:交流讨论 1.路口小车流量,摩托车车流量,数据分析。 2.采访执勤家长的感受。 3.自己尝试交通劝导、引导,不愿意听劝导的原因是什么? 4.了解驱车右转的原因有哪些。(无法停车?省事儿?) 5.谁来劝导、规范限行车辆?单限?全限?示意图表示。 6.主马路车道划线?外两个车道直行,内两个车道靠边即停即走? …… **环节2:优化方案** 解决方案的优点有哪些?可行性有哪些?合理性有哪些?困难和问题有哪些?	根据调查研究,发现车流量是造成拥堵的主要原因之一,促使学生思考怎样合理管理车辆交通。

活动六:九龙坡区华岩小学北校门道路拥堵问题解决方案论证会

核心问题:1.怎么展示项目组解决方案的过程?

2.怎么论证方案的可行性和合理性?

3.项目组以什么方式汇报方案?怎样开展交流讨论?

(1)北校门道路拥堵问题解决方案——人员分流;

(2)北校门道路拥堵问题解决方案——堵点疏通;

(3)北校门道路拥堵问题解决方案——车辆限行。

这三个方案可行吗?合理吗?我们将深入探究、论证和评审这三个方案。

社区评议团:人大代表、社区书记、交巡警、家长代表、居民代表、小卖部老板、学校书记……

活动六：九龙坡区华岩小学北校门道路拥堵问题解决方案论证会	
学生活动	设计意图
环节1：方案展示 1.以项目过程中的实地勘察、调查研究等方式描述过程中的成果，以及实践过程中遇到的问题、解决的办法，以简明扼要的方式展示项目组的学习过程。 2.解决方案预期解决的效果、合理性、可行性。 **环节2：论证辨析** 1.各项目组及社区评议团针对方案的可行性和合理性提出意见和建议。 2.学生根据接收到的意见和建议，继续修改和完善方案，力求解决北校门的拥堵问题。	1.展示学生提出问题、研究论证、综合分析、解决问题的过程。 2.问题的发现和解决需要教师的引导以及从与利益相关者的交流讨论中获得，由此学生才能快速发现方案的问题和改进的方向。 3.引导学生思考项目本质：数据、证据、推理、科学探究的方法、真实的问题，解决问题的方式多样化，优化改进的方法。 4.帮助学生意识到问题的解决过程非常复杂，解决方案要集合多人的智慧共同协作，反复评估，不断改进完善，才可能达到最终解决问题的效果。

活动七：优化北校门路口上学时段解决拥堵问题的方案	
核心问题：综合分析限制因素，如何有效优化解决方案？	
学生活动	设计意图
环节1：梳理信息 整理意见和建议，梳理重要方法。 **环节2：优化方案** 组内优化方案，决策聚焦方案中最优的解决办法。 **环节3：解决方案** 全员讨论，整体聚焦具体的解决方案。	问题的多样化，使各项目组呈现的解决方案也呈现出多样化，根据限制条件进行筛选、反思、改进，聚焦核心、主要问题的解决方案。

活动八:九龙坡区华岩小学北校门拥堵问题解决方案的效果评估与改进	
核心问题:如何进行解决方案的使用效果评估及改进?	
学生活动	设计意图
环节1:效果评估 方案实施过程中,项目组成员对解决方案的实施效果进行评估,思考改进方向。 **环节2:社会评价** 调查解决方案的社会评价,有效反馈。	调查研究方案的实际运用效果,过程监控,综合评价方案。

七、学生作品及点评

(一)调查研究

1.作品简介:学生在明确问题后,通过运用现场调查、问卷调查、访问调查、资料调查等方法,进行资料收集与研究。

2.作品点评:学生运用科学的调查方法,进行了调查实践,掌握到了很多重要的信息,为设计可行、合理的解决方案提供了详实的依据。在调查研究的过程中,区分调查与观察、实验的不同,能根据具体情境选用不同的调查方法,通过交流、分析数据,进行归纳概括。针对问题,进行合理的猜想与假设,制定计划并选择合适的调查方法,实事求是,收集证据,分析证据并得出结论。能以调查数据为依据做出独立判断,愿意调整想法,形成尊重他人、愿意倾听、敢于发表意见的品质。

(二)方案设计

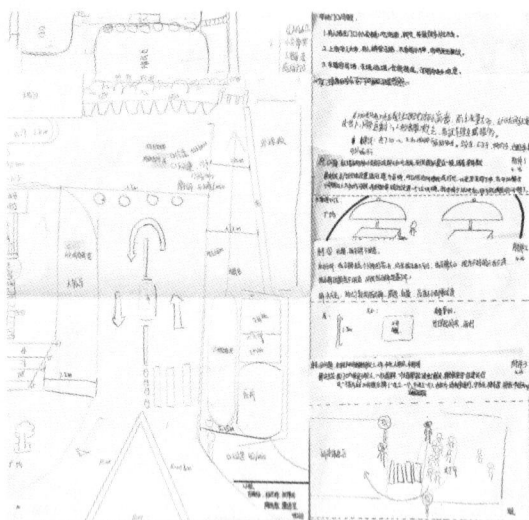

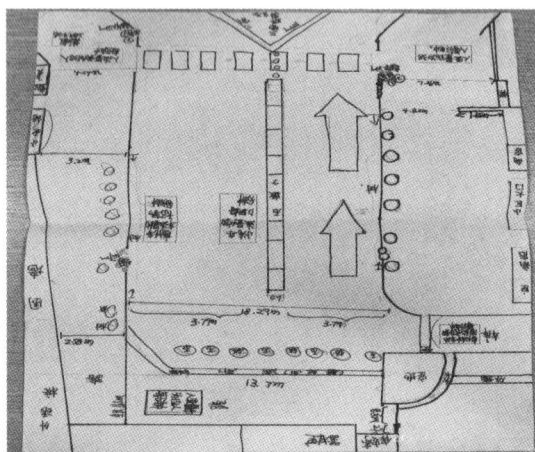

1.作品简介:通过学生的观察、测量、分析、研究、讨论梳理出实际问题,找到了北校门路口上学时段拥堵的原因,针对这些问题,学生进一步思考与实践,寻求合理、可行的解决方案。

2.作品点评:在设计解决方案的过程中,学生能够理解方案设计的基本概念和重要性,掌握方案设计的基本流程和方法,包括问题识别、信息收集、目标设定、方案构思、方案评估和优化等步骤,有效提升学生分析和评估方案的能力,使学生能够判断方案的优劣并做出合理的选择,培养学生的创新思维和实践精神,使学生能够不断探索新的方案设计和思路,分工合作、团队协作,通过实践锻炼提高学生的方案设计能力和解决问题的能力,为解决实际问题提供更多可能。

(三)方案论证

　　1.作品简介:项目组汇报学习过程中发现的问题、解决问题的方法,学生与学生、学生与社区评议组进行方案论证,寻找实际问题与利益相关者之间的平衡关系,找到可行、合理的解决方案。

　　2.作品点评:学生以PPT图文、视频、解说的方式,充分展示存在的问题,体现亟待解决、缓解安全压力的现状,展示学生发现问题、实地勘察、交流讨论的学习过程,梳理学生解决问题的思路,论证辨析可行合理的解决方案。一个组的智慧是有限的,有些问题的发现和解决需要同学、相关利益者、决策方从探讨中获得。通过互动研讨、方案论证,学生能快速发现解决方案的不足和改进的方向,在真实情境中,发现问题解决问题。帮助学生意识到问题的解决过程非常复杂,解决方案要集合多人的智慧共同协作,需要他们基于所学科学知识,应用创造性思维的基本方法提出多种设计方案,基于批判性思维评价并优化设计方案,反复评估,不断改进完善,才可能达到最终解决问题的效果。

家乡的桥——谁的桥梁最抗压

重庆市江北区华新实验小学校　宋健　潘宁　陈希

一、案例介绍

　　"家乡的桥——谁的桥梁最抗压"赋予四年级学生桥梁工程师的身份,通过使学生观察重庆千厮门大桥在节假日"封桥"供游客拍照打卡的现象,引导学生发现问题:当桥梁禁止车辆通行时,给大家的生活出行带来了不便。为此提出建造一座新的桥来解决问题。而搭建桥梁要考虑承重、材料、结构等多方面因素,通过学生研讨,确定本课程优先解决桥梁承重的问题。因此提炼出的核心任务是:用吸管设计并制作一个具有 400 克以上承重能力的桥梁模型,桥梁模型跨度为 20 厘米,桥身宽度不小于 7 厘米,并完成横跨与承重测试。通过 9 个课时完成了整个课程的实践,经历了任务发布、模型设计、模型搭建、测试与展示、改进与测试和评价与反思六个环节。

　　整个课程涉及了工程、科学、技术、数学、艺术等领域,具有综合性、跨学科等特点。学生通过职业体验,在挑战性问题的驱使下,会自主进行各学科知识的学习并学以致用。学生通过活动手册和评价量表,明确课程的学习目标,增加了学生的自主学习能力与创新能力。同时,学生通过团队协作完成任务的方式提升学生的合作能力、沟通能力、批判性思维等 5C 能力,使学生能够基于真实的生活情境,学会发现问题,解决问题,提高知识与应用的关联,增强个人与社会的联系。

二、案例目标

（一）核心概念目标

本案例涉及的学科领域主要包括科学、技术、工程、艺术、数学和语言,课程领域的具体表现如下：

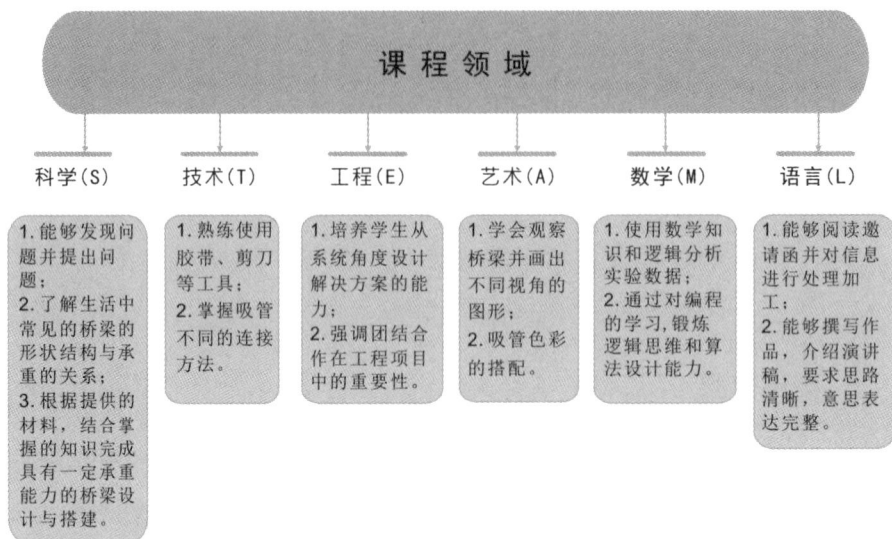

课程领域

科学(S)	技术(T)	工程(E)	艺术(A)	数学(M)	语言(L)
1.能够发现问题并提出问题； 2.了解生活中常见的桥梁的形状结构与承重的关系； 3.根据提供的材料，结合掌握的知识完成具有一定承重能力的桥梁设计与搭建。	1.熟练使用胶带、剪刀等工具； 2.掌握吸管不同的连接方法。	1.培养学生从系统角度设计解决方案的能力； 2.强调团结合作在工程项目中的重要性。	1.学会观察桥梁并画出不同视角的图形； 2.吸管色彩的搭配。	1.使用数学知识和逻辑分析实验数据； 2.通过对编程的学习，锻炼逻辑思维和算法设计能力。	1.能够阅读邀请函并对信息进行处理加工； 2.能够撰写作品，介绍演讲稿，要求思路清晰，意思表达完整。

（二）课程5C能力目标

1. 文化理解与传承（Cultural Competency）素养：文化理解与传承作为教育的属性，是立德树人的具体体现。教师要引导学生感受家乡的桥，体会桥在日常生活中发挥的作用与文化内涵，实现学生个体与社会的积极互动。

2. 审辨思维（Critical Thinking）素养：在课程中不断经历"提出问题→明确任务→画图设计→模型搭建→测试及展示→改进设计与模型→二次测试及展示→反思总结"，持续进行反思，可以实现作品的迭代与思维的进阶。

3. 创新（Creativity）素养：在挑战性问题的驱动下，以好奇心、想象力、探索力、实践力等能力，利用不同思维思考并建构创新实践路径。

4. 沟通（Communication）素养：在小组、班级的合作中，学会用同理心进行思考，专注倾听，学会理解，有效表达。

5. 合作（Collaboration）素养：把任务设计与实践相连，把个人设计与团队相接，远景共同描绘，责任共同分担，协商合作共赢。

综上所述，本案例旨在通过建造具有一定承重能力的桥的任务驱动，实现多方面能力提升的目的，推动育人方式变革，发展学生的核心素养。

三、案例评价标准

素养维度	素养表现	关键要素
创新能力	学生能够根据设计要求,自主设计并实现具有创新性的桥梁。在项目实施过程中,学生能够独立思考,提出新颖的解决方案,并勇于尝试和实践。	从不同角度思考问题,寻求创新点。
跨学科融合	学生能够在项目实施过程中,将科学、技术、数学、工程、艺术等学科的知识应用于桥梁模型的设计与搭建。	跨学科知识应用于解决实际问题中,形成综合性知识体系,并解决实际问题。
批判性思维	学生能够在项目的交流汇报中有自己独立的思考和见解,能够根据他人的作品提出合理的建议,同时也能接受他人的反馈。	从多元的视角进行思考,基于证据进行推理,提出合理的建议。
合作能力	学生能够在团队中积极协作,共同完成项目任务。在项目实施过程中,学生能够相互支持、相互学习,共同解决问题。	具有团队协作精神,学会与他人有效沟通,确保项目顺利进行。
学习成果展示	学生能够清晰、准确地展示项目成果,包括功能演示、操作说明等。在展示过程中,学生能够清晰地展示学习成果并接受同伴的反馈。	利用适当的工具和方法,与他人进行有效交流,分享学习经验和成果。

四、案例所需资源

（一）学习背景资源

重庆是桥都，重庆的学生对桥有着天然的亲近感，桥不仅是我们学生家乡情感的重要载体，更是学生发现、解决跨学科问题的优质课程资源。天天来往于两岸之间的学生对桥的承载能力即承重这一概念有着极为直观的认识，并具备全方位深入了解研究桥的承重的优势。同时，学校与重庆设计院进行联动，桥梁工程师——乔玉英启动项目、发布任务，为学生在项目活动中增加了职业体验，丰富了整个项目的真实性和体验感。

（二）课程学习资源

建造桥梁是一个集合了科学、技术、工程、数学、艺术等各学科门类于一体的跨学科项目，将涉及的科学、数学、美术等国家课程的内容整合在一起，让学生在任务驱动的情况下进行主动学习。

同时，多学科教师共同研发了学生学习手册，将学生的学习过程可视化，同时给学生的学习提供了有效的支撑。学习内容还通过 APP 进行了电子化，学生通过扫码可以进行移动端的学习，使学习方式多样化，学习时间灵活自由。

扫码可观看
电子资料

(三)实践资源

1.教室空间分布

讲台前面为多媒体设备教学区和作品展示区;中间八组方形课桌椅为学习、制作区,右边有八个材料工具箱,其他空间为材料和工具放置区。

2.教室内的硬件及工具

根据课程的需要,对所需工具统计如下(应根据实际情况进行调整):电脑、多媒体设备、两个方凳模拟长江两岸、学生活动手册、马克笔、绘图纸、直尺、制作用的工具(剪刀、透明胶带、吸管)。

五、案例设计思路

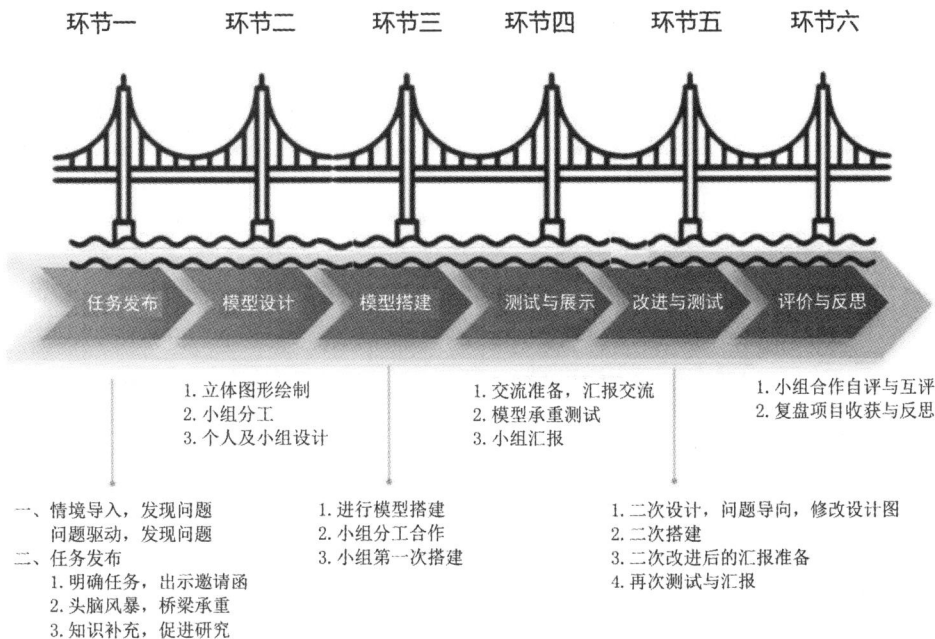

环节一　　环节二　　环节三　　环节四　　环节五　　环节六

任务发布　模型设计　模型搭建　测试与展示　改进与测试　评价与反思

1.立体图形绘制
2.小组分工
3.个人及小组设计

1.交流准备,汇报交流
2.模型承重测试
3.小组汇报

1.小组合作自评与互评
2.复盘项目收获与反思

一、情境导入,发现问题
　问题驱动,发现问题
二、任务发布
　1.明确任务,出示邀请函
　2.头脑风暴,桥梁承重
　3.知识补充,促进研究

1.进行模型搭建
2.小组分工合作
3.小组第一次搭建

1.二次设计,问题导向,修改设计图
2.二次搭建
3.二次改进后的汇报准备
4.再次测试与汇报

六、案例实施过程

	环节一：任务发布			
教学目标	一、核心概念目标： **科学素养**：引导学生根据生活中的真实交通问题提问题、聚焦任务；让学生根据生活中常见的桥梁，认识其结构。 **技术运用**：能够借助胶带熟练地进行吸管的连接，培养学生动手操作的能力。 **工程素养**：体验利用工具更好地进行观察与测量，并对吸管进行加工。 **语言素养**：能够阅读邀请函并对信息进行处理加工。 二、5C 能力目标： **文化理解与传承素养**：引导学生感受家乡的桥，体会桥在日常生活中发挥的作用。 **创新素养**：培养学生在驱动型问题下从不同角度思考。 **沟通素养**：培养学生用同理心思考，专注倾听、学会理解、有效表达。			
学习目标	1. 学生能够从重庆千厮门大桥在节假日"封桥"供游客拍照打卡的现象，发现问题并提出建造一座桥的解决方案。 2. 学生能够认识多种不同的桥梁结构并了解结构与承重的关系，并熟练使用胶带对吸管进行连接。 3. 学生能够用同理心进行多角度的思考，头脑风暴提出建造桥梁需要考虑的因素。			
课型	新授课			
课时	2 课时			
教学环节	教师活动	学生活动	设计意图	评价指标
情境导入	播放重庆千厮门大桥在节假日"封桥"供游客拍照打卡的视频，引导学生发现问题。	观看视频，发现问题：当桥梁禁止车辆通行时，给大家的生活出行带来了不便。	基于学生熟悉的真实情境，引导学生学会发现问题。	学生是否具备发现问题的能力。

教学环节	教师活动	学生活动	设计意图	评价指标
任务发布	1.介绍重庆市设计院发布的桥梁设计任务,并出示邀请函。 2.引导学生讨论建桥要考虑的因素,并进一步明确聚焦任务:建一座具有一定承重能力的桥。	1.阅读邀请函。 2.头脑风暴。讨论建一座桥需考虑的因素,并确定首要任务为考虑桥梁承重。	把学生带入真实桥梁设计师的角色,为解决问题进行深入思考。	学生是否具备根据自己的身份,针对问题提出解决建议的能力。
知识补充学习,练习吸管连接技术	介绍模型的搭建材料,通过图片、视频学习各种桥梁的结构与承重能力的关系的知识和吸管的连接技术。	学习基础知识,并用吸管和透明胶进行吸管连接的练习,展示练习成果。	为学生桥梁设计与搭建提供知识和技术的支持。同时,在任务的驱动下进行知识与技术的学习,提高学习效率。	学生是否能够判断具备承重能力的结构;是否能够熟练地将吸管连接组装成不同的结构。

任务发布邀请函

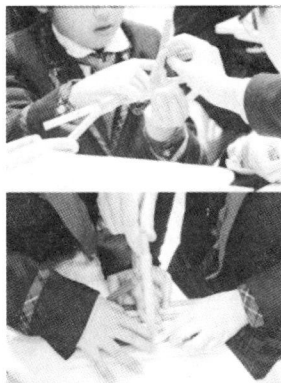

吸管连接的练习

环节二:模型设计

教学目标	一、核心概念目标: **科学素养**:根据提供的材料,结合掌握的知识完成具有一定承重能力的桥梁的设计。 **工程素养**:学会使用简单的设计图,说明自己的思路。 **艺术素养**:从不同角度观察绘画桥梁;培养学生相关色彩的搭配的能力。 **数学逻辑**:学会测量,并在设计图中进行数据标注。 二、5C能力目标: **创新素养**:从不同角度思考并进行桥梁的设计。 **沟通素养**:培养学生用同理心思考,专注倾听、学会理解、有效表达。 **合作素养**:把个人设计与团队相接,远景共同描绘,责任共同分担,协商合作共赢。
学习目标	1.学生能够掌握从不同角度观察物体,并绘画桥梁的立体图形的技能。 2.学生能够通过设计图表达自己的想法,并达成共识合作完成小组设计图。
课型	新授课
课时	2课时

教学环节	教师活动	学生活动	设计意图	评价指标
学习立体图形的绘制	播放视频,学习立体图形的绘制和尺寸数据的标注。	观看视频学习,绘制出图片中桥梁的立体图形,并进行数据标注。	为学生下一步桥梁设计提供绘图支持。	学生是否能够完成桥梁立体图形的绘制。
小组分工	出示不同的工作种类与职责。	小组讨论,进行分工,明确工作职责。	让学生感受团队合作的作用,并学习如何分工合作,共同完成任务。	学生是否能根据自身特点进行分工,出现分歧是否能够协调。

教学环节	教师活动	学生活动	设计意图	评价指标
个人设计，确定小组设计图	提出设计要求，展示测试环境。 1.材料的数量、模型的尺寸； 2.承重的要求。	1.阅读设计要求与测试方法； 2.完成个人设计图； 3.小组讨论，完成小组设计图。	用设计图表达个人设计意图，并将想法可视化，便于进行小组交流，最终形成达成共识，完成小组设计图。	学生是否能够将自己的想法通过绘制设计图呈现，在小组中达成共识。

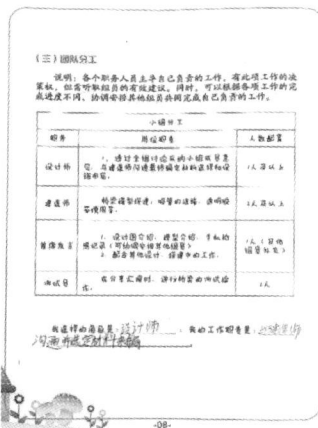

小组分工记录   个人设计图

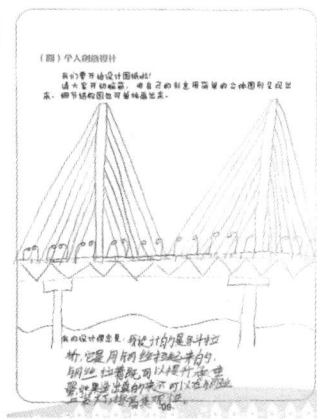

环节三：模型搭建

教学目标	
	一、核心概念目标： **科学素养:**根据提供的材料，结合掌握的知识完成具有一定承重能力的桥梁搭建。 **技术运用:**能够熟练使用工具将吸管连接成不同的结构，完成模型搭建。 **工程素养:**制作简单的实物模型并展示。 **数学逻辑:**学会测量，并在搭建过程中确定吸管的长度。 **二、5C能力目标：** **沟通素养:**培养学生用同理心思考，专注倾听、学会理解、有效表达。 **合作素养:**把个人设计与团队相接，远景共同描绘，责任共同分担，协商合作共赢。

环节三:模型搭建

学习目标	1.能够将科学、技术、工程和数学等多个领域的知识和技能融合应用到桥梁模型的搭建中,实现跨学科知识的有效整合。 2.能够根据评价量表和设计图完成模型的搭建。 3.能够发挥各自特长,有效协作,共同完成项目任务。
课型	新授课
课时	2课时

教学环节	教师活动	学生活动	设计意图	评价指标
进行模型搭建	发放材料工具箱。	小组分工合作,进行搭建。	培养小组团队合作的意识,将所学知识进行应用的能力。	学生是否能够通过团队协作完成模型制作。
修改与调整	指导学生对照评价要求进行调整与修改。	对照评价标准进行自我评价,发现问题,进行修改与调整模型的搭建。	培养学生在制作过程中遇到问题时分析问题、解决问题的能力。	学生是否具备发现问题、解决问题的能力。

学生小组设计图　　　　　　学生搭建的模型图

<table>
<tr><td colspan="5" align="center">环节四：测试与展示</td></tr>
<tr>
<td rowspan="3">教学目标</td>
<td colspan="4">
一、核心概念目标：
工程素养：通过测试或观察，发现作品中存在的问题并提出改进方案。
数学逻辑：模型测量，完成长度和承重测试的结果记录。
语言素养：能够撰写作品介绍演讲稿，思路清晰，意思表达完整；介绍作品语言流畅、声音洪亮、表达清晰。
二、5C 能力目标：
审辨思维素养：在测试与汇报中发现问题并提出合理建议，培养学生的批判性思维。
沟通素养：培养学生用同理心思考，专注倾听、学会理解、有效表达。
合作素养：把个人设计与团队相接，远景共同描绘，责任共同分担，协商合作共赢。
</td>
</tr>
</table>

<table>
<tr>
<td>学习目标</td>
<td colspan="4">
1. 能够大胆自信、条理清晰地进行汇报。
2. 在交流汇报的过程中，培养创新思维和批判性思维能力，形成独立思考的能力。
3. 能够通过讨论，增强团队协作和沟通能力，提升人际交往能力。
</td>
</tr>
<tr>
<td>课型</td>
<td colspan="4" align="center">新授课</td>
</tr>
<tr>
<td>课时</td>
<td colspan="4" align="center">2 课时</td>
</tr>
<tr>
<td>教学环节</td>
<td>教师活动</td>
<td>学生活动</td>
<td>设计意图</td>
<td>评价指标</td>
</tr>
<tr>
<td>介绍设计图与模型</td>
<td>提供小组展示内容清单；组织小组进行汇报。</td>
<td>利用内容清单，进行介绍准备，各小组进行汇报。</td>
<td>明确汇报内容，有条理地阐明小组的设计与制作。</td>
<td>学生是否能够清晰、准确地表达小组的设计意图和模型的制作。</td>
</tr>
<tr>
<td>模型承重测试</td>
<td>提供详细的测试标准。</td>
<td>进行模型跨度及承重的测试。</td>
<td>回顾设计任务要求，对模型设计与制作进行评价。</td>
<td>学生是否能够根据评价标准完成测试及评价。</td>
</tr>
</table>

教学环节	教师活动	学生活动	设计意图	评价指标
学生评价并提出建议	组织学生结合各组模型的介绍与测试情况进行评价。	发现各组的问题，并给出合理的修改建议。	培养学生汇报交流的语言表达能力，同时提升学生的批判性思维。	学生是否能够为别人的设计提出意见，是否能接受同伴的反馈。

桥梁模型测试评价量表

	☆	☆☆	☆☆☆	星级
设计图	缺少文字和图画设计。	有文字和图画设计，但是设计混杂、条理不清。	合理地设计了文字和图画，对设计结构表述条理清晰。	
基本设计要求	未达到跨度、宽度、基本承重（400克）的基本设计要求。	未完全达到跨度、宽度、基本承重（400克）的基本设计要求。	完全达到跨度、宽度、基本承重（400克）的基本设计要求。	
承重能力	未达到基本承重能力（400克）。	只达到基本承重能力（400克）。	超越基本承重的要求，最终承重____克。	

模型测试情况图

环节五:改进与测试

<table>
<tr>
<td rowspan="2">教学目标</td>
<td colspan="4">
一、核心概念目标:
工程素养:在项目中不断经历"提出问题→明确任务→画图设计→模型搭建→测试及展示→改进设计与模型→二次测试及展示→反思总结",持续进行反思,可以实现作品的迭代与思维的进阶。
数学逻辑:模型测量,完成长度和承重测试的结果记录。
语言素养:能够撰写作品介绍演讲稿,思路清晰,意思表达完整;介绍作品语言流畅、声音洪亮、表达清晰。
二、5C能力目标:
审辨思维素养:在测试中,学生根据测试的情况和评价标准发现问题,并给予合理的建议,培养学生的批判性思维,有助于独立性格和思辨思维的形成。
沟通素养:在汇报交流中,培养学生换位思考的同理心,学会理解他人设计意图,专注倾听、有效表达,为小组合作、班级分享形成一种和谐的交流氛围。
合作素养:学习表达个人的想法和设计意图,并把个人想法与团队问题进行结合,有效处理发现的问题,共同互助合作进行模型的改进和完善。
</td>
</tr>
</table>

<table>
<tr>
<td rowspan="3">学习目标</td>
<td colspan="4">
1.能够接受他人意见,修改完善模型,并大胆自信、条理清晰地进行汇报。
2.在交流汇报的过程中,培养创新思维和批判性思维能力,形成独立思考的能力。
3.能够通过讨论,增强团队协作和沟通能力,提升人际交往能力。
</td>
</tr>
</table>

课型	新授课			
课时	2课时			
教学环节	教师活动	学生活动	设计意图	评价指标
修改设计图	指导学生发现问题,解决问题。	小组讨论明确问题,解决问题。	引导学生经历设计制作需要反复修改、迭代,直至完善的工程思维过程。	学生是否具备反复修改、完善的工程思维。

教学环节	教师活动	学生活动	设计意图	评价指标
二次搭建模型并测试	1.发放新的材料; 2.提供前后两次对比内容清单和详细的测试标准。	1.小组分工合作,进行二次搭建; 2.各小组进行汇报,并完成模型承重测试。	回顾设计任务要求,对改进的模型设计与制作进行评价。	学生是否能够根据评价标准完成测试及评价。

学生小组二次设计图

学生二次搭建模型图

环节六:评价与反思

教学目标	一、核心概念目标: **语言素养**:能够思路清晰地书写或表达整个项目的收获。 二、5C 能力目标: **审辨思维素养**:对整个项目进行回顾和总结,识别自己的优点和不足,提升学习能力和效果。 **沟通素养**:培养学生用同理心思考,专注倾听、学会理解、有效表达。 **合作素养**:通过评价,识别自己在小组合作中的优点和不足,进一步加强小组合作,提升自己合作的能力。
学习目标	1.能够真实准确地进行小组合作的自我评价和互评。 2.能够回顾和总结整个项目过程中的优点和不足,并分享学习收获。
课型	新授课
课时	2 课时

教学环节	教师活动	学生活动	设计意图	评价指标
对整个学习过程进行 小组合作的评价	提供小组合作评价量表。	学生进行小组内自评、互评。	引导学生对照评价量表审视自己在项目中小组合作的表现，发现优点与不足，并接受他人的反馈，为下一步学习做好准备。	学生是否能根据评价量表对自己和他人完成评价。
反思复盘	指导学生从"发现问题—解决问题—再发现—再解决"的角度展开归纳反思。	对整个活动过程以文本方式进行反思，并分享学习感悟。	回顾整个项目，反思自己的表现，总结收获。	学生是否在自主探究中提升实践能力，是否能接受同伴的反馈。

小组合作学习的评价量表

	☆	☆☆	☆☆☆	星级
学习态度	不参与活动。	被动参与活动，很少发表见解。	积极参与活动，敢于尝试，乐于发表自己独到的见解。	
合作探究	无分工。	小组成员分工不明确。	小组成员团结协作、合理分工，主动承担任务。	
学习技能	未掌握实践方法。	掌握了简单的实践方法。	熟练掌握实践方法，敢于尝试，自主学习。	
反思改进	遇到问题不知所措。	遇到问题，进行思考，问题解决有困难。	遇到问题，勤于思考，寻求方法，解决问题。	
展示	在展示中，小组对设计和实验过程的描述缺乏逻辑，不能说明结果或者无结果。	小组对设计和实验过程进行了部分展示，展示较具体，但是部分显得混乱和无意义。	展示清晰明确，有效地体现了实验的意图和特点，整体逻辑清晰。	

教学环节	教师活动	学生活动	设计意图	评价指标

学生书面反思

七、学生作品及点评

在案例实施的过程中,各小组制作的桥梁模型结构形态各异。从部分作品中不难看出,学生将从知识补给站学到的桥梁结构的知识和吸管的连接方法都运用到了模型的制作之中,基本满足了跨度为 20 厘米,桥身宽度不小于 7 厘米的要求,大部分桥梁模型的承重能力都超过了 400 克。学生作品及点评如下：

（一）学生作品一

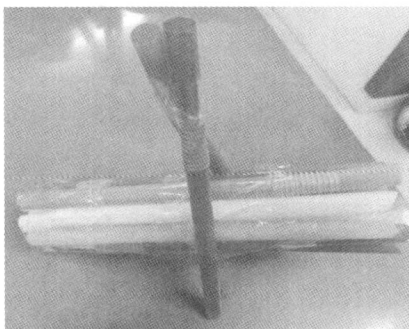

作品点评

本作品的桥面制作成了圆柱形,不利于放置重物,在实际应用中体现为通过性不佳,同时圆柱形的结构也不便于架设在两岸。正因为这个原因,在桥梁中间架设了由两根柱子构成的桥墩,设计用意为起到支撑作用,增加承重能力,其实更大的作用为稳定桥身使之不至于滚动,但是由于连接的方式为两侧用胶带绑定,未能将重心直接作用于桥墩上,所以对于承重能力的提升比较有限。

（二）学生作品二

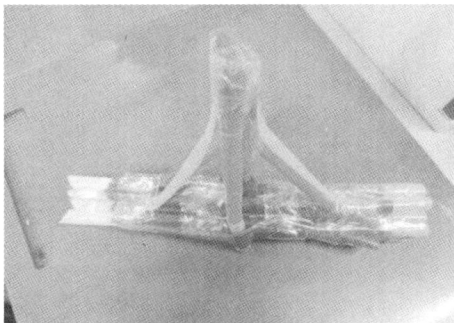

作品点评

本作品是斜拉索桥型设计,希望利用立柱和斜杆拉住桥面来分担桥面的承重压力。但是在模型搭建时,桥墩并不能支撑到地面,导致中间立柱不能起到承重的作用。不过斜杆和桥面构成的三角形有一定的支撑作用,可将桥面压力转移到斜杆上,中间的立柱使两边的斜杆能更好地连接,增强了承重效果。

桥面中部用了统一的颜色,斜拉杆和立柱都使用了对称的配色,虽然受限于材料的颜色,但可以看出作品在材料的配色上也做了考究。

(三)学生作品三

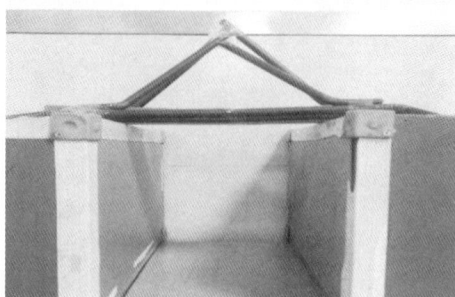

作品点评

本作品是利用三角形的稳定性制作的桥梁模型,两边的斜杆起到支撑作用并将压力汇聚到中间连接处,不过连接部分用胶带粘接并不算牢固,可以考虑将中间连接处的吸管换成一根完整吸管折叠,再将斜杆捆绑连接起来,增强稳固性。

桥面采用并排的形式达到宽度要求的同时,也实现了桥面的平整,能平稳放置重物,现实情况下能有较好的通过性,同时材料使用较少,建造成本相对较低。

(四)学生作品四

作品点评

本作品的双层桥面的中间利用吸管弯折构建了多个小三角形,并用胶带绑定,因三角形的稳定与支撑作用使桥身异常坚固,承重性能优异。承重测试结果大大超出预定目标,但也因为过于追求承重效能使材料的使用较多,成本稍高。另外,双层桥面导致桥身中心偏高,而且桥面的连接工艺稍逊使平整度不够,导致桥梁架设的稳定性不太好,在承重性能测试时往往因为不平稳而侧翻,如能在制作精细度上有所提高,并适当减少材料使用会有更好的综合效果。

八、案例实施成效与反思

(一)案例实施的成效

本案例课程任务难度适当,学生既能体会成功之喜悦,其间也不乏挑战性,加之学习支架的设置,使课程恰如其分地充当了学生攀爬的阶梯。从他们动手制作的作品分析:很多小组第一次的设计和模型搭建出现了不匹配的情况。由于对材料性能、架设环境、承重测试方式不够了解,设计脱离实际,而模型搭建又无法将设计方案实现。有了经验后,在第二次设计与建模的迭代过程中显示出了学生的思维和能力发展,设计更加合理,能充分考虑材料、环境等因素的影响,使他们能从做中感受、从做中思考、从做中学习。课程结束后,通过学生访谈了解到:学生在整个学习过程中遇到的许多困难都是通过小组成员共同解决的,虽然搭建模型的过程比想象的要困难许多,但是没有一个学生放弃,一起努力克服困难,完成了任务。同时,全体学生都表示喜欢这样的学习方式,可以用自己和小组的力量解决问题、完成任务,特别有成就感。本案例符合 STEM 教学的学习理念,培养了学生的创新精神、批判性精神和动手操作的能力,以及不断挑战自我的勇气。

(二)案例实施后的反思

首先,通过整个案例的实践,从执教者和学生的参与过程两个角度反思,发现整个案例的评价设计不够全面。虽然对模型的设计、制作、测试、学生的合作进行了评价设计,但是在前期的任务发布、问题明确、知识学习等方面没有评价设计,只有教师凭借经验在过程中进行形成性评价。学生在每一个环节,是否达到该环节的学习目标,学生的学习产出是否合适,没有一个具体的衡量标准,因此才会出现学生作品中呈现出过度追求承重性能而进行较多冗余设计的情况。同时,评价的设计对学生的学习也有一定的指导意义,学生可以根据评价量表清晰地知道他们的学习需要达到的程度。因此,评价应该是全过程的,也是需要对此方案进一步完善的地方。

其次,案例中建模材料的选择和任务要求间的匹配度需要进一步考量。比如承重量要求的设定可能较低,而吸管材料本身是比较坚韧的,其自身原始结构的承重能力就比较强。另外,胶带的使用虽然方便了学生对材料进行连接,但同样因为胶带自身的强韧性能,使桥梁的一些设计缺陷被隐藏起来。因此,在学生进行作品展示汇报时,会发现不管采用何种桥梁结构设计几乎都能达成任务目标要求。这样并不利于学生在课程中更加深入地探究桥梁结构和承重性能间的关系。因此在后续的改进中,可以考虑更换材料或者提高承重要求,使学习活动能够更加深入到与结构和功能相关的科学原理中。

初中篇

科学用眼,预防近视

重庆谢家湾学校　何会　张云奉　高叶

一、案例介绍

本案例以《义务教育生物学课程标准(2022年版)》倡导的"聚焦核心素养,践行实践育人"为指导思想,围绕"学习主题七:生物学与社会跨学科实践"中的建议活动——制作可调节的眼球成像模型,提出保护眼睛健康的方法,对冀少版生物学七年级下册《视觉》相关内容进行二次开发,设计出"科学用眼,预防近视"的案例课程。

本案例中以项目式学习的方式分四个阶段开展案例活动,强化做中学、用中学、创中学,激发青少年好奇心、想象力、探求欲,提升学生解决实际问题的能力,发展学生核心素养。

第一阶段,通过调查学校学生的近视情况引出本项目。课前布置调查学校初中生近视情况任务,明确具体的调查任务、工具和调查结果报告的撰写方法与技巧;课上组织学生汇报交流,提出项目:举办"科学用眼,预防近视"校园宣传活动;最后引导学生对核心任务进行分解,明确需要完成的子任务的内容。

第二阶段,探究眼球的结构与功能,以及视觉的形成过程。通过激光笔照射眼球模型、解剖观察牛眼球、探究不同凸度的凸透镜对物像清晰度的影响等实验,让学生基于真实情境,利用多学科知识去解决问题,在学、思、做中发展科学思维。

第三阶段,制作模型模拟视觉的形成,探究近视的成因及矫正。小组合作利用生活中常见材料尝试制作可调节的眼球成像模型,再利用模型来演示近视和探究近视的成因与矫正,让学生不断尝试、调试与验证。利用实物和模型,在优化学生认知过程的同时,还有效地培养他们的关联力、迁移力和想象力。

第四阶段,开展"科学用眼,预防近视"校园宣传活动。通过分组分工、制定方案、实施计划、落实方案、辐射影响、评价反思,充分给予学生展现自我的机会,教研组教师全程参与并给予指导,充分保证活动的顺利进行和高质量落地落实。

二、案例目标

本案例以生物学学科为主要学科,同时涉及物理、数学、工程学、美术、体育等学科,结合义务教育生物学核心素养,制定如下课程目标:

1. 通过调查,收集数据,了解我国青少年和所在学校学生的视力状况,学习撰写调查报告,关注预防近视的重要性。(探究实践、态度责任)

2. 通过对人眼球结构模型的观察和牛眼球的解剖实验,了解人眼球的结构和功能,形成生物体结构与功能相适应的生命观念。(探究实践、生命观念)

3. 基于对人眼球结构和功能的了解,通过凸透镜成像的演示实验,初步了解视觉的形成过程。(物理学、探究实践、科学思维)

4. 运用生物学、物理学和工程学知识,设计制作可调节的眼球成像模型,演示视觉形成过程,探究特定眼球结构变化对视觉的影响,并通过添加透镜探究近视及远视的矫正原理。(探究实践、工程学)

5. 运用眼球结构和视觉形成过程的相关概念,解释近视的形成原因,意识到错误的用眼习惯对视力的影响,树立科学用眼的健康意识。(科学思维、态度责任)

6. 策划开展"科学用眼,预防近视"宣传活动,向公众宣传"科学用眼,预防近视"的观念,认同健康的生活方式并号召身边的人科学用眼。(态度责任)

综上所述,本案例旨在通过调查、实验、建模和开展宣传活动等形式,帮助学生理解视觉的形成过程,并在此基础上明晰近视的原理、成因以及矫正,从而发自内心去爱护眼睛、预防近视,并将爱眼护眼的思想传播给周围的人,真正实现以学科实践促进育人方式变革。

三、案例评价标准

素养维度	素养表现	关键要素
创新能力	在模拟材料思考过程中,学生能够想出多种模拟材料;在模型制作过程中,学生能够不断调整和优化模型;在宣传活动的策划和实施过程中,能提出多种宣传方式,并在实践中不断优化。	具有持续学习的状态与积极探索的精神,能从独特的视角去思考问题解决的方式,敢于提出新想法,尝试新方法。
跨学科融合	在模型制作和宣传活动策划时,学生视角不仅聚焦于本学科,还能将物理、工程学、数学、美术、体育等多个学科的知识灵活运用到项目中,解决当前遇到的真实问题。	有跨学科的知识储备与整合能力,具备开放的思维方式和跨学科的视野,能灵活运用跨学科知识解决真实问题。
实践能力	学生在理解并掌握眼球的结构与功能、视觉形成过程等基础知识的基础上,能独立或小组合作进行实验、探究、验证等。	将理论知识与实际生活相联系,能根据需要,化抽象为具体,化无形为有形。
合作能力	本项目在各个阶段均有小组活动,在小组活动中,学生具备团队精神,统一思想,能积极沟通,明确分工,并根据分工相互协作、共同完成项目任务。	具备良好的沟通能力,具备责任感和奉献精神,积极承担任务并为共同目标付出努力,共同构建高效、和谐的合作环境,推动团队发展。
学习成果展示	学生能以合理的方式展示学习成果,在展示过程中,能够自信、大方介绍和演示成果,并能根据观众的反应作出合理的解释说明。	能从观众的角度出发,对成果进行展示与解说。

四、案例所需资源

(一)以人为载体的教学资源

以人为载体的教学资源表现在教育活动的参与者本身。首先,本案例主要有四个阶段,各个阶段重心完全不同。想要出色完成本案例,在总体规划的基础上,四个阶段需要四位生物教师分别负责推动。整个过程中四位老师需要群策群力,协同前进。其次,虽然由生物老师主导开展,但本案例涉及学科较多,如物理学、工程学、数学、体育等学科,仅仅依赖生物教师,很难高站位、高质量、高效率完成本案例。因此,在案例实施过程中,需要统整其他学科相关教师、德育部门的力量,保证案例推进事半功倍。再次,案例实施对象为七年级学生,学生并不是本案例的被动参与者,学生在参与过程中往往会给予我们惊喜。因此,在案例实施过程中,教师要多关注学生的提议,并积极提供平台。

(二)以物为载体的教学资源

以物为载体的教学资源主要包括教学的文本资源、物品资源、教学环境、现代教学媒体等。文本资源包含冀少版生物学七年级下册教科书以及教师准备的教学文本资料等。物品资源包含眼球模型、激光笔、牛眼睛、解剖工具、凸透镜成像模型、大脑模型、水气球、纳米胶水球、水透镜、直尺、LED流水灯等。教学环境包含教室、生物实验室、物理实验室、校园操场。现代教学媒体主要包括开展本项目的PPT、投影、视频、平板、电脑和网络等。

(三)以活动为载体的教学资源

"科学用眼,预防近视"项目式学习活动包含多个课内课外、课上课下活动,如调查学校学生近视率、制作模拟视觉的形成过程模型、利用模型探究近视的成因及矫正、开展"科学用眼,预防近视"的校园宣传活动等。这些活动分为四个阶段进行,每个活动下还可以细分为多个小活动,如调查学校学生近视率就需要明确调查目的和调查内容、发放调查任务和撰写调查报告以及分享交流,各个活动之间紧密联系,相辅相成。

五、案例设计思路

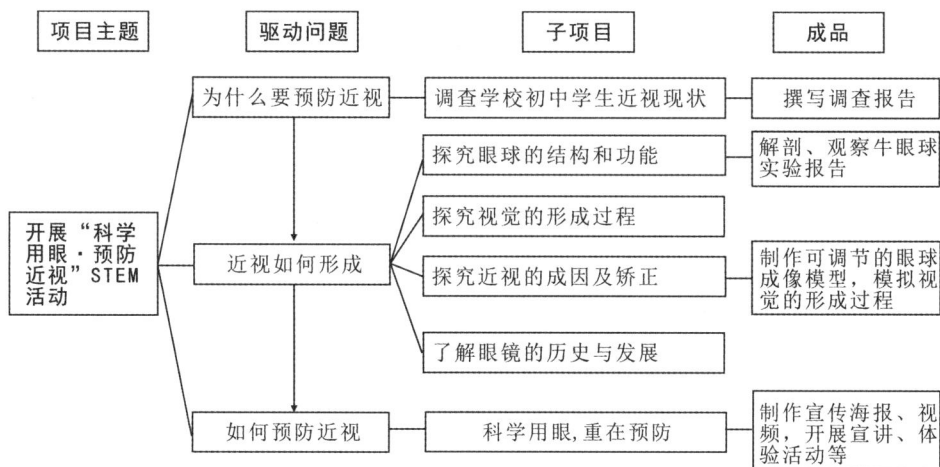

| 项目主题 | 驱动问题 | 子项目 | 成品 |

```
                                  为什么要预防近视 ── 调查学校初中学生近视现状 ── 撰写调查报告

                                                     ── 探究眼球的结构和功能 ── 解剖、观察牛眼球
                                                                              实验报告
  开展"科
  学用                                              ── 探究视觉的形成过程
  眼·预防        近视如何形成                                               制作可调节的眼球
  近视"STEM                                          ── 探究近视的成因及矫正 ── 成像模型,模拟视
  活动                                                                       觉的形成过程

                                                     ── 了解眼镜的历史与发展

                                                                              制作宣传海报、视
                                  如何预防近视 ──── 科学用眼,重在预防 ──── 频,开展宣讲、体
                                                                              验活动等
```

六、案例实施过程

活动一:调查分析周边青少年近视情况以及用眼习惯

教学目标	**科学素养:**学生能够掌握科学的调查方法,撰写调查报告,提升学生的科学实践技能,学会科学研究方法。 **技术运用:**学生能够熟练掌握问卷星这一类的调查小程序,包括对程序的使用和数据的收集整理等,学会使用工具辅助调查。 **数学逻辑:**在对问卷星数据的统计和分析中,学生能够运用数学思维和数学逻辑进行问题分析,培养逻辑思维和数学应用能力。
学习目标	1.学会科学调查的基本步骤和原理,学会分析数据得出结论,认同预防近视的重要性。 2.能够熟练使用问卷星小程序,通过实践操作掌握技术工具的使用方法,学会使用工具来辅助解决问题。
课型	新授课
课时	2 课时

教学环节	教师活动	学生活动	设计意图	评价指标
实例情境导入	现场请班级近视的人举手，组织学生计算班级近视率。	计算全班同学的近视率。	通过身边的真实环境导入本节课，为学生创设真实的学习情境，极大激发学生学习兴趣。	学生是否具备分析数据的能力。
发布调查任务给学生	组织学生组建调查小组。发布《重庆谢家湾学校初中学生近视情况调查》任务，介绍问卷的结构、问卷设计的原则，让学生学会设计问卷。同时，还要介绍问卷星的使用方法。	自主组建小组，选好小组长。小组合作讨论制定调查计划。	让学生明晰调查任务，学会使用问卷星工具辅助调查，能体验和参与小组合作过程。	学生是否具备小组合作能力。
实施调查	提供问卷内容，同时教师将问卷星数据分析以及调查报告撰写的微课发布在班级群里。随后及时根据学生的调查进度，指导小组撰写调查报告。	学生自主导入问卷内容进入问卷星，发布在相应调查的班级中。从后台导出数据，小组分析，撰写调查报告。	学生通过自主操作问卷星小程序，熟练掌握此类工具的使用方法。自主完成任务更利于体现学生的能力差异发现教学盲区，答疑解惑。	学生是否具备自主完成任务、解决问题的能力。

教学环节	教师活动	学生活动	设计意图	评价指标
交流和分享	组织每个小组依次上台分享,其余小组提问和点评。结合班级分享情况,给出针对性的建议。	小组代表上台分享调查结果,交流调查结论。分析点评其他小组的报告。	将课堂时间留给学生进行充分的分享和表达,锻炼学生的思维和表达能力。	学生是否具备团队协助以及基本表达能力,学生是否具备批判性思维能力。
项目活动的分解	引导学生小结数据结论,接着展示全国青少年近视数据。提出"科学用眼,预防近视"校园宣传活动的项目活动。组织学生对项目活动进行拆解。	学生分析调查数据和全国青少年近视调查数据,深刻认同预防近视的紧迫性和必要性。学会对宏观项目进行拆解。	让学生学会对数据进行对比和分析,得出科学的结论。通过观察和分析发现真实存在的社会问题,创设真实任务情境,激发学生的探究欲和责任感。	学生是否具备对比分析的科学思维以及对宏观项目进行规划的能力。

活动二:探究视觉的形成

教学目标	**科学素养**:通过观察眼球模型与解剖牛眼球,阐述眼球的结构与功能,渗透结构与功能观。 **技术运用**:使用凸透镜成像模型探究视觉形成光学原理,构建视觉形成完整过程。
学习目标	1. 能够阐述眼球的各结构与功能。 2. 学生解剖牛眼球,描述晶状体的结构特征。 3. 学会操作凸透镜成像模型,描述视觉形成的完整过程。
课型	新授课
课时	1 课时

教学环节	教师活动	学生活动	设计意图	评价指标
游戏导入	展示黑箱模型(箱内装有灯带和布偶,关灯,看不见布偶,开灯,能看清布偶。)提问:视觉的形成需要什么条件?	了解视觉的形成需要光,物体反射的光进入眼球我们才能看见它。	让学生能够直观感受视觉形成除了需要眼睛,还离不开光。	学生是否具备良好的观察和分析能力。
探究一:探光线通过眼球的路径	发布探究任务:用激光笔照射眼球模型,模拟物体反射的光经过眼球的路径。	了解眼球的基本结构,知道光线依次经过眼球的结构。	让学生自主探究,学会使用模型进行模拟得出科学的结论。	学生是否具备小组合作、动手实践能力。
探究二:观察解剖牛眼球,深入认识眼球的结构与功能	借助PPT以及牛眼球实物,讲解眼球壁(外膜、中膜、内膜)结构特点与功能。提问:眼球壁以内的结构又是怎样的?发布探究任务:以小组为单位解剖牛眼睛,找到房水、晶状体和玻璃体,重点观察晶状体的结构特征。	通过实物和多媒体多方位认识眼球壁的结构与功能。通过解剖牛眼球,能够真实地观察到晶状体类似于凸透镜的结构特征。	通过对眼球壁的学习,认同结构与功能相适应的生命观念。通过解剖实验,学生掌握基本的解剖步骤。同时,对实物进行观察分析更具有冲击力和吸引力,增大了学生的学习兴趣。	学生是否具备小组协同合作以及动手实践能力。

教学环节	教师活动	学生活动	设计意图	评价指标
探究三:视觉形成的光学原理	提供凸透镜成像模型,介绍操作方法。	学会操作凸透镜成像实验模型,发现光线经过凸透镜折射后会在光屏上呈现清晰倒立的像。类比推理光线经过晶状体可以在视网膜上呈现清晰倒立的像。	学生在动手实践中不断发现问题、解决问题,结合物理学中的模型,推测出视觉形成的光学原理。	学生是否具备主动探究、类比推理能力。
探究四:人眼如何看清远近不同的物体	发布任务:通过更换不同凸度凸透镜使远近不同的F光源在光屏上呈现清晰的倒像,思考人眼如何看清远近不同物体。	通过探究不同位置清晰成像所需的凸透镜凸度不同,类比推理人眼看清远近不同物体是通过晶状体调节实现的。	通过模型操作将抽象的过程具象化,极大降低了学生理解难度。	学生是否具备创新思维和敢于假设的能力。
小结	提问:人眼看到的像是倒立的吗?启发学生思考视觉形成的最终位置,完善视觉形成的完整过程。	通过具有矛盾性的问题激发学生的思考,完善视觉形成的完整过程。	从实际的现象入手,提出具有矛盾的问题,极大地激发了学生学习兴趣。	学生是否具备创新思考的能力。

	活动三:制作模型模拟视觉的形成,探究近视的成因及矫正			
教学目标	**科学素养:**在模型制作过程中,学生能够主动思考,选择合适的材料,设计并制作可调节的眼球成像模型,培养科学思维和探究能力,树立科学用眼的意识。 **技术运用:**学生能够尝试使用新技术或创新方法解决问题,培养技术创新意识和能力。 **工程素养:**学生能够利用工程学知识,设计、制作并优化模型,培养工程实践能力和问题解决能力。			
学习目标	1. 能够将生物学、物理学、工程学和数学等多个领域的知识和技能融合到模型中,实现跨学科知识的有效整合。 2. 能够在模型制作过程中,选择合适的材料,创新性地完成模型制作。 3. 能够发挥各自特长,有效协作,共同完成模型制作。			
课型	新授课			
课时	1课时			
教学环节	教师活动	学生活动	设计意图	评价指标
聚焦关键,设计模型	教师提供凸透镜成像模型、眼球模型、大脑模型,引导学生关注视觉形成过程中瞳孔、晶状体、视神经3个关键结构的作用。随后小组思考讨论生活中的哪些材料可以模拟瞳孔、晶状体以及视神经的作用。再在全班进行分享交流,介绍本组所想到的相应模拟材料。	观察双凸透镜成像模型,积极思考,主动发言。	通过问题串的引导,给予学生思维上的脚手架,帮助其将复杂问题进行拆解,聚焦问题解决的关键,从而将复杂问题简单化。	学生是否具备类比、迁移的科学思维,是否有好奇心。

教学环节	教师活动	学生活动	设计意图	评价指标
选择材料，组装模型	教师课前尽可能多地准备瞳孔、晶状体、视神经的模拟材料，学生根据教师准备的材料，小组合作组装模型。随后再在全班展示本组模型，最后再对模型进行优化。	小组讨论，根据材料设计模型方案，进行模型组装、讲解和优化升级。	通过小组合作制作模型，让学生在小组合作中不断尝试、调试与验证，充分培养学生的动手能力、思维能力和科学探究能力。	学生是否具备沟通能力、协调能力、创新能力和动手能力。
应用模型，探究近视	模型制作成功后，利用模型模拟眼睛看近处和看远处正常成像的情况。再利用其模拟近视（视远物不清），引导学生用白纸片在模型中寻找清晰成像的位置，思考近视的成因，并区分真假性近视。模拟近视的矫正。	小组合作，利用模型模拟眼球正常成像和近视成像，积极思考问题。	模型建构活动让学生在动手实践中深化对理论知识的理解，将近视以及近视的光学矫正过程直观化，在降低学生学习难度的同时，提升其学习兴趣和科学思维、锻炼实践动手能力。	学生是否具备将生物学、工程学等多学科知识整合的能力，是否具备理论联系实际的能力。
运用原理，科学用眼	引导学生说出近视带来的困扰，基于近视的形成原因，提出预防近视的措施。	积极思考，回答问题。	培养学生运用多学科知识解决真实情境中的真实问题。	学生是否具备社会责任感，是否具备良好的表达能力。

活动四：开展校园"科学用眼，预防近视"宣传活动

教学目标	**科学素养：**学会科学地设计与策划宣传活动，掌握基本的视力保护方法，树立健康用眼意识，养成良好的用眼习惯，提升学生的社会责任感，进一步营造近视防控宣传教育氛围，培育视力健康文化。 **技术运用：**鼓励学生结合多样化的工具和现代信息技术来制作宣传作品，培养学生语言表达能力、组织能力及工具应用与迁移的能力。
学习目标	1. 能够在活动策划中敢于表达自己，体现自己的优势，提出具有创新性的想法。 2. 能够通过项目小组合作讨论、表达与交流，增强团队协作和沟通能力，提升人际交往能力。 3. 能够形成对健康生活的关注，培养健康生活的习惯，加强视力保护的自我教育与影响他人。
课型	新授课
课时	1课时

教学环节	教师活动	学生活动	设计意图	评价指标
分组分工制定方案	学生自由分组。随后，教师提供宣传产品设计空表，在教师的引导下，完成宣传活动设计方案。	学生自由组建团队，自主设计与策划宣传方向和制定活动实施方案。	开放设计活动方案，给予学生空间，不设限，不定方向，充分发挥学生的主观能动性。	学生是否具备团队共建意识、对活动开展的宏观规划能力。
完成宣传作品	学生在完成宣传作品过程中，教师全程提供引导、支持与辅助。	学生根据宣传形式的不同，明确人员分工，落实具体任务，逐步完善作品。	给予学生足够的空间，根据自身优势，结合STEM领域的知识与技能，能解决作品完成过程中遇到的一系列问题。	学生是否具备跨多学科知识融合、团结协作、分工明确合理、自主探究的能力。

教学环节	教师活动	学生活动	设计意图	评价指标
开展活动	教师和小组确定宣传时间、宣传场地、宣传用品等，按计划完成宣传活动。	学生收集、整理作品，并根据作品进行分组，确定每组作品负责人员，准备场地和设备，展示小组的宣传作品。	为学生创造沉浸式的宣传环境，增加学生的成就感和自信心。通过实践活动，提升学生实践能力。	学生是否在宣传活动中提升综合实践能力。
评价反思	整个活动过程中，教师观察学生在小组中的行为与反应，给出过程性评价，并结合学生实践报告给出总结性评价。制作评价量化表，设定奖项，制作和颁布奖状。	学生通过评价量表进行自评、互评，自主对活动完成情况和作品进行复盘，分享心得体会。	通过学生的自我剖析、自我反思和互相评价，为后续优化项目作品提供有价值的改进建议。	学生是否能够公平公正地参与评价，是否能接受同伴的反馈。

七、学生作品及点评

（一）手抄报宣传作品

①　　　　　　　②　　　　　　　③

1.作品简介

学生自行分组、自主设计拟定手抄报版式及宣传标语,利用手抄报鲜明的色彩和突出的主题达成宣传效果。学生设计手抄报能将项目学习内容加以应用,同时加强自己的动手能力。手抄报可供传阅,观赏性强,除此之外,手抄报也和海报一样,利于张贴,是一种有效的校园宣传工具。

2.作品点评

手抄报①号作品有明确的主题,配图加上眼睛的外部结构,整体色彩鲜艳,既体现小作者优异的色彩协调组织能力,又体现较为丰富的绘画和设计能力,很好地吸引了观众视点。②号作品制版思维灵活,用孩子喜欢的各种不规则形状分割,图文并茂,较好地表现出各种预防近视的措施。③号作品构思巧妙,用灵动的眼球作为主版面,周围选择色彩鲜艳的波浪作为插画,线条流畅,蓝绿和黄相间,大面积白色中配工整漂亮的手写标语,点明主题,版面明快活泼、特色突出。

(二)大眼睛模型

1.作品简介

大眼睛模型可以实现动态调节瞳孔、动态调节晶状体,当晶状体凸度改变时,用毛线表示进入的光线落在视网膜的位置会随之发生改变;眼球前后径长度通过吸管连接KT板做成一个前后径可以伸缩变化的活动的眼球,能充分展示出瞳孔和晶状体的调节作用以及近视的原因。

2.作品点评

大眼睛模型的设计亮点是当晶状体凸度改变时,进入的光线(用毛线表示)落在视网膜的位置会随之发生改变,同时眼球前后径通过吸管可调节其伸缩变化,可以很清楚形象地向观众讲解瞳孔和晶状体的调节作用以及近视的原因。颜色搭配明快活泼,趣味性强,体现出学生较为丰富的色彩搭配和设计能力。在亲自参与制作生物模型以及运用模型演示生物知识的过程中,学生不仅能深入理解学科的知识,还学会了如何用工具将这些知识外显化。在创新性和STEM学科融合方面,该项目均有出色的表现。

(三)科普视频作品

1. 作品简介

"科学用眼,预防近视"科普短视频的制作,巧妙地将知识内容与现代技术相结合,将预防近视相关知识点进行浓缩,同时跨学科融合信息技术学科,锻炼了学生的语言表达能力、动手能力及掌握应用现代技术的能力。相较于传统的图文形式,可以把知识点浓缩,以更加形象的方式传递给受众,生动、有趣,互动性强,一改知识艰深枯燥的外貌,拉近了学生与科学知识之间的距离。

2. 作品点评

本案例中学生以科普视频的方式来进行宣传,可以把知识点浓缩,以更加形象的方式传递给大家,生动有趣的视频及诙谐的解说让观众在轻松的氛围中理解近视的原理及预防措施,是成功的科普视频。这不仅体现了STEM教育跨学科融合的理念,更在实际操作中培养了学生的语言表达、逻辑思维和动手能力。同时,作品还展示了现代通信技术的魅力,对激发学生对科技的兴趣、培养他们的创新能力具有积极的影响。

（四）乒乓球训练器

1. 作品简介

球类运动可缓解眼睛疲劳，双眼以球为目标，不停地上下调节运动，可以改善睫状肌的紧张状态，使其放松和收缩；眼外肌也可以不断活动，促进眼球组织的血液循环，提高眼睛视敏度，缓解眼睛疲劳，从而起到预防近视的作用。"乒乓球训练器"是弹力软轴，回弹稳定，还可自由调节高度，携带方便，可以不限场地、不限时间、随时随地训练，为大家带来新颖有趣的互动式体验。

2. 作品点评

学生跨学科融合体育学科开展宣传体验活动，利用乒乓球训练器宣讲球类运动可以缓解睫状体的疲劳。学生向体育组器材室租借乒乓球拍，自己在网上购买底座和有弹性的支撑杆，将乒乓球钻个小孔完成训练器的组装。活动形式新颖有趣，体验感强，具有较大的吸引力，既能增强体质，促进健康，又能缓解眼部的疲劳，还能让其他人在运动中了解近视重在预防，让宣传活动真正地动起来了。这一作品不仅具有趣味性，还富有教育意义，是STEM教育理念的生动体现。

八、案例实施成效及反思

（一）案例实施成效

本案例从学生自身出发去关注社会普遍存在的视力健康问题，运用生物学、物理学、工程学、数学及体育等多学科的知识与方法去解决真实情境中的问题。首先，通过调查学校初中学生近视现状，学生学会了如何进行调查活动以及如何撰写调查报告。其次,紧紧围绕"结构与功能相适应"开展系列实验,学生在探究视觉的形成过程中掌握了眼球的结构和功能。再次,通过制作模拟视觉形成的模型,探究近视的成因及矫正,促使学生像科学家和工程师一样去思考、实践。最后,通过策划和开展"科学用眼,预防近视"校园宣传活动,将所学知识应用于实践,并号召全校师生科学用眼。项目实施过程中,学生的积极性、配合度都很高;项目实施后,学生都自发地坚持做好眼保健操、多进行体育活动等方式预防近视。

(二)案例实施反思

"科学用眼,预防近视"STEM 项目式学习活动是一个多课时、跨学科的实践活动,在实施过程中应注意以下几点:一是项目实施前,联合多学科教师集中教研,明晰跨学科部分的深度,同时,整合学校德育、后勤等相关部门的力量,保障"科学用眼,预防近视"校园宣传活动的高质量开展。二是项目实施中,注重生成性的教学资源,实现项目学习活动的迭代升级。三是项目实施后,由于预防近视应越早越好,教师应将本次项目式学习活动资料整理,联合学校德育部门,将本项目活动做适当修改,形成特色课程,在学校中小学段推广,扩大活动受众,让更多学生自发科学用眼。

"这只鸽子不会飞"

——金佛山孑遗物种珙桐的实践活动

重庆市南川区书院中学　王柳　王萍　胡妍

一、案例介绍

本案例以《初中地理课程标准(2022年版)》为指导思想,教材选自2023版人民教育出版社出版的《地理》八年级上册第三章第2节"自然资源的基本特征"。在对教材的自主开发中,我们将STEM的跨学科思维贯穿始终,以地理学科为基础,融入生物、化学、数学、美术的知识与方法,设计出"'这只鸽子不会飞'——金佛山孑遗物种珙桐的实践活动"的课程。

本课程以探究家乡金佛山的孑遗物种珙桐为主题,设计分为野外实践+校内实验两个阶段,具体环节如下:

1. 野外实践阶段:野外考察原地保护珙桐和迁地保护珙桐,对珙桐的成土母岩和土壤进行样本采集,并对珙桐的数量、胸径和坐标信息等数据进行收集。

2. 校内实验阶段:使用地理信息系统软件,在老师的协助下,先将采集到的地理数据进行空间分析和可视化,随后进行珙桐(均为人工繁育植株)培育保护,根据岩石、土壤样本化验结果配置土壤,探究珙桐生长的最优环境因子配置。最后,根据实践和实验获得的数据对珙桐群落的地理环境进行生态评估和宣传创作。

二、案例目标

珙桐,作为中国特有的孑遗植物,素有"植物大熊猫"和"中国的鸽子树"美誉,在距今6000万年前的古新世,曾广泛分布于北半球。然而,在第四纪冰期来临后,珙桐大幅衰退,濒临灭绝,中国的西南山区成了珙桐最后的避难所。在西南腹地的金佛山,生长着全世界面积最大的天然珙桐林。因此,为了让学生深入了解家乡的珙桐,设计了本次基于 STEM 教育理念的活动课程,具体表现如下:

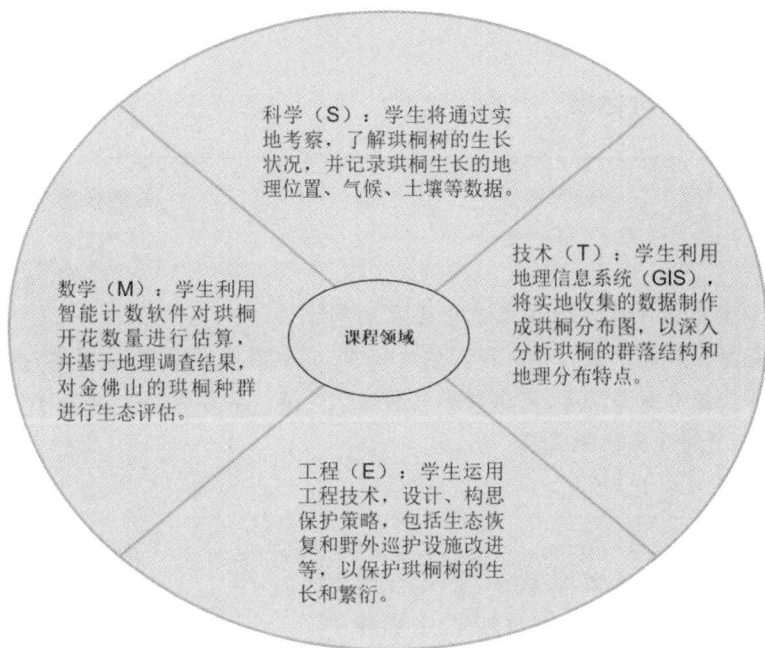

课程总体目标概述如下:

对实地考察与生态保护意识的培养。对珙桐生长状况的实地考察与数据收集,使学生能够深刻地认识到生态系统的复杂性和多样性。学生在了解珙桐的生长环境后,不仅能激发他们对家乡的热爱之情,还能引导他们建立起人地协调发展的观念。

对 Arc Map 技术与 STEM 兴趣的激发。学生从科学、技术、工程和数学(STEM)的角度探索,通过实际操作地理信息系统软件,掌握地理数据的收集、分析和可视化等技能,培养综合思维能力。

对地理实践力的培养与对生态理念的树立。通过地理考察与研究,学生体会到人与自然是一个紧密联系的生命共同体。引导学生树立尊重自然、顺应自然和保护自然的理念,认识到生态保护的重要性,并积极参与到生态保护行动中。

综合 STEM 教育目标的实现。通过课程的实践和实验活动,学生加深了对STEM 教育的理解和兴趣。在实际操作中,学生应用数学与统计知识进行数据分析,利用科学方法进行实验设计与数据验证,使用工程技术解决实际问题,提升解决复杂问题的能力,为未来在 STEM 领域的进一步学习和发展打下坚实基础。

综上所述,本案例旨在实现多学科融合育人目标,推动育人方式变革,培养学生的核心素养。

三、案例评价标准

素养维度	素养表现	关键要素
创新能力	学生能够针对珙桐在保护中存在的问题提出解决方案。在项目实施过程中,学生能够独立思考,提出新颖的解决方案,并勇于尝试和实践。	从不同角度思考问题,寻求创新点。尝试新方法、新技术。
跨学科融合	学生能够将地理、生物、化学、数学等多个学科的知识融合到项目中,实现跨学科的综合应用。在项目实施过程中,学生能够理解和运用不同学科的基本原理和方法。	跨学科知识应用于解决实际问题中,形成综合性知识体系。
实践能力	学生能够熟练使用 Arc Map 软件对珙桐的地理群落空间分布进行分析。在项目实施过程中,学生能够独立完成对珙桐的数量、坐标等地理信息的收集。	将理论知识有效应用于实践中,解决实际问题。
合作能力	学生在团队中积极合作,齐心协力完成项目任务。在项目实施过程中,他们相互支持,互相学习,共同面对挑战并解决问题。	具有团队协作精神,学会与团队成员的有效沟通,确保项目顺利进行。

素养维度	素养表现	关键要素
学习成果展示	学生能够明确且准确地呈现项目成果,包括功能演示和操作说明。在展示过程中,他们能够清晰表达学习成果,并主动接受同伴的反馈意见。	运用地理学的工具和方法,能够与他人进行高效的交流、分享在项目中所学到的经验和取得的成果。

四、案例所需资源

为顺利开展实践活动,我们分别准备了实践活动教学资源和实验教学资源。

(一)实践活动教学资源

为深入了解珙桐的生态环境,我们提前准备了地理信息系统软件(Arc Map 10.2 版本)、PT Gui Pro 全景制作软件,并配备了野外考察工具:无人机、全国 1:20 万地质图、普通地图、指南针、测量工具、望远镜、画板等。

(二)实验教学资源

实验用品包括稀盐酸、多功能酸碱计、pH 试纸等。此外,我们搜集整理了金佛山珙桐的文献资料,如珙桐的地史分布、生态环境、地理位置、繁育研究以及巡逻保护策略等。最后,我们将这些资料整理为课程资源,以便让学生系统学习了解家乡的珙桐。

五、案例设计思路

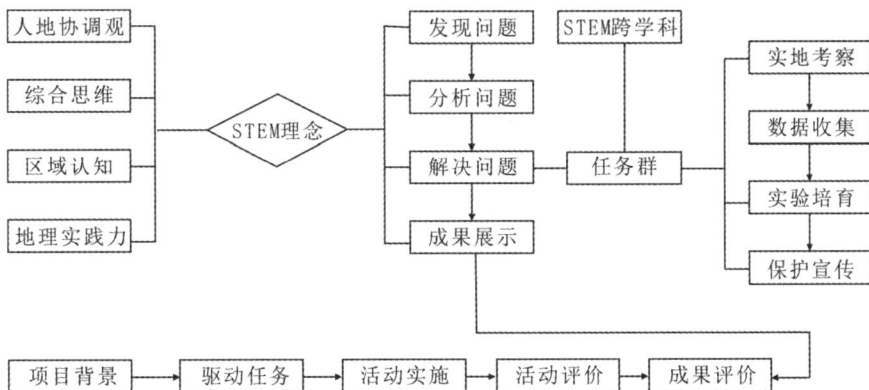

六、案例实施过程

活动一:认识子遗植物珙桐				
教学目标	1.介绍珙桐的形态特征、生长环境和分布情况,阐述珙桐作为子遗物种的科学意义和保护价值。 2.培养学生的跨学科思维能力,通过地理学、生物学等学科的结合,引导学生从多个角度认识珙桐。 3.学生认识到家乡的独特自然环境,对金佛山的野生珙桐有初步了解。			
学习目标	1.学生能够描述珙桐的形态特征及其生长环境,能够解释珙桐作为子遗物种的意义及其面临的保护挑战。 2.学生能够运用科学方法观察、记录和分析珙桐的相关信息。 3.学生能够意识到保护生物多样性的重要性,培养生态保护意识。			
课型	新授课			
课时	1课时			
教学环节	教师活动	学生活动	设计意图	评价指标
引入	播放介绍珙桐的视频,提出问题引发思考:"什么是子遗物种?为什么珙桐被称为'活化石'?"	观看视频,思考并回答问题。	通过视频导入新课,调动学生探究珙桐的兴趣,为接下来的学习奠定基础。	学生是否对珙桐产生兴趣。
认识珙桐	使用PPT向学生介绍珙桐的地理分布特征、生物学特征及其作为子遗物种的意义。	了解金佛山的地理位置、自然环境和生物多样性。	确保教学活动有序进行,学生能在实地考察前,对珙桐的地理分布和金佛山独特的自然环境有一定了解。	学生是否对珙桐和家乡的自然环境有了初步认识。

教学环节	教师活动	学生活动	设计意图	评价指标
讲解与讨论	通过PPT展示珙桐的形态特征、生长环境和分布情况,组织学生讨论珙桐的独特之处。	观察PPT内容,参与讨论,分享见解。	提供直观信息,加深理解,鼓励学生互动和思考。	学生能否描述珙桐的基本特征及生长环境。
跨学科探究	引导学生结合生物学、地理学和环境科学知识分析珙桐生存环境,布置小组活动。	分组合作,结合所学知识设计保护方案并汇报。	促进跨学科思维,培养合作能力和解决问题的能力。	学生能否提出合理的保护方案并进行有效汇报。
实验和模型制作	介绍基本的实验方法和模型制作技巧,让学生通过动手实验和模型制作进一步理解珙桐。	参与实验和模型制作,记录过程和结果。	培养学生动手能力和科学探究精神,通过实践加深对珙桐的理解。	学生能否完成实验和模型制作,并能够解释其原理。
布置实践任务	布置下一课时的野外观察实践任务,介绍实践活动的内容和注意事项。	了解实践任务内容,准备相关工具和材料。	为野外观察实践做好准备,明确任务要求,确保实践活动顺利进行。	学生能否准备好并学会使用野外观察实践所需的工具和材料。
总结与反馈	总结本课时的主要内容,强调保护珙桐的必要性,收集学生反馈。	记录要点,分享学习收获和提出疑问。	巩固知识点,鼓励学生反思和提问。	学生能否总结学习内容,并提出有意义的问题和反馈。

活动二：金佛山珙桐的实地考察

教学目标	1.学生通过实践考察和数据收集,引发对生态系统的关注和保护意识,从而激发学生对家乡的热爱之情,进而建立人地协调观。 2.通过地理信息系统对珙桐生长地空间分布和威胁因素的深入分析,激发学生对科学、技术、工程和数学的兴趣,提高团队合作能力,培养学生的综合思维。 3培养学生的科学探究与实地考察能力,运用科学的方法进行野外观察和数据记录,促使学生在真实环境中进行科学探究和跨学科合作。			
学习目标	1.学生能够认识金佛山珙桐及其主要生长环境特征,能够运用观察、记录和分析等科学方法进行实地考察。 2.学生能够通过小组合作,在老师协助下,完成对珙桐的成土母岩、土壤样本的采集,对金佛山珙桐的生长环境有初步评估结论。			
课型	实践课			
课时	1课时			
教学环节	教师活动	学生活动	设计意图	评价指标
活动准备	准备相关资料和工具,如地图、记录表、照相设备等。	预习有关珙桐和金佛山的基本知识。	确保教学活动有序进行,学生提前了解背景知识。	学生是否完成预习任务并掌握基本知识。
出发前介绍	介绍实地考察的具体安排和注意事项,分发观察记录表和必要的工具,分组准备出发。	听取讲解,领取工具,准备出发。	让学生了解实地考察的流程和注意事项,做好充分准备。	学生是否掌握考察流程和注意事项,工具准备是否齐全。
实地考察阶段	组织学生分组前往金佛山团山堡和北坡下,进行现场观察、记录和拍照。	分组观察、记录珙桐的生长环境,采集岩石和土壤样本,拍照留存。	让学生亲身体验实地考察,获取第一手资料,增强实践能力。	学生的参与度如何,观察记录的准确性和详细程度如何。

教学环节	教师活动	学生活动	设计意图	评价指标
小组讨论与分享	组织学生分组讨论观察到的现象和记录的数据,小组分享观察结果,交流发现和提问。	分组讨论,分享和交流观察结果。	促进学生之间的交流和信息共享,深化对考察内容的理解。	学生是否积极参与讨论,分享的内容是否有深度。
观察总结	组织学生汇总实地观察记录,初步形成观察报告提纲。	汇总记录,初步编写观察报告提纲。	让学生整理思路,为后续数据分析和报告撰写做好准备。	提纲的完整性和逻辑性如何,记录汇总的准确性如何。

活动三:实验分析与成果展示

教学目标	1.通过地理信息系统对珙桐群落空间分布和威胁因素的深入分析,激发学生对科学、技术、工程和数学的兴趣,提高团队合作能力,培养学生的综合思维。 2.教授学生基本的数据分析技巧和工具使用方法,指导学生使用科学方法对实地考察中收集的数据进行分析和处理。 3.总结与分享实地考察成果,帮助学生总结实地考察的主要发现和结论,鼓励学生通过多种形式展示和分享他们的考察成果。
学习目标	1.学生能够理解和应用基本的数据分析方法,能够总结实地考察的主要发现,并提出合理的结论。 2.能使用地质软件、稀盐酸、pH试纸对岩石、土壤样本进行初步鉴定,提升技术运用能力和问题解决能力。 3.学生能够使用科学工具进行数据分析和处理。学生能够撰写完整的实地考察报告,并通过多种形式展示成果。
课型	实验课
课时	1课时

教学环节	教师活动	学生活动	设计意图	评价指标
引入	回顾实地考察的主要内容和收集到的数据，提出本课时的任务和目标。	听取回顾内容，了解本课时的任务和目标。	让学生明确本课时的学习目标和任务，为接下来的活动做好准备。	学生是否理解任务和目标，能否回顾实地考察的内容。
实验准备	准备实验所需的岩石和土壤样本，准备实验室设备和工具，如土壤酸碱计、pH试纸等。	分组领取实验样本和实验室工具，准备实验。	确保实验材料和设备准备充分，学生理解实验流程和安全注意事项。	学生实验准备是否充分，能否正确使用实验室工具。
岩性分析	指导学生使用显微镜和其他工具，对采集的珙桐成土母岩进行岩性分析和观察。	观察珙桐成土母岩的岩性特征和结构，使用稀盐酸鉴定。	培养学生对岩石样本的观察和分析能力，理解珙桐生长环境的地质特征。	学生岩性分析的准确性和详细程度如何。
土壤性质鉴定	引导学生使用化学试剂和测试仪器，对采集的土壤样本进行pH值、质地和养分含量等性质的鉴定。	进行土壤性质的实验操作和数据记录。	让学生掌握土壤性质鉴定的基本方法和技能，了解土壤对珙桐生长的影响。	学生是否准确进行土壤性质鉴定，数据记录是否完整。
数据整理与分析阶段	指导学生回到课堂，整理实地考察的资料和数据，分组讨论分析。	整理数据，利用Arc Map进行空间分析和可视化，讨论发现的问题和结论。	培养学生的数据处理能力和分析能力，促进团队合作。	数据整理的完整性如何，分析的准确性和逻辑性如何。

教学环节	教师活动	学生活动	设计意图	评价指标
成果展示与讨论阶段	组织各小组展示调查报告,分享心得体会,总结并点评各组展示内容,提出改进建议。	各小组展示调查报告,分享心得体会,接受教师和同学的反馈。	提高学生的表达能力和总结能力,促进学生之间的交流与学习。	展示报告的质量、心得体会的深度、反馈的接受与改进情况如何。
小结	知识小结、鼓励学生探究家乡的自然环境。	了解家乡的乡土地理。	厚植学生的家国情怀。	学生是否具备实践和实验的能力。

七、学生作品及点评

（一）珙桐的群落空间地理分布图

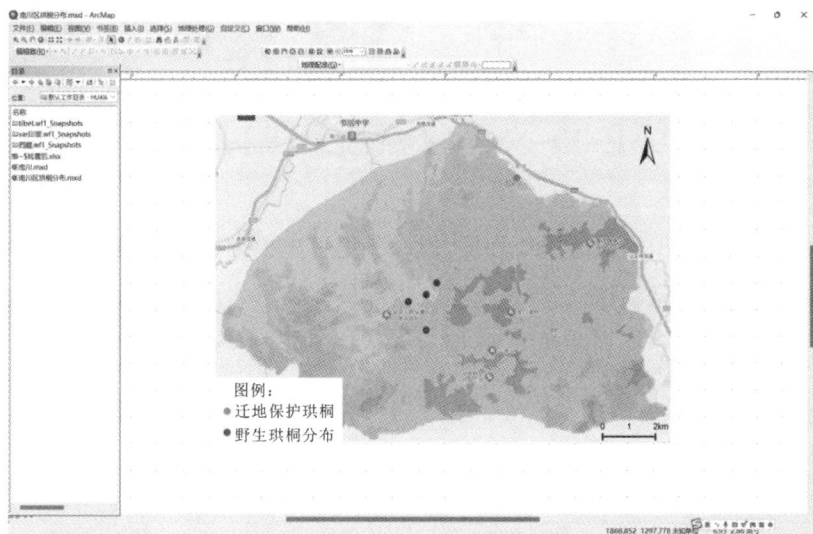

1.作品简介

研究小组使用地理信息系统软件（Arc Map10.2版本）,在老师的协助下,将采集到的地理数据进行空间分析和可视化。

学生首先将珙桐的坐标信息加载到地图上,将金佛山迁地保护的珙桐以及野生珙桐的空间分布特点呈现出来。随后,学生将讨论分析珙桐生存面临的主要威胁因素。这可能包括地质运动、古地理环境、人类活动、自然灾害、气候变化等因素对珙桐的影响。

2. 作品点评

这项研究展示了学生运用地理信息系统(Arc Map10.2)进行空间分析和可视化的能力。通过加载和展示珙桐的坐标信息,学生详细呈现了金佛山迁地保护和野生珙桐的空间分布特点,清晰地反映了珙桐的生长环境状况。整体来看,这项作品不仅展现了学生的技术技能,还反映了他们对珙桐生态环境的深刻理解。

(二)人工培育珙桐的土壤配置

模拟野生珙桐的土壤剖面结构　　在地理实验室中培育的珙桐均采用了这种土壤剖面结构

1. 作品简介

为尽可能地模拟珙桐的生长环境,设计小组首先根据珙桐生长的岩石、土壤样本化验结果进行土层制作,底部铺上石灰岩碎屑作为母岩层和母质层,再覆盖一层偏酸性土壤作为淀积层和淋溶层,表面覆盖枯枝落叶作为腐殖质层。

最后,经过多次的土壤酸碱度测试为偏酸性土壤,完成人工培育珙桐的土壤层制作。

2. 作品点评

这项研究通过精心模拟珙桐的生长环境,展示了学生扎实的实验设计和实践能力。从土壤层次的细致构建到反复进行的酸碱度测试,整个过程体现了科学性和严谨性。作品不仅展示了学生的技术水平,还反映了他们对生态保护的深刻理解和重视。整体而言,这项研究在方法和成果上都具有较高的学术和实践价值,为珙桐的人工培育提供了重要参考。

（三）珙桐种子的滴胶制作

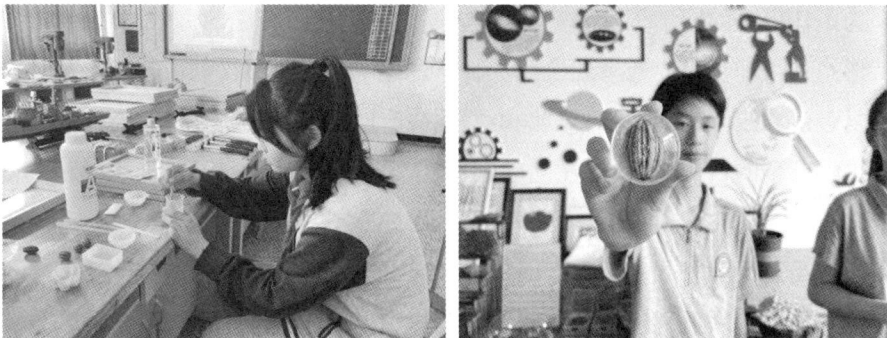

1. 作品简介

为了让更多的同学了解和热爱珙桐,同学们采用水晶滴胶的方式将珙桐种子进行保存。通过这种创新的方式,珙桐的种子被永久封存于透明的水晶滴胶中,形成了一件件美观且富有教育意义的艺术品。每一颗种子都被细心地包裹在滴胶中,保持了其自然形态和质感,宛如时间的标本。

2. 作品点评

这项作品巧妙地结合了艺术与科学,通过水晶滴胶的创新保存方法,不仅有效地保护了珙桐种子,还提升了其观赏性和教育价值。学生在制作过程中展现了细致的工艺和对自然的热爱,每一件作品都充满了创意和对珙桐的敬意。作品体现了教育的互动性和感染力,鼓励学生以创新的方式参与到自然保护中,对培养他们的环境保护意识具有积极意义。

（四）珙桐叶子的拓染

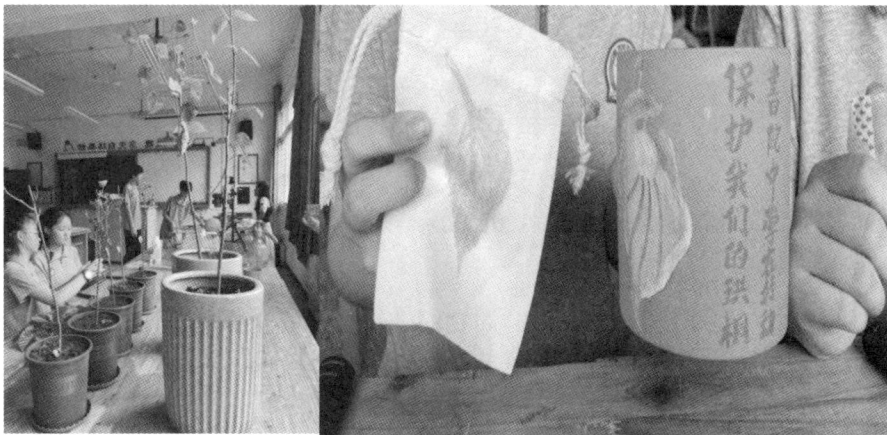

1.作品简介

为了让更多的同学了解和热爱珙桐,同学们采用了拓染的方式,将珙桐叶子的独特形态和纹理艺术性地展现出来。制作过程中,他们将珙桐叶子放置在纸上,通过反复敲击和压印,使叶子的形状和纹理在纸上显现出来。这些拓染作品不仅展示了珙桐叶子的自然之美,也让同学们在实践中深刻感受到了这种珍稀植物的独特魅力。

2.作品点评

这项拓染作品通过独特的艺术表现形式,成功地将珙桐叶子的美丽和珍贵呈现在大家面前。学生在制作过程中不仅学习了传统的拓染技艺,还通过与自然的亲密接触,培养了对植物的观察力和感知力。每一幅拓染作品都细致地展现了珙桐叶子的纹理和形态,体现了自然的精妙与和谐。

(五)珙桐的绘画宣传

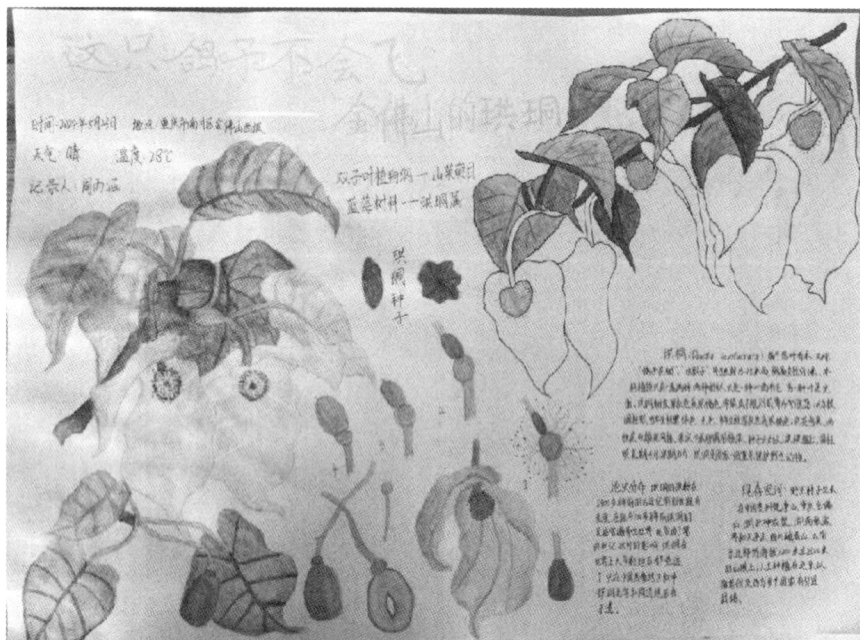

1.作品简介

为了更深入地了解和记录珙桐,同学们进行珙桐的绘画。他们在自然环境中仔细观察珙桐的生长状态,记录下其叶片、花朵和树干的特征。随后,他们创作了多幅珙桐绘画作品,将观察到的细节生动地展现出来。

2. 作品评价

学生的绘画作品,通过生动的艺术形式展示了他们对珙桐的热爱和关注。他们在绘画过程中表现出的细致观察力和艺术创造力,使每一幅作品都充满了生命力和美感。这不仅是学习和实践的成果,也是传播植物知识和环保意识的重要载体。作品有效地结合了科学观察与艺术创作,提高了学生的科学素养和艺术能力,增强了他们的环境保护意识。

八、案例实施成效及反思

本实验以探究家乡金佛山的孑遗物种珙桐为目的,实验设计分为野外实践 +校内实验,贯彻 STEM 的教学理念,我们认为达到了以下实施成效:

(一)STEM 理念的深度融合

我们将科学、技术、工程和数学有机结合,学生通过一个实际项目,综合学习和应用多学科的知识,打破单一学科的界限,通过解决实际问题,促进学生在多个学科间建立联系和理解。通过 STEM 理念的全面融合,不仅学到了多学科知识,还提升了综合素质,包括逻辑思维、问题解决和创新能力。

(二)地理实践力的全面提升

学生通过实地考察和数据收集,不仅学到了理论知识,还提升了实际操作能力,增强了对环境和生态保护的直观认识。无人机的使用,提升了数据收集的效率和精度,使学生了解了现代科技在科学研究中的重要作用。此外,通过对珙桐这一中国特有孑遗物种的研究,学生不仅了解了地理环境,还学习到生物多样性和生态保护的相关知识,对家乡有了更深刻的认知。

(三)跨学科的有机整合

地理本身就是一门综合性极强的学科,我们通过对地理、生物、化学、数学的跨学科整合,打破了单一学科的界限,以实践促进学生在多个学科间建立联系和理解。在活动中,学生综合学习和应用了多学科的知识,获得了综合性的学习体验。

通过实践与实验的结合,学生对家乡珙桐的地理分布、面临的威胁有了更深入的认知。学生在对孑遗物种生长特性的了解过程中,对生态环境的关注度和保护意识进一步提升,并激发了对家乡的热爱之情。

为优化实验设计,我们将采用更多的生态学的研究方法,继续深入分析影响珙桐生长的关键因素,并预测金佛山珙桐种群的未来变化趋势。此外,我们将对在校内人工培育的珙桐进行长期观察,并邀请地理学、生物学、生态学的专家进行指导,以确保项目的延续性和对学生的长期影响。

拯救鸡蛋行动

重庆市名校联合中学　　古骐嘉　余文君　王乐

一、案例介绍

物理学科的核心素养要求:学生在学习物理知识的过程中具备探究和合作的实验能力,形成科学思维。而基于项目与问题的 STEM 教育学习,恰好可以将获得的知识外显为作品。创造作品过程所具备的整合性、探索性、沉浸性特点,正是物理学科核心素养所关注的解决问题的能力。

在"空气的力量"这节课中,教材提供有覆杯实验、瓶吞鸡蛋、马德堡半球实验等经典实验可以开展。但学生对于教师的演示只有惊叹而没有思维的拓展。如瓶吞鸡蛋后,能不能在不破坏瓶子与鸡蛋的情况下,完整取出鸡蛋呢?

本案例以"拯救鸡蛋行动"项目为核心,构建了"STEM 教育 + 初中物理学科"融合的实践方法,旨在通过整合性、探索性和沉浸性的 STEM 教育,提升学生的物理核心素养,用真实情境高位赋能学习进化,加快构建教育的"新质生产力"。案例通过从思维延伸引入、自主探究关联、小组实验映射、逆向思考探索等环节,结合了 STEM 内涵和物理核心素养的四维目标,确保学生在掌握物理知识的同时,能够将所学应用于解决生产、生活实际问题。案例实施过程中,采用了过程性评价和总结性评价相结合的评价方式,从课程设计与学生两个主体进行多元量化评价。通过五课时的教学实施,案例取得了积极的教学效果,给学生提供更多易操作、"接地气"但结果炫酷的案例,延伸了教学的深度与广度。

二、案例目标

"拯救鸡蛋行动"的教学目标设计由两个交叉维度构成,与评价体系中的教学目标相匹配,如图1所示。一个维度划分基于STEM的四个要素,分析"拯救鸡蛋行动"主题中所要应用的学科知识涵盖面,但不一定应用到所有学科。另外一个维度主要基于物理核心素养的四维目标,即:物理观念、科学思维、科学探究、科学态度与责任。两个维度的目标内容存在交叉,将共同点填入教学目标中,并确定各个目标的掌握程度,如"理解""了解"等。

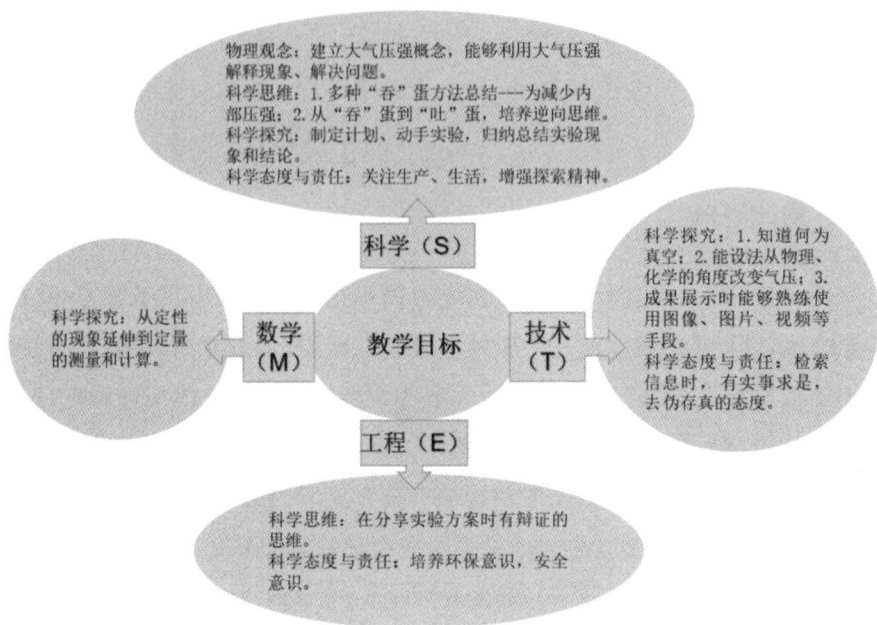

图1 "拯救鸡蛋行动"STEM课程教学目标

三、案例评价标准

(一)案例实施评价体系

"拯救鸡蛋行动"STEM课程融合了学科知识与生活实践,从课堂与学生两个评价主体出发,采用了过程性评价和总结性评价相结合的评价方式。其评价表如表1、表2所示,5个"☆"代表满分是5分。教师与学生通过标记"☆"的方式打分。其中,过程性评价是根据在教学过程中教师的教学设计与实施情况,学生回答问题的情况和分工合作的表现给予鼓励或者纠正;总结性评价则根据学生作品创意度、完成情况、作品展示以及最后的知识迁移情况打分。

表1 "拯救鸡蛋行动"STEM课程的教学评价表(以课程为评价主体)

姓名		日期		课程时长	
课程主题					
评价项目	评价要点	学生评价		教师评价	备注
教学设计与实施	1.导入考虑了学生的学科知识基础	☆ ☆ ☆ ☆ ☆		☆ ☆ ☆ ☆ ☆	
	2.激励形成学习共同体,采用小组协作形式开展学习活动	☆ ☆ ☆ ☆ ☆		☆ ☆ ☆ ☆ ☆	
	3.在教师给出确切结论前,学生先进行自主探究	☆ ☆ ☆ ☆ ☆		☆ ☆ ☆ ☆ ☆	
	4.鼓励学生设计多种问题解决方案,教师不做限定	☆ ☆ ☆ ☆ ☆		☆ ☆ ☆ ☆ ☆	
	5.学生的提问或想法影响课堂教学的方向	☆ ☆ ☆ ☆ ☆		☆ ☆ ☆ ☆ ☆	

表2 "拯救鸡蛋行动"STEM课程的教学评价表(以学生为评价主体)

姓名		日期		课程时长	
课程主题					
评价项目	评价要点	学生评价	小组互评	教师评价	备注
课堂参与	1.勇于提问	☆ ☆ ☆ ☆ ☆	☆ ☆ ☆ ☆ ☆	☆ ☆ ☆ ☆ ☆	
	2.尊重他人发言	☆ ☆ ☆ ☆ ☆	☆ ☆ ☆ ☆ ☆	☆ ☆ ☆ ☆ ☆	
	3.敢于质疑	☆ ☆ ☆ ☆ ☆	☆ ☆ ☆ ☆ ☆	☆ ☆ ☆ ☆ ☆	
任务协作	1.积极讨论	☆ ☆ ☆ ☆ ☆	☆ ☆ ☆ ☆ ☆	☆ ☆ ☆ ☆ ☆	
	2.解决问题	☆ ☆ ☆ ☆ ☆	☆ ☆ ☆ ☆ ☆	☆ ☆ ☆ ☆ ☆	
	3.作品完成	☆ ☆ ☆ ☆ ☆	☆ ☆ ☆ ☆ ☆	☆ ☆ ☆ ☆ ☆	
成果检验	1.知识理解	☆ ☆ ☆ ☆ ☆	☆ ☆ ☆ ☆ ☆	☆ ☆ ☆ ☆ ☆	
	2.作品创意	☆ ☆ ☆ ☆ ☆	☆ ☆ ☆ ☆ ☆	☆ ☆ ☆ ☆ ☆	
	3.迁移应用	☆ ☆ ☆ ☆ ☆	☆ ☆ ☆ ☆ ☆	☆ ☆ ☆ ☆ ☆	

(二)案例实施成效

本案例实施过程中设计为五课时,根据所设计的评价量表得到数据,其教学评价基本涵盖教学目标的内容,评价主体包含教师、学生和小组成员,能够多元化评价课堂成效,从而为课堂的改进提供思路,如表3所示。

表3 "拯救鸡蛋行动"STEM课程实施成效

课时内容	课时划分	需达成的教学目标	实施成效评价
活动一:发现问题:感受气压变化,激发新的思考	第1课时	1.建立大气压强概念。 2.建立从"吞"蛋到"吐"蛋的实验过程,培养逆向思维。	
活动二:分析问题:小组协同探索,寻找最佳方案	第2课时	1.从"吞"蛋到"吐"蛋,培养逆向思维。 2.建立了检索信息时实事求是,去伪存真的良好习惯。	
活动三:解决问题:小组合作展示,碰撞创意火花	第3课时	1.掌握了制定计划、动手实验、归纳总结实验现象和结论的科学探究过程 2.能够熟练使用图像、图片、视频等手段表征作品。	
活动四:深化问题:归纳总结原理,揭秘问题本质	第4课时	1.在分享实验方案时有辩证的思维。 2.能将多种"吞"蛋方法总结归纳为减少内部压强。 3.能设法从物理、化学的角度改变气压。	
活动五:延伸问题:科技引领生产,智慧点亮生活	第5课时	1.培养了对生产、生活的探索精神。 2.能够利用大气压强解释现象、解决问题。 3.培养了环保意识,安全意识。	

四、案例所需资源

(一)硬件资源

根据实验需要,需准备:电热水壶、集气瓶、水槽,隔热手套、维 C 泡腾片若干、水球、抽滤瓶、打气筒、橡胶管等硬件材料。

(二)数字平台

数字平台在中学物理教学领域的应用逐步从课件和虚拟走向了数据采集和实时实验,这是由物理教学的本质特征所决定的。建立以朗威® DIS Lab 传感器、数据采集器为基础的数字化物理实验的概念,并明确给出了教学实施方案,是服务于科学实验的数字化信息系统实验室,它是由传感器、数据采集器、实验软件包、数据分析处理软件等构成的一套完整的实验辅助系统,通过各组成部分协同工作,能测量、记录和分析初中科学实验中的压力、压强等几十项指标的数据并多模显示,为该案例的实验教学提供了数字化支撑,对提升学生的探究实践核心素养起到关键作用。

(三)课程资源

为了给学生搭建资源收集、文献查阅、案例指导等课程资源配套平台,让学生在科学、工程、技术学科与计算思维融合课程中学习与实践,依托学校所开展的 STEM 项目案例研发和案例分享等教学活动,学校提供了专属知网文献平台与国家中小学智慧教育公共平台,平台空间中有学校往届优秀案例、最新文献资源、相关基础知识教学等资源,让学生按需选择,满足学生个性化、多样化的学习发展需求。

五、案例设计思路

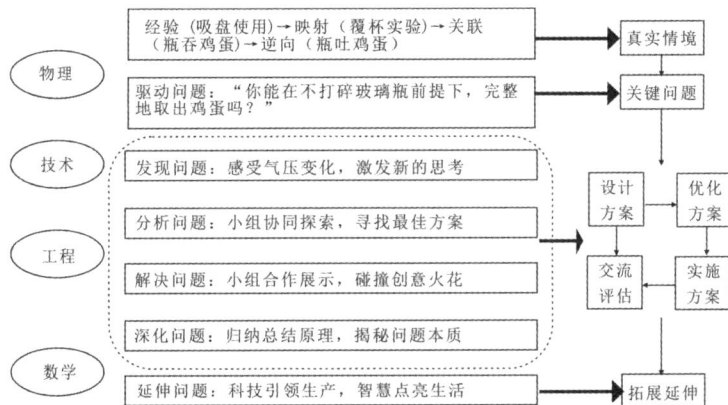

六、案例实施过程

活动一:发现问题:感受气压变化,激发新的思考				
教学目标	科学(S):通过实验使学生得以直观地观察和感受大气压强的存在和力量。在实验过程中,学生需要观察实验现象,记录数据,并基于观察结果进行分析。 技术(T):学生需要掌握一定的实验技巧;学生需要分析现象得出结论,这都是技术应用的体现。			
学习目标	1.通过经验(吸盘使用)→映射(覆杯实验)→关联(瓶吞鸡蛋)三步完成基本概念的建立和巩固。 2.通过打破司空见惯的事物或观点建立求异的逆向思维。 3.逆向求异、归纳概括强化对大气压强概念的理解。			
课型	新授课			
课时	1课时			
教学环节	教师活动	学生活动	设计意图	评价指标
生活经验引入概念——吸盘	教师从与学生日常生活联系最紧密的吸盘引入,演示并提出问题:1.吸盘是如何"吸"在墙壁上?2.如何才能"吸"得更紧?	学生结合经验猜测原因、分享经验。 师生一起归纳总结吸盘吸墙本质。	初步感知或者猜测出大气压强是存在的。	学生是否具备知识迁移能力。

教学环节	教师活动	学生活动	设计意图	评价指标
演示实验映射概念——覆杯实验	教师演示覆杯实验，同时改变杯口朝向。	学生观察实验，直观感受大气压强的存在和作用，并对其做出受力分析。	构建实验现象与抽象物理概念之间的映射关系。	学生是否能做出正确的受力分析，是否具备知识应用能力。
学生实验关联概念——瓶"吞"鸡蛋	引导学生进行瓶"吞"鸡蛋实验。	学生分组实验。小组讨论和分享实验出现的各种情况。	加深对大气压强概念的理解，培养动手能力和观察能力。	学生是否具备相应实验操作能力。
发现问题逆向思考——瓶"吐"鸡蛋	老师引导学生逆向思考或回答：如何"吐蛋"？提出新的问题——如何增大瓶内气压？	分组实验完成后，有学生提出问题：如何完整地将鸡蛋取出？	驱动学生积极探索，培养其逆向思维。	学生是否具备知识的应用能力和思辨能力。

活动二:分析问题:小组协同探索,寻找最佳方案				
教学目标	科学(S):除大气压强外,解决问题还需要力的平衡这一基本科学知识。 技术(T):现代教育技术的融入,帮助学生更便捷地获取信息和知识。 工程(E):在设计实验方案时,学生需要考虑实验的可行性、操作细节、安全性、环保性和可重复性。			
学习目标	1.引导学生从物理、化学手段两方面来思考如何解决核心要点。 2.使用关键词搜索、筛选和评估信息源,学生高效获取所需知识。 3.小组协同和交流讨论提高学生的团队合作能力。			
课型	新授课			
课时	1课时			
教学环节	教师活动	学生活动	设计意图	评价指标
分析问题,寻找核心要点	老师给学生指引思考方向:一类是利用热胀冷缩;第二类是利用物理加压法和化学方法。	学生讨论确认瓶"吐"鸡蛋的核心要点是增大瓶内气压。	老师的引导为学生下一步的行动确定方向。	学生能否从已学知识与教师引导中提炼归纳到核心关键,是否具备归纳能力。
搜集信息,寻找突破途径	在搜集信息的过程中,教师需要提醒学生注意信息的准确性和可靠性。	学生自主从书籍或学术平台、文献、成功案例中收集有关信息。	使用关键词搜索、筛选和评估信息源的体验有助于学生高效获取所需知识。	学生能否获取到有效信息,并加以分辨使用。
交流讨论,寻找最佳方案	老师在讨论中对实验的可行性、操作细节、安全性、可重复性等做提醒。	充分开展组内、组间讨论等活动,寻找最佳的实验方案。	有助于拓宽学生的思路和视野。	学生能否有效地与团队成员协作完成项目任务。

活动三:解决问题:小组合作展示,碰撞创意火花

教学目标	技术(T):提高学生实验操作技能。 工程(E):在小组合作中,学生需要向组员解释和讨论实验原理和步骤,这有助于加深对知识的理解和记忆。
学习目标	1.培养团队合作能力:学生可以学习如何与他人沟通、协调、分工和合作。 2.增强实践操作技能:学生在实践中加深对理论知识的理解,并提高实验操作技能。 3.激发创新思维:小组合作,鼓励学生提出新的想法和方法。
课型	新授课
课时	1 课时

教学环节	教师活动	学生活动	设计意图	评价指标
规则强调	强调尊重意识与纪律和安全意识。	听取教师讲解规则。	培养责任感和纪律性,遵守小组规则和实验室纪律。	学生能否安静、安全完成整堂展示课。
方法一 水浴加热法	听取学生所作解释和讨论实验原理和步骤。	1.将水槽放置于水平操作台; 2.将"鸡蛋"压入小瓶中,并稳定地倒置在大瓶上方; 3.沸水慢慢浇淋于小瓶上,观察现象。	1.小组合作提出新的想法和方法,培养团队合作能力。 2.加深对理论知识的理解,并提高实验操作技能。	学生能否完整解释实验原理,是否具备创新能力、跨多学科知识融合能力与团队合作能力。
方法二 「泡腾」助力法	听取学生所作解释和讨论实验原理和步骤。	1.将水槽放置于水平操作台; 2.瓶中装适量的水,加入适量泡腾片,迅速将"鸡蛋"压入瓶中,并倒置; 3.待泡腾片反应,观察实验现象。	提高实验操作技能。	学生能否完整解释实验原理,并小组合作成功展示作品,是否具备创新能力、跨多学科知识融合能力与团队合作能力。

教学环节	教师活动	学生活动	设计意图	评价指标
方法三 加气助攻法	听取学生所作解释和讨论实验原理和步骤。	1.将"鸡蛋"压入抽滤瓶中,倒置让"鸡蛋"堵住瓶口; 2.用橡胶管连接抽滤瓶一端和打气筒一端,保证气密性良好; 3.向瓶中打气,观察实验现象。	提高实验操作技能。	学生能否完整解释实验原理,并小组合作成功展示作品,是否具备创新能力、跨多学科知识融合能力与团队合作能力。
总结点评	对不同小组的实验进行总结点评。	听取并记录教师的点评。	有助于提高社交技能和适应社会的能力。	学生是否具备接纳意见与建议的能力。

	活动四:深化问题:归纳总结原理,揭秘问题本质
教学目标	**科学(S):**进一步认识掌握理想气体状态方程。 **技术(T):**对各种仪器和生活中可以借用的器材加深印象,掌握科学使用方法。 **数学(M):**对情境中的受力分析量化。
学习目标	1.激发探索精神:实验的不确定性和挑战性鼓励学生提出假设、进行验证和得出结论。 2.终身学习的促进:培养终身学习的习惯和积极态度。 3.知识的总结与提炼:将具体的例子和现象抽象化,形成一般性的结论和原则。
课型	新授课
课时	1课时

教学环节	教师活动	学生活动	设计意图	评价指标
小组展示，总结点评	教师对不同小组的实验进行总结点评。	小组展示实验结果。着重观察失败案例。	提高学生的观察力、实验操作技能和数据收集能力。	学生是否有直面失败的勇气与对抗挫折的能力。
失败归因，归纳本质	教师指导学生拯救未成功实验，并引导学生思考："那他们的本质原理是否能统一呢？"	各小组使用不同的器材方法，以及操作的流程拯救失败案例。	利用实验的不确定性和挑战性鼓励学生提出假设，进行验证和得出结论。	学生是否在自主探究中提升实践能力，是否能接受同伴的反馈。
建立模型，深入思考	引导学生从物理教材的学生活动"拉吸盘"出发，从受力分析方面建立思维模型。	学生根据相同的思维模型，从受力分析的角度分析"鸡蛋"被挤出来的原因。	将各种各样的实验方法归纳为一个统一的思维模型。	学生是否有归纳提炼物理模型的抽象思维与能力。
留下问题，课后思考	留下课后思考问题：能否通过其他方式来"拯救鸡蛋"呢？	课后查阅资料，并思考。	留下思考，将具体的例子和现象抽象化，形成一般性的结论和原则。	学生是否能在自主探究中提升抽象思维。

活动五:延伸问题:科技引领生产,智慧点亮生活	
教学目标	科学(S):通过讨论真空技术在日常生活与工业生产中的应用,了解科学原理如何转化为实际的产品和服务。 技术(T):展示技术产品如何将科学原理应用于日常生活中。利用视频和模拟工具,体现现代教育技术在教学中的运用。 工程(E):鼓励学生思考和讨论真空技术在生活中的其他潜在应用,培养他们的工程设计思维。 数学(M):在讨论真空技术时,涉及压力计算。
学习目标	1.理解真空的定义和背后的科学原理。 2.认识到科学和技术是服务于日常生活的,是发展新质生产力的必然要求。 3.强调真空技术在生产、生活中的科普意义,提高学生对科学知识价值的认识。
课型	新授课
课时	1课时

教学环节	教师活动	学生活动	设计意图	评价指标
虚实结合,计算压力差数值	带领学生利用朗威® DIS Lab 压强传感器实现定量分析,并处理数据图像。	根据教师指导,利用数字化工具实现精准的定量分析。	通过具体的计算,为引入真空技术的话题做好铺垫。	学生是否具备计算思维、数字化思维与利用数字化工具的能力。
以小见大,介绍工程中真空技术基础	教师解释工程中真空的定义。	学生听教师讲解,真实感受此实验在工程中的真实应用与意义。	建立学生对真空技术的基本认知框架。	学生是否能通过数据判断、理解真空,具备知识迁移能力。

教学环节	教师活动	学生活动	设计意图	评价指标
技术应用，联系科技与生活、生产	教师引导学生讨论交流：真空技术在日常生产、生活中的具体应用。	学生讨论在生活中利用真空的例子。	扩展学生的视野，让学生看到理论知识与现实生活的联系。	学生是否具备知识迁移的能力。
问答互动，鼓励自主探索改进	教师鼓励学生提出对真空技术的疑问，并让学生分组讨论。	学生分组讨论，尝试自制有关真空的器具改善我们的生活。	增加课堂的互动性，认识到加快发展新质生产力的意义。	学生是否具备社会服务意识和社会责任感。

七、学生作品及点评

(一)水浴加热法

1.作品简介

直接加热玻璃瓶，为保证安全，倡导使用水浴法这种受热更均匀的方式，观察"鸡蛋"因瓶中气体热胀冷缩被挤压而出的现象。

2. 作品点评

此作品原理基于查理定律与热胀冷缩效应,原理简单。器材均取自常见的电热水壶,集气瓶,水球(模拟鸡蛋),水槽,隔热手套等,操作简便,方便使用。作品的设计、制作和成果都符合科学原理。但创新性不够,方法较为普遍。选用玻璃器材需要仔细甄别,选用耐高温的品种,防止炸裂伤人。实验过程由于热传递需要时间,浇淋太快,反而效果不明显,"鸡蛋"可能只有一半出来,还有下方的大集气瓶有一定的阻挡,有时候效果不好,现象不明显。

(二)"泡腾"助力法

1. 作品简介

使用生活中常见的泡腾片,在短时间内聚积大量气体,增大瓶内压力。

2. 作品点评

此作品采用的泡腾片中含有特定的化学物质,如酸性物质(例如柠檬酸、酒石酸等)和碱性物质(例如碳酸氢钠、碳酸钠等)。水接触时,这些化学物质之间会发生酸碱中和反应,产生二氧化碳气体并迅速扩散充满容器内的空间,增加气体的质量和体积,所使用的融合化学与物理学科的手段合理有效。通过预实验的方法发现不存在明显的技术缺陷且具备良好的实用功能,能够解决实际问题。建议在展示时画上受力分析图。但实验发现冷水效果没有热水效果好,且泡腾片数量、添加时机不好掌握,需要多次预实验。

(三)加气助攻法

1.作品简介

鸡蛋被冲出的本质是改变瓶内外压强差大小,若能快速充气,则实验能成功。学生利用化学中的抽滤瓶以及打气筒实验,从而实现快速加压。

2.作品点评

此作品采用抽滤瓶、水球(模拟鸡蛋)、打气筒、橡胶管等器材。利用玻璃是一种不具备弹性的刚性材料性质,当向玻璃瓶内打气时,玻璃瓶的体积几乎不会改变而瓶内气体变多时,压强增加,压力增大。整体创意新颖,综合应用化学、物理、生活常见物品,展现出了独特的创意和想象力,在原有技术基础上进行了显著的创新。如能利用可读数的压强计,还可进一步进行数学分析。但打气筒是否能熟练使用,橡胶管的连接处、鸡蛋与瓶口之间气密性检查容易被忽略。

八、案例实施成效及反思

融合 STEM 教育的初中物理教学中,要求以生活真实问题为切入点,这也是符合新发展理念的先进生产力质态。案例设计与实施,要求特点是创新,关键在质优,本质是培养拔尖创新人才。

(一)联系实际,强调问题解决,以新场景赋能学科素养

联系实际生活,以真实问题为导引,真实的探究实验是培养物理思维的有效方

法。在本案例中,教师从"瓶吞鸡蛋"这个现象出发,提出"瓶吐鸡蛋"的新场景,让学生运用工程思维,设计多种方式解决实际问题。学生前期已经有加压、加热等生活知识,但对其如何实现的实践过程存在理论与实际脱离的现状。

(二)多想一步,开展项目式学习,以新技术培养数字化思维

关注自然现象,开展项目式学习,这是STEM课程的特点。课堂上的很多演示实验只有前因,没有后果,而项目式学习就是以真实问题为驱动,在实践中创新性地解决问题。教师并没有期望初二的学生能自己掌握物理、化学、工程等学科知识,而是通过教学安排一步步地帮助学生体验,以及运用编程、数据处理等数字化思维提升其解决真实问题的能力。

(三)深学一层,延伸教学范围,以新连接释放逆向思维

物理教学,就是把能够解决生活实际问题的人与资源相连接。在此理论下,利用STEM教育探究实践,在STEM教育的引导下延伸教学范围,是STEM+物理学科的特色,不仅有形,更有神。为发展学生思维而教的探究实践是核心素养背景下课程改革的新方向,未来将继续努力实践。

核酸检测亭"再就业"

重庆市江北区教师进修学院　曾维义　陈红玲

一、案例介绍

随着人们对核酸检测的需求大幅度降低,原本设立于街头巷尾的核酸检测亭被闲置或被拆除,核酸检测亭如何处理,引发政府和社会的关注。本案例以核酸检测亭"再就业"为主题,从解决真实问题出发,引导学生运用跨学科知识,包括但不限于科学、技术、工程、数学以及艺术等,以社会人文关怀的视角,探索核酸检测亭的新功能和应用场景。案例实施过程严格遵循设计思维,学生将依次经历调研→发现问题→确定主题→方案构思→方案优化与迭代→成果展示与交流六个阶段。通过本项目的学习,学生能够运用所掌握的知识解决现实世界中的问题,为社会福祉做出贡献。这一过程不仅锻炼了学生的问题解决能力、批判性思维、合作交流能力以及人文关怀素养,而且培养了他们为社会贡献个人智慧与力量的责任感。

二、案例目标

本案例的总体目标是以"人"为中心,让学生学会观察身边的事物,培养他们对日常生活的感知能力,并能整合多方面要素,运用跨学科的知识解决生活中的实际问题,增强他们的社会责任感和实践能力,培养他们的创新思维和团队合作能力,提高他们的综合素质和未来发展的能力。具体教学目标如下:

教 学 目 标

科学(S)	技术(T)	工程(E)	艺术(A)	数学(M)
开展探究实践,熟悉核酸检测亭的基本结构,进而建构改造模型。	掌握核酸检测亭改造模型制作的基本技能,如焊接、裁剪、组装等;学会应用所学知识,解决实际问题。	分析和优化核酸检测亭的功能和结构,定制详细的改造方案。改造方案应该包括改造的具体细节,例如位置分析、内外布局、设施详情等。	学会设计核酸检测亭的布局、造型和外观,并为核酸检测亭命名、设计标志等,从而提高学生对美的感知能力,培养良好的审美素养。	学会使用合适的工具和方法度量核酸检亭的长、宽,计算它的平面面积和空间体积,对改造方案进行合理布局。

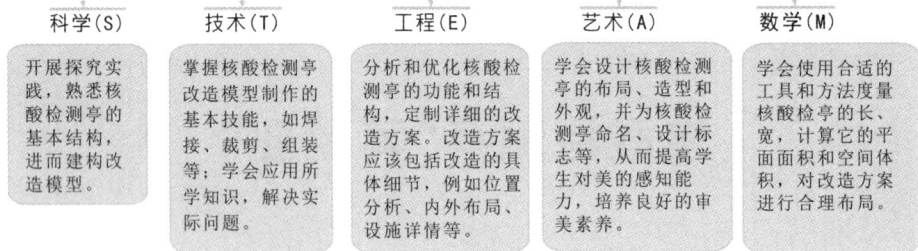

三、案例评价标准

(一)评价目标

1. 学生了解核酸检测亭的整体结构,使用科学、工程和数学等知识或方法进行改造。

2. 学生完成核酸检测亭改造的方案设计。

3. 学生形成团队合作学习、发现与解决问题的策略与意识。

(二)评价方式

学习记录单、设计图纸、讨论与交流、学生自我评价。

(三)评价工具

评价量表

评价内容	评价要素	0分	1分	2分	3分	得分
项目设计	设计方案	没有完成核酸检测亭"再就业"的方案设计。	完成设计图,设计没有对应问题,设计图中少量标注了核酸检测亭改造信息。	完成设计图,设计对应问题且设计合理,设计图中简单标注了核酸检测亭改造的信息,设计图整体效果一般。	完成设计图,设计对应问题且有创新,设计图中仔细标注了核酸检测亭改造的特点和信息,设计图整洁美观。	

评价内容	评价要素	0分	1分	2分	3分	得分
项目设计	交流修改设计	进行简单交流，拒绝别人的有效建议，未修改设计。	简单交流方案，倾听别组的意见，并修改方案。	大胆交流小组的方案，倾听别组的意见并修改方案。	基于所学知识，采用不同的表述方式，大胆交流方案，倾听他人的建议，并修改方案。	
合作交流	计划安排	不配合小组计划安排。	听从同组同学的安排，缺少自己的想法。	听从同组同学的安排，能够提出较合理的建议。	有计划性，对组员合理分工，计划性强。	
	发言状态	不倾听他人想法。	仅倾听他人想法。	倾听他人想法，能够提出合理建议。	能够积极表达自己的想法。	
	思考状态	没有想法。	仅倾听他人想法。	借鉴他人想法，有一点自己的思考。	有自己独立的想法。	
汇报展示	时间管理（7分钟演讲,3分钟问答）	演讲时间远少于7分钟，没有回答听众问题。	演讲少于7分钟，但是通过延长问答时间予以弥补。	演讲时间超过7分钟。	严格按照7分钟演讲和3分钟问答安排。	
	汇报内容	演讲者没有提供与核酸检测亭改造有关的信息。	重要信息缺失，很少有细节证据支持。	信息完整，有基本的证据支持，能在某种程度上帮助其他同学了解与核酸检测亭改造相关的知识。	信息充分，有细节证据支持，能够很好地帮助其他同学了解与核酸检测亭改造相关的知识。	

评价内容	评价要素	0分	1分	2分	3分	得分
汇报展示	问答内容	没有清晰而全面地表达出主要观点，没有说服力。	发言人对核酸检测亭改造只有部分理解，主要观点不太清晰，缺少说服力。	发言人对核酸检测亭改造有很好的理解，但有个别失误，发言人主要观点有逻辑性，但说服力不够。	发言人对核酸检测亭改造有深入的理解，发言人的主要观点有逻辑性，有说服力。	
	展示	没有辅助汇报的展示材料。	辅助汇报的展示材料没有让听众理解主题。	辅助汇报的展示材料与主题相关，但是没有很好地整合到汇报过程中。	辅助汇报的展示材料与主题紧密相关，听众收获很大。	
	陈述	发言人明显紧张，缺乏对语言、语调的掌控，讲话不清晰，与观众没有目光交流	发言人对汇报内容不熟悉，显得不够投入，讲话有时不清晰，与观众偶尔有目光交流，肢体语言使用有限	发言人吐字清晰，与观众有很好的目光交流，肢体语言略夸张	讲话有力，吐字清晰，易于听众理解，与观众有很好的目光交流，通过肢体语言表达发言人的活力和激情	

组员互评表

评价人：	时间：		（每项满分为3分）		
组员姓名	接受同学建议	提出建设性建议	投入时间完成小组任务	认真听取组员意见	总分

学生反思报告

姓名：	日期：
1.核酸检测亭改造项目的名称是什么？	
2.这个项目中最难的是什么？	
3.这个项目中最简单的是什么？	
4.本次项目中未预料到的事情有哪些？	
5.如果我想将项目完成得更好,我还需要做什么？	
6.在此次项目后,我希望能够学习更多哪方面的知识？	
7.通过完成这个项目,我意识到什么？	

四、案例教学资源

教学课件、学生手册和学习支架(视频资源):问卷的设计和制作方法;核酸检测亭的工作原理、功能、组成部分;便民服务亭、健康驿站的基本设施;如何制作PPT、视频、标志设计等。

五、案例设计思路

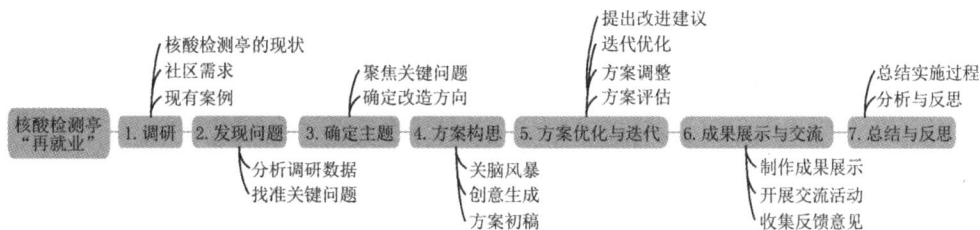

核酸检测亭"再就业"
1.调研 → 2.发现问题 → 3.确定主题 → 4.方案构思 → 5.方案优化与迭代 → 6.成果展示与交流 → 7.总结与反思

- 1.调研：核酸检测亭的现状、社区需求、现有案例
- 2.发现问题：分析调研数据、找准关键问题
- 3.确定主题：聚焦关键问题、确定改造方向
- 4.方案构思：头脑风暴、创意生成、方案初稿
- 5.方案优化与迭代：提出改进建议、迭代优化、方案调整、方案评估
- 6.成果展示与交流：制作成果展示、开展交流活动、收集反馈意见
- 7.总结与反思：总结实施过程、分析与反思

六、案例实施过程

	活动一:需求调研,明晰问题			
教学目标	**科学素养:**通过查阅资料、文献研究、设计问卷和实地调研,学生能够了解核酸检测亭现状和社区居民的需求。 **技术运用:**学习文献研究、问卷设计、数据收集方法和实地调研技巧。 **社会实践:**学生在小组内进行有效沟通和交流,明晰要解决的问题,确定核酸检测亭的改造方向。			
学习目标	1. 能够设计一份科学合理的调研问卷。 2. 实地调研,收集问卷结果和用户需求。 3. 能够分析调研结果,明确核酸检测亭的改造需求和潜在的应用场景。			
课型	新授课			
课时	2课时			
教学环节	教师活动	学生活动	设计意图	评价指标
情境导入	出示核酸检测亭被闲置、被拆除的图片。	了解核酸检测亭"再就业"背景。	以真实问题引入,激发学生兴趣。	学生是否具备对新事物的好奇心和探知欲。
设计调研问卷	讲授问卷设计的基本原则和技巧。	分组设计调研问卷。	学生学会问卷设计的基本方法。	问卷设计的科学性和合理性。
实地调研	指导学生进行实地调研,包括问卷发放和观察记录。	学生分组进行实地调研,访谈,收集数据。	通过实践,提高学生的调研能力。	学生实地调研的参与度和数据收集的质量。

教学环节	教师活动	学生活动	设计意图	评价指标
调研结果汇报	组织学生进行调研结果的汇报和展示。	展示调研结果,接受同伴和教师的反馈。	提高学生的表达能力和接受反馈的能力。	调研成果的展示质量和接受反馈的态度。
问题明晰与改造方向确定	引导学生基于调研结果,明确要解决的问题,讨论改造方向。	分析结果,明确问题,提出改造方向。	培养学生发现问题能力和创新思维。	改造方向的创新性及可行性。

活动二:头脑风暴,方案设计

教学目标	**创新思维**:学生能够通过小组头脑风暴活动,运用思维导图,列出核酸检测亭改造时需要考虑的关键因素,包括功能、用户需求、成本效益等。 **沟通协作**:在团队合作中培养学生的沟通表达能力,共同探讨核酸检测亭的改造方案,增强团队协作能力。 **实践应用能力**:学生能够将创意转化为具体的设计方案,学习如何将学科知识应用于实际问题的解决。
学习目标	1. 小组头脑风暴,运用思维导图画出核酸检测亭再就业设计方案的关键要点。 2. 学生能够围绕改造目标,细化设计方案,包括但不限于空间布局、技术需求、材料选择、美学设计等基本要素,以确保方案的可行性和创新性。 3. 学生能够清晰表达自己的创意和设计方案,同时倾听并整合团队成员的意见,达成一致。
课型	新授课
课时	1 课时

251

教学环节	教师活动	学生活动	设计意图	评价指标
情境导入,激发创意	回顾调研结果,激发学生对再就业方案的思考。	学生分享调研中发现的有趣现象或问题,为头脑风暴做准备。	通过回顾调研,激发学生的创意思维。	学生的参与度和对调研结果的理解。
头脑风暴	介绍默写式头脑风暴法的使用规则。	认真倾听,理解规则,积极参与头脑风暴,提出各种改造方案。	确保学生在头脑风暴中能够自由地表达自己的想法。	学生的创意数量和质量。
绘制思维导图	指导学生如何将头脑风暴的成果用思维导图形式呈现。	学生绘制思维导图,整理和展示创意。	帮助学生将创意结构化,便于进一步的讨论和设计。	思维导图的完整性、逻辑性和创造性。
设计方案初稿	引导学生讨论和筛选可行的改造方案。	学生讨论、筛选方案,细化设计方案的基本要素。	培养学生的批判性思维和决策能力。	方案的可行性、创新性和学生讨论的质量。

活动三:知识补给,方案迭代与优化

教学目标	批判性思维:基于用户的需求和期望,进行改造方案设计,并考虑改造后对周围环境和社区的影响。 自主学习能力:学生能够自主学习资源包的内容,获取所需的知识和技能。 工程素养:学生能够了解设计方案所需的跨学科知识,包括科学原理、技术应用、数学计算、工程制作等。
学习目标	1. 小组根据最终方案学习所用到的知识和技能。 2. 小组成员选择合适的方式学习相关的知识和技能。 3. 围绕改造目标所涉及的基本要素细化设计方案并绘制改造方案设计图。
课型	新授课
课时	1 课时

教学环节	教师活动	学生活动	设计意图	评价指标
学科知识补给	介绍跨学科知识,如社会需求、数学、工程学、艺术等方面的知识。	学生整理和记录相关知识点,形成知识框架。	增强学生的工程素养,了解制作模型所需的知识。	学生是否具备将数学、科学、美术等多学科知识整合到项目中的能力。
自主学习	展示资源包,教授如何有效利用资源包。	自主学习。	培养学生的自主学习、解决问题的能力。	学生是否具备将知识融会贯通的能力。
方案细化研讨	指导学生细化设计方案,考虑实际制作过程中的细节。	学生小组讨论,细化设计方案,绘制设计图。	培养学生的团队合作能力和问题解决能力。	方案的创新性、可行性和设计图的准确性。

活动四:展示与交流				
教学目标	**创新思维**:学生能够设计出核酸检测亭的"再就业"方案,培养解决问题和创新设计的能力。 **工程技术**:学生能够掌握核酸检测亭"再就业"方案设计的基本技术,包括空间规划、功能改造和材料应用,培养将理论知识转化为实际技术应用的能力。 **沟通表达**:学生能够通过展示与交流,提升演讲和表达能力,培养有效沟通和信息反馈的能力。 **批判性思维**:学生能够在展示与交流过程中,接受和提出建设性意见,培养批判性思维和自我反思的能力。			
学习目标	1.能够理解并应用设计思维解决实际问题。 2.能够制作PPT进行汇报,提高自己的公共演讲技巧。 3.能够运用批判性思维分析和评估不同设计方案的优缺点。			
课型	新授课			
课时	2课时			
教学环节	教师活动	学生活动	设计意图	评价指标
情境导入	介绍核酸检测亭改造的重大意义。	倾听。	强化学生的社会责任感,渲染氛围。	学生参与度。
PPT制作	教授如何制作PPT,提高公共演讲技巧。	制作PPT,准备汇报。	培养学生的公共演讲技巧和信息传递能力。	PPT的制作质量、演讲的流畅度和表达清晰度。
方案展示交流	组织学生按组进行方案展示,并接受同学和教师的反馈。	展示自己的方案,接受老师和同学的反馈。	提升学生的沟通表达能力和批判性思维。	展示的互动性、反馈意见的合理性。
反思与总结	引导学生进行自我反思,对项目成果进行过程性评价和终结性评价。	反思自己的设计方案和展示过程,进行总结。	培养学生的自我反思能力和持续改进的意识。	学生反思的深度、学习经验的总结。

七、学生作品及点评

(一)流浪动物收留屋

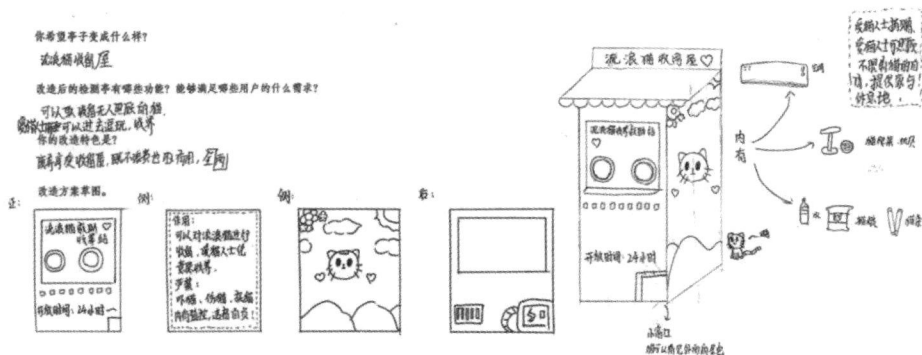

核酸检测亭"再就业"——方案设计

1.作品简介

曾经用于公共健康服务的设施,在完成它们的历史使命后,可以被赋予新的使命,为流浪动物提供临时的庇护所。这个收留屋不仅是给流浪动物提供了居住场所和食物,更重要的是希望能够为它们提供医疗照护,并具有社交互动的功能,维系它们的健康和幸福。

2.作品点评

学生为流浪动物提供暂时居所,并设计了医疗照护和社交互动,有爱心,且极具社会责任感,考虑到长期运营的可持续性问题,建议在此基础上完善管理、维护等方面的措施。

(二)休息站

核酸检测亭"再就业"——方案设计

1. 作品简介

重庆的夏天炎热,休息站可以为外卖员、快递小哥、环卫工人、司机等提供休息和避暑场所。休息站配有桌椅、饮水和基础食品,可以提供舒适的休息区域,让人们可以在此放松身心,恢复精力,让他们在炎热天气中得到一丝凉爽和关怀。

2. 作品点评

学生从职业的角度,关怀外卖员、快递小哥、环卫工人、司机等户外工作者的需求,为他们提供休息场所,基于成本的考虑,列出最基本的设施配备(如桌椅、水等)。整个设计图考虑了核酸检测亭的外部和内部,比较全面。建议可以结合职业痛点和需求,体现出更多人文关怀的特点。

(三)图书漂流亭

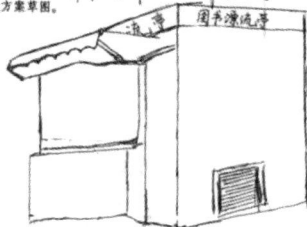

1. 作品简介

将核酸检测亭改造成图书漂流亭,希望营造良好的社区文化氛围。这个图书漂流亭不仅是一个书籍的交换点,也是一个文化的传播中心。人们可以在这里自由地借阅书籍,并可以将自己闲置的书籍放置在亭内,与他人分享阅读的乐趣。图书漂流亭还设有舒适的座位和阅读区域,为喜爱阅读的人们提供一个安静愉悦的空间,促进社区内人们的阅读交流。

2. 作品点评

图书漂流亭的设立为社区增添了文化氛围。它不仅提供了免费的阅读资源,还鼓励大家把各自的书籍进行相互分享。这种方式能够促进社区居民的阅读兴趣,同时强化社区的凝聚力和互动性。图书漂流亭的运作方式简单,符合环保和资源共享的理念。通过将闲置的书籍放置在亭内,不仅节约了资源,还为更多人提供了获取知识和享受阅读的机会,这种社区共享的做法值得提倡和鼓励。

八、案例实施成效及反思

(一)实施成效

1.提高了学生的科学素养和创新能力。通过探究核酸检测亭的原理和改造方案,学生深入了解了核酸检测亭的原理和应用,提高了对科学的认识和兴趣,同时也培养了创新思维和解决问题的能力。

2.增强了学生的团队合作能力。在课程中,学生需要分工合作完成核酸检测亭的改造任务,从而增强了团队合作能力和协作精神。

3.拓宽了学生的知识面和视野。在课程中,学生需要了解不同领域的知识,如工程、数学、生物、技术等,从而拓宽了知识面和视野。

4.培养了学生的实践能力和社会责任感。通过实践操作,学生能够更好地理解改造工程的一般流程,同时也能够感受到人文关怀对社会和人类的影响,从而培养了实践能力和社会责任感。

(二)反思

1.激发学生的学习热情。在真实复杂的实际问题解决过程中,学生需要经历长时间的探索,学习方式以学生自主学习、按需学习为主,特别是遇到困难时,学生出现畏难情绪,对项目的热情也会衰减。对此采取游戏化管理和奖励机制(如联动社区颁发奖状),可以保持学生的持续探索热情。

2.健全技术支持和学习资源。由于核酸检测亭的改造需要涉及多个领域的知识和技能,特别是核酸检测亭改造涉及大量工程的知识,在课程中需要获得更多的技术支持和资源,如工程、技术、物理等领域的专业人士和专业设备,在工程实践过程中课程组织难度大。

3.组建 STEM 教师队伍。STEM 课程涉及多学科,一个教师无法支撑起整个项目,STEM 课程建设需汇聚多个学科教师的智慧,组成 STEM 教学小组。同时在资源建设上,需要"家—校—社"等多方面资源提供相应的保障及支持。

核酸检测亭"再就业"STEM 项目是基于生活中的真实问题,为初中学生提供了一个良好的科学探究和实践契机,具有社会价值,增强了学生的社会责任感,同时提高了学生的综合素养和创新能力。在下一步的实施中,需要进一步完善课程设计,提供更多的技术支持和资源,更加注重学生的实践操作和系统设计,加强过程性评价,如个人评价和团队评价,整体提升学生创造性思维、批判性思维、探究与问题解决、合作等重要的跨学科素养。

基于 micro:bit 的项目式课程开发与应用

重庆市第八中学　郑兰　孙宇新　雷晗源

一、案例介绍

本案例是以《义务教育信息科技课程标准(2022 年版)》为指导,依据 STEM 学科融合和 PBL 项目式学习理念,教材选自 2023 版重庆大学出版社出版的《信息科技》八年级上册第二单元"物联网的应用",通过对教材进行自主开发和应用实践,设计出"基于 micro:bit 的项目式课程开发与应用"的课程。

在案例中以项目式学习为教学指导策略,从三个阶段开展案例活动,全面提升学生的 STEM 素养,发展学生创新思维,培养学生的创新能力和解决问题的能力。

第一阶段,搭建自主学习资源平台。平台整合丰富的硬件资源,分享多个 STEM 项目式应用案例,为学生提供广阔的学习空间。同时,学习平台具有 STEM 项目的收集与展示功能,有利于激发学生的学习兴趣和参与热情。

第二阶段,STEM 项目式教学活动。案例采用 PBL(项目式学习)教学法,引导学生主动探索、积极实践,让学生在解决实际问题的过程中,逐步掌握科技前沿的知识与技能。

第三阶段,项目展示与评价活动。学生通过项目展示与互评,充分展现了自己的学习成果和创新能力。教师对整个教学过程进行反思和总结,为以后的 STEM 教学实践的不断改进和提升积累经验。

二、案例目标

本案例涉及的学科领域主要包括科学、技术、工程和数学,涵盖信息技术、物理学、编程逻辑以及问题解决策略等。

课程领域的具体表现如下:

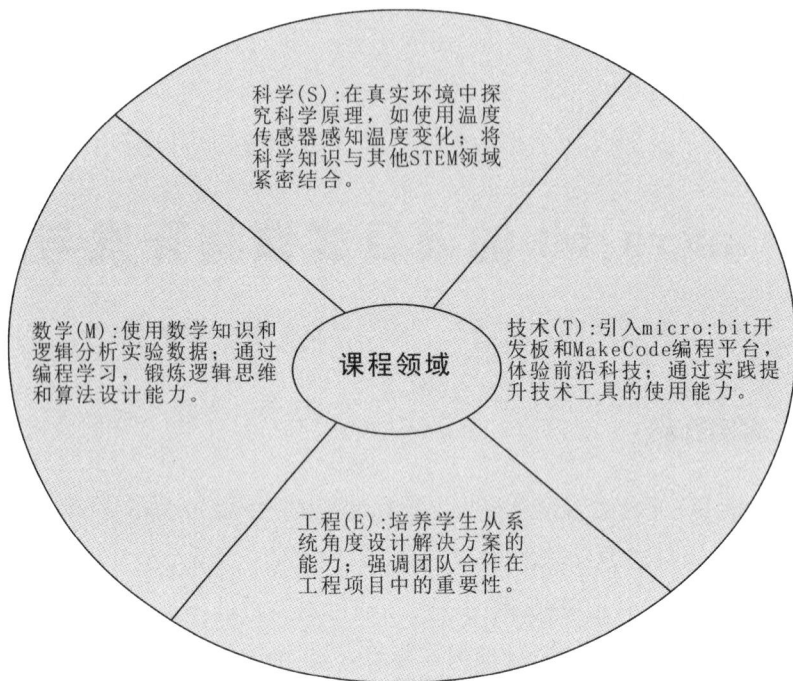

课程总体目标概述如下：

STEM素养提升：通过基于micro:bit的项目式学习,学生能够深入理解并应用科学、技术、工程和数学的知识和技能,提高他们在这些领域的素养水平。

创新思维培养：鼓励学生发挥想象力和创造力,利用micro:bit套件和在线编程平台自主设计项目,发展他们的创新思维,并提升解决复杂问题的能力。

跨学科融合：促进科学、技术、工程和数学等学科的深度融合,使学生在实践中掌握跨学科融合学习的方法,形成综合性的知识结构和思维模式。

文化与社会责任感：将社会主义先进文化、中华优秀传统文化等元素融入课程中,让学生在实践中感受中华文化的博大精深和现代科技的魅力,培养他们的社会责任感和文化自信。

团队协作与沟通能力：通过小组合作和项目展示,培养学生的团队协作能力和沟通能力,增强他们的集体荣誉感和归属感。

个性化发展：关注学生的个性化学习需求,为他们提供多样化的学习资源和展示平台,促进他们的个性化发展。

综上所述,本案例旨在通过基于micro:bit的STEM项目式课程开发与应用,实现多学科融合育人目标,推动育人方式变革,发展学生的核心素养。

三、案例评价标准

素养维度	素养表现	关键要素
创新能力	学生能够基于 micro:bit 开发板和编程平台,自主设计并实现具有创新性的项目。在项目实施过程中,学生能够独立思考,提出新颖的解决方案,并勇于尝试和实践。	从不同角度思考问题,寻求创新点。尝试新方法、新技术。
跨学科融合	学生能够将信息技术、物理、数学等多个学科的知识融合到项目中,实现跨学科的综合应用。在项目实施过程中,学生能够理解和运用不同学科的基本原理和方法。	跨学科知识应用于解决实际问题中,形成综合性知识体系。
实践能力	学生能够熟练使用 micro:bit 开发板和编程工具进行项目开发。在项目实施过程中,学生能够独立进行硬件连接、编程调试等操作。	将理论知识有效应用于实践中,解决实际问题。
合作能力	学生能够在团队中积极协作,共同完成项目任务。在项目实施过程中,学生能够相互支持、相互学习,共同解决问题。	具有团队协作精神,学会与他人有效沟通,确保项目顺利进行。
学习成果展示	学生能够清晰、准确地展示项目成果,包括功能演示、操作说明等。在展示过程中,学生能够清晰地展示学习成果并接受同伴的反馈。	利用适当的工具和方法,分享学习经验和成果。

四、案例所需资源

(一)硬件资源

micro:bit 是一种微型电脑,它有一个 5×5 LED 矩阵屏幕、两个按键、一组引脚、一个加速度计、一个电子罗盘、一个温度传感器和一个蓝牙无线通信模块。它可以通过编程来控制 LED 矩阵屏幕、读取传感器数据、与其他设备进行通信等操作,是一款非常适合初学者的教育用硬件。由于 micro:bit 开放了其硬件与软件接口,因此也受到了全世界创客们的热烈欢迎。

DFROBOT 是一个为青少年和创客爱好者提供开源硬件产品、机器人及零配件产品的平台。DFROBOT 作为一款 micro:bit 的扩展板,可以方便实现 micro:bit 开发板传输信号。

除此之外,还可以扩充按钮开关、旋钮开关、运动传感器、红外线传感器、声音传感器、LED 灯、电扇、金属舵机等硬件设备。

(二)编程平台

Make Code 是一款在线编程平台,是为教育和创造性开发提供简单易用的编程工具。Make Code 编程平台具有易学易用的特点,尤其适合初学者和学生探索程序设计的过程。它同时也提供了高级的编程功能和调试工具,满足了更复杂程序的开发需求。

(三)课程资源

给学生搭建程序和硬件互通实践平台,方便学生认知硬件开发板和传感器的工作原理,熟练运用各种传感器获取信息,通过程序代码进行数字分析、比较判断,让学生在科学、工程、技术与计算思维融合课程中学习与实践,从产品的使用者转变为产品的设计者或创造者。教研团队通过资料收集、STEM 项目案例研发和案例分享等教学活动,在博客园创设网络自主学习平台,平台空间中有丰富的学习资源,包含有硬件学习资源、项目式应用案例分享、项目发布与展示评价三个方面,共计 16 课时的课程资源,满足学生个性化、多样化的学习发展需求。

五、案例设计思路

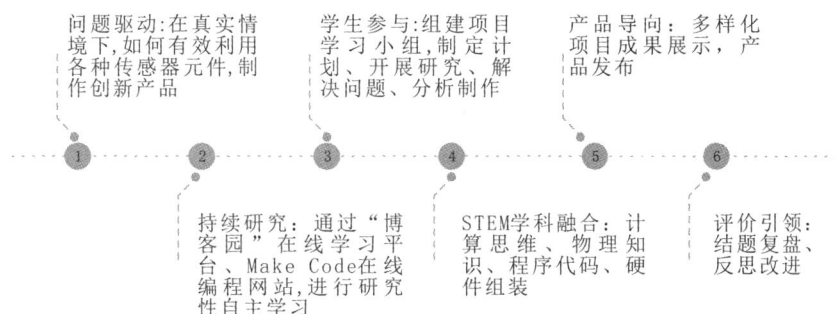

1. 问题驱动:在真实情境下,如何有效利用各种传感器元件,制作创新产品

2. 持续研究:通过"博客园"在线学习平台、Make Code在线编程网站,进行研究性自主学习

3. 学生参与:组建项目学习小组,制定计划、开展研究、解决问题、分析制作

4. STEM学科融合:计算思维、物理知识、程序代码、硬件组装

5. 产品导向:多样化项目成果展示,产品发布

6. 评价引领:结题复盘、反思改进

六、案例实施过程

活动一:micro:bit 编程初探			
教学目标	**科学素养**:学生能够理解 micro:bit 编程套件的基本原理及其在智能家居产品中的应用,形成对智能技术背后科学原理的深入认识。 **技术运用**:学生能够掌握 micro:bit 开发板的基本操作,包括引脚的使用和编程平台的运用,培养将理论知识转化为实际技术的能力。 **数学逻辑**:在编程和电路设计中,学生能够运用数学逻辑进行问题分析和算法设计,培养逻辑思维和数学应用能力。		
学习目标	1. 掌握 micro:bit 智能编程套件的基本科学原理,理解其在智能家居产品中的应用。 2. 能够熟练使用 micro:bit 开发板及其编程平台,通过实践操作掌握技术工具的使用方法,提升技术运用能力和问题解决能力。		
课型	新授课		
课时	1 课时		
教学环节	教师活动	学生活动	设计意图	评价指标
情境导入	把中国传统拼插玩具鲁班锁和具有现代科技特征的智能编程套件 micro:bit 进行对比介绍。	了解可编程的 micro:bit 开发板的强大功能。	将中华优秀传统文化主题教育有机融入课程,增强课程思想性,又激励学生紧跟时代发展,勇于"玩中学""做中创"。	学生是否具备对新事物的好奇心和探知欲。

教学环节	教师活动	学生活动	设计意图	评价指标
设疑	生活中的声控灯、感应自动门、红外线报警器等智能产品是如何工作的呢？能否自己DIY呢？	积极思考，主动发言	借助常见的智能家居，关注学生的最近发展区，激发学生学习兴趣和探求欲。	学生是否具备发现问题、求解问题的能力。
认识micro:bit开发板	借助自主学习平台，组织学生对开发板V1.5和V2.0版本的对比学习。	了解开发板的物理结构。	从微观角度介绍开发板，让学生认识体积虽小、功能却强大的开发板。	学生是否具备跨学科知识融合的能力。
了解开发板引脚的使用	介绍模拟电信号、高平信号和低平信号。	学习模拟电信号和数字信号的不同，如何相互转换。	让学生理解模拟电路中常常被用于表示各种物理量的变化，例如声音、光线、温度等。	学生是否具备抽象思维的建构能力。
介绍Make Code开发平台	介绍Make Code编程开发平台，并操作示范。	认识编程开发平台，对引脚传输信号有进一步的理解。	借助学习平台的知识梳理，帮助学生把生涩难懂的知识在开发平台上进行创新实践。	学生是否具备将知识融会贯通的能力。
沉浸式探究学习	布置自主学习任务、实践任务、拓展任务。	根据自主学习任务单，理解知识、体会探究。	在自主学习环节，更有利于教师关注学生的能力差异，发现教学盲区，答疑解惑。	学生是否具备借助资源提升自我的能力，是否具备从模仿到创新的能力。

教学环节	教师活动	学生活动	设计意图	评价指标
小结	知识小结、鼓励学生探究智慧生活的奥秘。	学以致用，用以致学。	留足时间让学生去提取知识、理解知识、应用知识。	学生是否具备自学能力和创新实践能力。

活动二：项目式学习与创客精神培养

教学目标	**科学素养**：学生能够灵活运用 AI 工具，向 ChatGPT 提问，理解创客及项目式学习的科学概念。从科学角度出发，分析身边问题，并思考如何通过项目式学习来解决这些问题。 **技术运用**：学生能够了解并熟练使用最新 AI 工具(ChatGPT)进行信息检索和设问答疑，提升技术使用能力。 **工程素养**：学生能够了解项目式学习的实施步骤，并具备初步的项目规划能力，包括项目目标设定、计划制定等。
学习目标	1. 能够掌握最新 AI 工具(ChatGPT)的基本使用方法，利用它们进行信息检索和问题解答。 2. 能够通过实践操作，如编写项目计划书，体验项目管理的过程，并学会在团队中有效协作。
课型	新授课
课时	1 课时

教学环节	教师活动	学生活动	设计意图	评价指标
情境导入	介绍 ChatGPT 人工智能工具，向 AI 提问。	认识 ChatGPT，开启 AI 对话。	让学生学会利用 AI 工具辅助学习，学以致用、用以致学。	学生是否具备对新工具的学习力。

教学环节	教师活动	学生活动	设计意图	评价指标
设问	向 ChatGPT 提问：什么是创客，如何成为小创客？	了解成为小创客需要具备的5个能力素养。	让学生明白什么是创客？启发学生的学习兴趣，为接下来开展项目式学习做铺垫。	学生是否具备学习方式变革的意愿和动力。
提问	向 ChatGPT 提问：如何组建一个创客项目团队？	了解如何组建项目团队；如何开展项目活动。	让学生了解开展项目式学习需要做哪些准备工作。从思想上、认知上有一个初步的认识和心理准备。	学生是否具备团队共建意识。
示范	以项目"营养午餐"产品路线图为例，介绍如何开展PBL项目式学习。	对项目管理的实施过程有了初步认识。	创设真实情境下的项目案例，让学生了解开展项目式学习的过程。	学生是否具备对项目的宏观规划能力。
项目式学习	介绍项目式学习实施的八步骤。	了解开展项目式学习的内容和步骤。	为开展项目式学习创设学习路径。	学生是否具备项目式学习的主动探究意识。
示范	以"如何制作一个自动浇水装置？"为例，示范项目开展的过程。	对项目式学习的实施步骤，有更清晰的认识。	对项目式学习的提出问题、组建团队、项目计划、项目启动、知识储备、解决问题和产出成果、成果展示、复盘结项的步骤有螺旋上升的认识和理解。	学生是否具备创新思考、创造产品的意识和能力。

教学环节	教师活动	学生活动	设计意图	评价指标
项目孵化	激发学生把"不可能"变成"可能",培养学生"从无到有"的科创精神。	从身边出发,发现问题、提出问题、孵化项目课题、碰撞思维火花。	让每个学生了解项目管理的过程,根据自身特点,思考自己在项目过程中更适合担任什么角色,为项目组建团队做预热。	学生是否具备项目统筹管理能力、创新能力、分工协作能力。
课后任务	布置项目计划书的任务单,落实项目团队的组建。	确定项目负责人、项目成员、项目计划、项目分工。	让学生完成项目计划书。	学生是否具有团队领导力和团队协作力。

	活动三:基于 STEM 的跨学科项目实践
教学目标	**科学素养:** 在项目实践过程中,学生能够主动提出科学问题、设计实验或调查方案,培养其科学探究的兴趣和能力。 **技术运用:** 学生能够尝试使用新技术或创新方法解决问题,培养其技术创新意识和能力。 **工程素养:** 学生能够按照项目计划,有序进行项目制作和测试,培养其工程实践能力和问题解决能力。 **数学逻辑:** 学生能够运用逻辑思维进行问题分析,通过抽象思维提炼问题本质,提出有效解决方案。
学习目标	1. 能够将科学、技术、工程和数学等多个领域的知识和技能融合到项目中,实现跨学科知识的有效整合。 2. 能够在项目实施过程中,主动提出问题、设计实验或调查,以科学的方法探索解决问题的方法。 3. 能够发挥各自特长,高效协作,共同完成项目式学习。
课型	新授课
课时	2 课时

教学环节	教师活动	学生活动	设计意图	评价指标
收集任务	对收集的项目计划书进行指导。	项目团队组建。	组织学生有效地开展项目团队组建活动。	学生是否具备团队协作意识。
评估项目	评估项目小组分工是否合理。	优化项目小组成员结构。	让每一个学生找到最近发展区，参与到项目式学习活动中来。	学生是否具备领导力、沟通力、包容力。
知识储备	借助自主学习平台的资源，组织学生进行知识学习和储备。	根据项目方向，进行知识全面系统学习和实践。	把编程、科学、工程等多学科知识融会贯通，开展STEM教学实践活动。	学生是否具备将编程、科学、工程等多学科知识整合到项目中的能力。
开展研究	提供项目小组自主学习空间，给予学生指导和帮助。	解决在项目实施过程中的困难。	培养学生分析问题、解决问题的能力，发展学生的自主、自学、自创的三自能力。	学生是否具备创新思维、知识钻研的能力。
分析制作	提供项目小组制作产品的平台，给予学生指导和帮助。	合作探究，制作项目产品。	让学生在解决实际问题的过程中，逐步掌握STEM领域的知识与技能。	学生是否具备将跨学科知识融合的能力。
课后任务	布置项目成果展示任务。	测试作品和完善作品。	培养学生从产品的使用者转变为产品的设计者、创造者、代言者。	学生能否有效地与团队成员协作完成项目任务。

活动四:基于 micro:bit 的项目式学习成果展示

教学目标	**科学素养:**培养学生从科学视角思考智能设备的应用场景,理解其对现代社会的影响。 **技术运用:**鼓励学生通过实践,掌握智能设备编程的基本技能,探索不同技术解决方案在智能设备项目中的应用。 **工程素养:**培养学生的团队协作和项目管理能力,确保项目能够按计划进行并达成预期目标。 **数学逻辑:**培养学生利用数学模型进行问题建模和求解的能力,使用算法进行数据处理和决策制定,提升学生的逻辑思维和推理能力。
学习目标	1. 能够应用不同的技术解决问题,优化智能设备性能的能力。 2. 能够在跨学科的学习过程中,培养创新思维和批判性思维能力,形成独立思考和自主学习的能力。 3. 能够通过项目合作和讨论,增强团队协作和沟通能力,提升人际交往能力。 4. 能够形成对前沿科技的关注意识,养成终身学习的意识和习惯。
课型	新授课
课时	1 课时

教学环节	教师活动	学生活动	设计意图	评价指标
情境导入	创设情境,在项目展示前,教师让学生帮忙表演一个"小魔术"。	利用项目学习的知识,分小组讨论与思考,把智能套件灵活组装,有效应对教师的"考验"。	检验小组学习情况,把教师"教"转化为学生"讲"。	学生是否具备知识的应用能力和思辨能力。
通关任务一	让学生观察"电子骰子"的代码块,随机抽取一名同学上台分析程序流程图的思想,思考电子骰子所需的硬件元件。	请利用"电子骰子"的工作原理,制作出项目产品"简易登山计步器"的小组进行作品介绍。	让学生"讲"代替教师"教",既考查学生分析问题、解决问题的能力,又调动学生参与课堂的积极性,这是构建一个和谐课堂的开始。	学生是否具备分析问题、解决问题的能力。

教学环节	教师活动	学生活动	设计意图	评价指标
通关任务二	组织学生回顾"可编程的音乐盒"案例,为喜欢音乐的同学创设施展才华的舞台,实现数字化创新和学科的有机融合。	"登山便携器"项目小组,展示的作品可按键播放音乐,可震动显示温度,增设了"指南针"功能帮助户外登山者辨别方向。	引导学生研发智能产品要善于观察生活,置身于真实情境下去提出问题、解决问题,制作出的项目作品不仅能让自己生活更加便捷,也能帮助他人。	学生是否具备社会服务意识和社会责任感。
通关任务三	组织学生回顾"无线通信的应用－同步感应器"案例,并请制作无线通信模块项目的小组进行成果展示。	"剪刀石头布"两个项目小组分别进行实时互动通信展示。 电报机项目小组展示二进制编码通过 A 号板按键表示 0、1 编码,B 号板接收信号转换成对应的十六进制编码,实现电报加密通信。	多组项目成果的展示与评价,不仅分析本组项目优点,还指出别组存在的问题。通过学生的自主剖析、自我反思,达到了项目复盘的预期效果,为后续优化项目作品提供有价值的改进建议。	学生是否具备思辨能力、创新能力、表达能力。
项目总结与反思	组织对项目成果进行过程性评价和终结性评价。	作品复盘与改进。	每位学生无论是分享者,还是观摩者,都收获了学习的快乐,增进了他们之间的友谊。	学生是否在自主探究中提升实践能力,是否能接受同伴的反馈。

七、学生作品及点评

（一）简易登山计步器

1. 作品简介

利用 micro:bit 开发板的陀螺仪传感器,开机时,设置计数变量为 0;震动后,计数变量要增加 1,这样实现震动计步的功能。

2. 作品点评

"简易登山计步器"是一个巧妙利用 micro:bit 开发板和陀螺仪传感器实现的创新项目。该项目利用 micro:bit 开发板和陀螺仪传感器,巧妙地实现了震动计步功能,无需额外的复杂操作或设备,即可在登山过程中实时记录步数。这种便捷性使得该作品成为登山活动的理想伴侣,极大地提升了用户体验,展现了 STEM 项目在现实生活中的应用价值。该项目虽然功能简洁,但实用性强,对于登山爱好者来说是一个实用的辅助工具。

（二）登山便携器

1. 作品简介

"登山便携器"可以实现按键播放音乐,可以震动显示温度,还增设了"指南针"功能帮助户外登山者辨别方向,是一款可听歌、可测温、可导航的多模态创新产品。

2. 作品点评

"登山便携器"项目巧妙地将音乐播放、温度显示和指南针导航功能集于一体,为户外登山者带来了前所未有的便捷体验。这种跨领域的整合设计,不仅彰显了作者独特的创新思维,更实现了科学(温度测量)、技术(micro:bit 应用)、工程(设备设计与制作)和数学(算法与逻辑)的深度融合。通过这一实际项目的开发,学生不仅能够深入理解各学科的知识,还学会了如何将这些知识应用于解决实际问题,从而极大地提升了跨学科的综合能力。在创新性和 STEM 学科融合方面,该项目均有出色的表现。

(三)剪刀石头布 PK 玩具

1. 作品简介

"剪刀石头布 PK 玩具"项目基于 micro:bit 开发板,通过无线通信模块实现"剪刀石头布"的 PK 游戏。两块 micro:bit 设置相同通信小组,玩家摇动设备触发震动传感器,点阵屏显示手型并发送信号至对方。对方 micro:bit 接收信号后,根据规则判断并显示 PK 结果。整个过程无需有线连接,充分展示了 micro:bit 在无线通信和传感器应用上的强大功能,为玩家带来新颖有趣的互动体验。

2.作品点评

"剪刀石头布 PK 玩具"项目巧妙地将传统游戏与现代技术相结合,通过 micro:bit 开发板实现了无线交互的"剪刀石头布"游戏。该项目不仅体现了创新思维,还展现了技术在游戏设计中的应用价值。通过震动传感器和无线通信模块,玩家能够享受到便捷、有趣的 PK 体验。这一作品不仅具有娱乐性,还富有教育意义,是 STEM 教育理念的生动体现。

(四)加密电报机

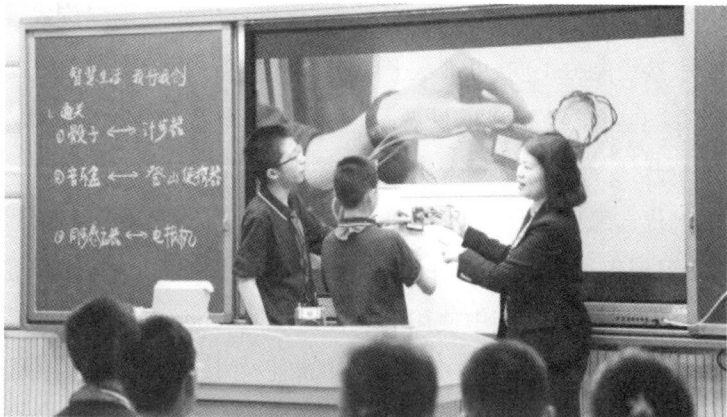

1.作品简介

"加密电报机"是一款融合 micro:bit 无线通信和单片机显示技术的创新实践项目。用户通过 A 号板按键输入二进制编码,实时显示在单片机上;随后,这些编码通过无线通信传输至 B 号板,并自动转换为十六进制编码进行展示。该项目不仅为学习加密通信提供了实践平台,还展现了现代通信技术的魅力,是 STEM 教育理念的完美体现。

2.作品点评

"加密电报机"项目作品凭借其独特的创意和实用性,给人留下了深刻印象。该项目巧妙地将 micro:bit 无线通信和单片机显示技术结合,成功实现了二进制到十六进制的编码转换,为学习加密通信提供了一种直观且富有趣味性的实践方式。这不仅体现了 STEM 教育跨学科融合的理念,更在实际操作中培养了学生的逻辑思维和动手能力。同时,作品还展示了现代通信技术的魅力,对激发学生对科技的兴趣、培养他们的创新能力具有积极的影响。

八、案例实施成效及反思

首先,案例贯穿以问题为引导,教学步骤环环相扣,通过关键问题,引发学生思考,提升学生的问题解决能力。学生利用自主学习网站,可以完成课前学习内容,课中也能自主学习课堂内容,课后还能巩固复习延伸,是非常好的教学辅助手段。学生在实践问题中学习知识,突破知识难点,带领其他组同学克服畏难情绪,向更深、更难的知识高峰攀登。

其次,教师关注学生个体差异,分层教学,促进学生的思维螺旋式上升。由于学生基础不同、接受能力不同、思维水平不同,课程在设计时,尽量关注每个学生的最近发展区,在"自主学习"和"项目展示"两个教学环节都设计了扩展任务,设置了选做任务,拉开任务难度,为每个学生打造个性化发展。

最后,案例优选编程平台,激发学习兴趣,培养计算思维,落实核心素养。初中生一般认为学习编程是枯燥无趣的,近些年兴起的开源硬件,为中学信息技术课程提供了很好的教学平台。案例中使用的硬件是 micro:bit,它的外形小巧,易携带,内置了多种传感器,还可以利用 DFROBOT 扩展板外接硬件设备。在线编程平台 Make Code 模块化的编程方式,适合初中学生学习。

总之,本案例很好地体现了 STEM 课程的综合性和实践性,实践应用了项目式学习的教学模式,让学生主动发现问题、解决问题,培养学生创造力,分组活动体现了团队合作能力,增强了中学生最欠缺的动手能力,评价展示也是精彩纷呈,学生不仅分享了项目小组作品的成功经验,也相互剖析了各小组作品的不足,提出改进建议,这样的成果分享与展示,对学生未来发展意义重大。

有待改进的地方是部分实验或软件需要专业设备或高配置电脑才能运行,有一定的门槛。还有学生感兴趣的陀螺仪,设备的专业技术难度高,不能在有限的时间内做过多的原理解释,这个环节就可以放在自主学习网站中让学生课后研究。

高中篇

多功能墙体检测机器人的开发与制作

重庆市广益中学校　何文晶

一、案例介绍

本案例是以《普通高中信息技术课程标准(2017 年版 2020 年修订)》选择性必修课程"模块6:开源硬件项目设计"为指导思想,依据 STEM 学科融合和项目式的学习理念,设计出"多功能墙体检测机器人的开发与制作"的课程。此课程的实施能有效激发学生创新的兴趣,培养学生动手实践能力,实现 STEM 教育。

在案例中以项目式学习为教学指导策略,从四个阶段开展案例活动,全面提升学生的 STEM 素养,发展学生创新思维,培养学生的创新能力和解决问题的能力。

第一阶段,基础知识储备。教师提供丰富的 STEM 课程体系,分享多个 STEM 项目式应用案例,为学生提供了广阔的学习空间。

第二阶段,头脑风暴。给予学生充分的想象与创新空间。引导学生从"天马行空"的设想向"设计系统解决方案"迈进,最终"能利用硬件实现解决方案"。

第三阶段,改进与迭代。以"解决方案"的实例为依托,引导学生掌握 STEM 知识内容,鼓励学生的创新性应用,让学生去探索,通过多次迭代完善项目设计。教师及时给予知识指导和问题解决的思路。

第四阶段,展示与评价。学生通过项目展示与评价充分展现自己的学习成果和创新能力。教师对整个教学过程进行反思和总结,为以后的 STEM 教学实践的不断改进和提升积累经验。

二、案例目标

本案例涉及的学科领域主要包括科学、技术、工程和数学,涵盖物理学、编程逻辑以及问题解决策略等,通过案例学习提升学生 STEM 素养。

课程领域的具体表现如下:

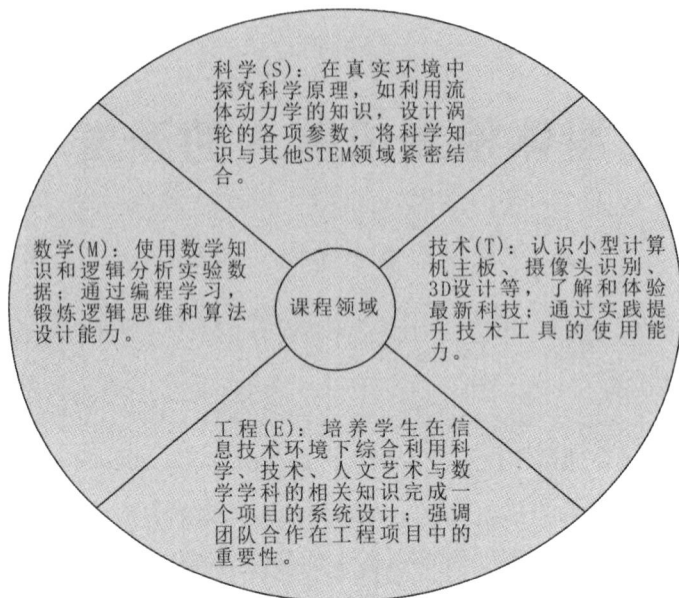

课程总体目标概述如下:

1.学生能够在信息技术环境下综合利用科学、技术、工程、人文艺术与数学学科的相关知识完成一个项目系统设计。

2.学生了解开源硬件进行项目设计的一般流程,能够根据项目需求选择适当的硬件,学习必要的知识,并将其应用于实际项目。

3.学生能够利用各种材料、开源硬件与软件实现项目方案,达成项目目标。

4.强调团队合作;理解开源硬件的理念与知识分享的精神,具备保护知识产权的意识

三、案例评价标准

素养维度	素养表现	关键要素
信息意识	学生能够根据解决问题的需要自觉、主动地寻求恰当的解决方案。	从不同角度思考问题。尝试新方法、学习新技术。

素养维度	素养表现	关键要素
数字化学习与创新	学生能够将信息技术、物理、数学等多个学科的知识融合到项目中，实现跨学科的综合应用。在项目实施过程中，学生能够理解和运用不同学科的基本原理和方法。	跨学科知识应用于解决实际问题中，形成综合性知识体系。
计算思维	学生能够使用开源硬件和编程工具进行项目开发。在项目实施过程中，学生能够独立进行硬件连接、编程调试等操作。	将理论知识有效应用于实践中，解决实际问题。
合作能力	学生能够在团队中积极协作，共同完成项目任务。在项目实施过程中，学生能够相互支持、相互学习，共同解决问题。	具有团队协作精神，学会与他人有效沟通，确保项目顺利进行。
学习成果展示	学生能够清晰、准确地展示项目成果，包括功能演示、操作说明等。在展示过程中，学生能够清晰地展示学习成果并接受同伴的反馈。	利用适当的工具和方法，与他人进行有效交流，分享学习经验和成果。

四、案例所需资源

多媒体网络环境、3D 打印设备等。

五、案例设计思路

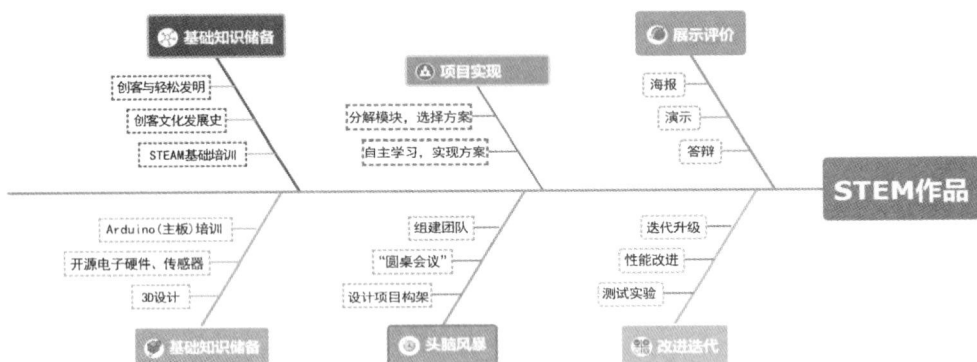

六、案例实施过程

(一)课程引导,知识储备

学生是学校科技社团"智创社"的新进校高一年级社员,利用开源硬件进行作品的创新设计和制作对他们而言是一项全新的任务,或者说他们并不知道如何进行发明创新,什么是开源硬件,硬件如何使用,如何系统地解决问题达成目标。

为此,教师为他们量身打造的社团 STEM 课程体系如下:

名称	修改日期	类型	大小
3D one的应用	2023/3/30 23:09	PPTX 演示文稿	10,262 KB
Arduino培训	2018/1/23 9:08	WPS PDF 文档	5,488 KB
STEAM基础培训	2023/3/30 22:18	PPT 演示文稿	2,896 KB
创客与轻松发明	2023/3/30 23:13	PPTX 演示文稿	1,349 KB
开源电子硬件传感器讲解	2023/3/30 23:26	WPS PDF 文档	2,820 KB
开源硬件传感器输入输出器件生活案例(课合作...	2023/3/30 22:19	DOCX 文档	12 KB
项目演示案例	2023/3/30 23:23	PPTX 演示文稿	799 KB
中外创客文化发展史	2023/3/30 23:08	PPTX 演示文稿	23,560 KB

其中"创客与轻松发明""中外创客文化发展史""STEAM 基础培训"三门课可以让学生积累相关知识,开阔眼界,增强信息意识、创新思维。"Arduino(主板)培训""开源电子硬件传感器讲解"以及"开源硬件传感器输入输出器件生活案例"的教学可以帮助学生概括进行项目开发的一般流程,为后期探索提供思路。"项目演示案例"则是由教师引领学生一起体验完整的 STEM 设计制作流程,完成从"设计创新—情境数据化—模块分离—编程实现—测试优化"的一系列步骤。"3D one 的应用"则是让学生了解 3D 打印的原理,参与三维作品设计与创意的完整过程,

在3D one这个工具的使用过程中,理解和初步掌握作品设计流程,体会如何逐步将设计意图体现出来。

(二)组建团队,明确任务

根据学生的特长及兴趣爱好,师生共同确定分组。小组召开"圆桌会议"进行"头脑风暴",讨论生活中存在的问题或是有待改进的事物,思考创新改造的对策,记录员记录。"风暴"结束,小组成员选择一个问题,利用思维导图工具进行分析。

"多功能墙体检测机器人"项目最初的小组成员为陈军委、程沙蔓、林昶言、熊倩露。需要解决的问题为:陈军委的父亲由于在工地高空检测墙体不慎受伤致残,想设计一款机器人代替工人进行墙体检测。

项目小组对项目需求进行更明晰的梳理:

在实际的混凝土结构工程施工中,容易产生裂缝与空洞之类的问题。它们对结构的各项性能会产生较大的影响,例如裂缝会影响结构承载力和使用安全性以及防水性,空洞会影响结构的耐久使用寿命和完整性,较多的话会产生安全隐患,由此引发的重大安全事故近几年来更是时有发生。裂缝工程检测与墙体空洞检测在建筑工程中尤为重要。但是混凝土结构建筑一般较为高大,采用人工检测的方法检测、不全面、耗时长、效率低下,极大地浪费了社会资源,且对于检测的技术人员来说较为危险。因此使用多功能墙体检测机器人来实现裂缝工程检测与墙体空洞检测更为合理。

同时,项目小组在百度、知网等平台上查询,并没有发现有类似功能的机器人。项目小组利用思维导图工具进一步细化项目需求:

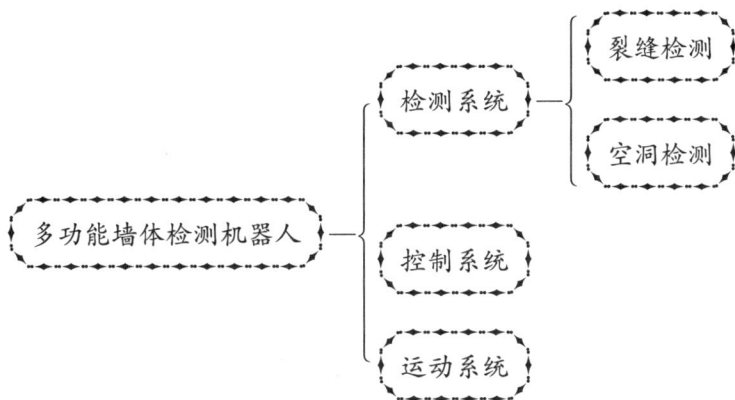

（三）分解模块，方案选择

项目小组根据思维导图细化项目需求，分工对各个模块进行了分析研究。例如对运动系统模块进行了以下分析：

多功能墙体检测机器人的核心是在墙体上自由运动，如果不能实现这个功能，其他所有功能都是无效的，所以选择一个合适的吸附方式显得尤为重要。

方案一：磁吸附方式。磁吸附式爬墙机器人通常是在机器人内部安装一个磁性物体，磁性物体通常是永磁体或者电磁铁，工作环境只能是导磁墙面。

方案二：仿生吸附。吸附技术是模仿爬墙动物（如壁虎）具有很多细小纤毛吸附在墙面上以增大吸附力的原理研发出来的。

方案三：静电吸附。此种方式是最近出现的一种新型吸附技术，应用于墙体检测机器人非常合适。带有静电的异种电荷之间有引力，静电吸附技术就是将这种引力作为吸附力，使机器人能够吸附在墙面上。

方案四：负压吸附。此种方式是通过吸盘内外的压力差产生吸附压力，这种压力通常是通过使用设备不断地将负压腔内的气体抽出产生的，常用真空泵、离心风机等排气装置。此方式结构简单，对各种材料的适应性强，但是功耗高、噪声大、跨障碍能力弱，在真空中无法使用。

方案五：正压吸附。此种方式有两种，一种是使用螺旋桨反推，产生推力，使得机器人被紧紧推在墙上。这种方式虽然其结构较为简单，原理也容易实现，但是它的功耗非常大，对整体质量的要求也非常高。另外一种是使机器人携带高压气罐，使用高压气罐中的气体产生推力，这种方式的结构和原理更为简单，但是其续航时间非常短，不易于实际使用。

其中，静电吸附方式的结构非常复杂，科技含量非常高，实现非常困难，而且价格也非常昂贵；磁吸附方式的结构简单，实现较为容易，但是其只能适用于磁性金属墙体表面，应用范围不广泛；防生吸附的效果最好，并且能耗也不高，但是吸附材料的造价昂贵，对多灰尘的墙体不能产生很强的吸附力；正压吸附方式的结构简单，造价低，能适用于各种墙面，且容易实现，但是其能耗较高，续航时间短，没有太多的实际用途；负压吸附方式的结构相较静电吸附和仿生吸附来说简单很多，造价更低，更容易实现，而且应用范围相比磁吸附更广阔，能耗比正压吸附更低。所以负压吸附方式是最佳方案。

（四）自主学习，实现方案

项目小组对各模块进行了研究，确定了对本项目最合适的方案选择，却发现自己现有的知识并不能完成项目目标。在教师的指导下，项目小组又开始了第二轮学习。

例如：Arduino（主板）并不能满足"多功能墙体检测机器人"数据运算要求，教师推荐了一款小型计算机主板及配套摄像头，并提供了学习资源。

因为我们要使用图像识别，数据运算量大，所以需要很大的内存和很大的计算能力，前两款无法提供我们需要的内存和计算能力，第三款小型计算机主板恰能满足要求，并拥有完整的操作系统和远程传输端口。

同样，负责结构设计的同学也发现利用入门的 3D one 软件也不能很好地完成工作，于是更专业的 3D 软件进入了小组的学习清单。多功能墙体检测机器人整体结构通过更专业的 3D 软件来进行 3D 结构设计，直观清楚地把结构呈现出来，更便于细节的处理。结构件的连接、涡轮的各项参数也能较好地调整，各舱室的间隔处理能更简洁。

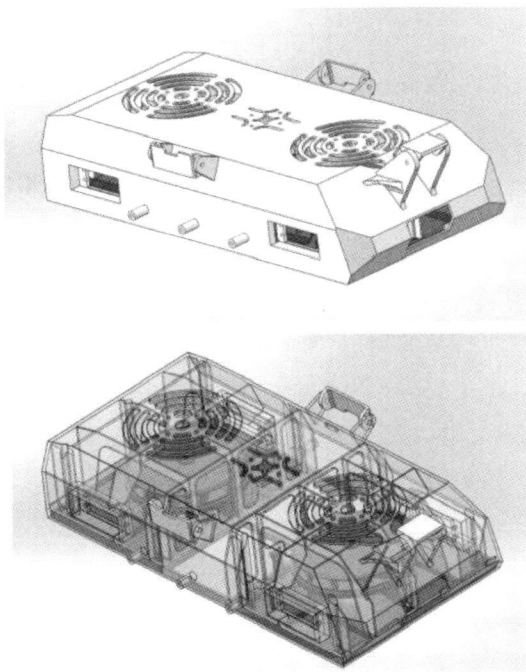

图1　多功能墙体检测机器人整体外观图（3D 设计图）

在吸附结构的设计中,小组对多功能墙体检测机器人进行了受力分析,并自学了流体动力学的知识,设计涡轮的各项参数(如表1)。

要求机器人能够吸附在墙面上,就需要对机器人受到的重力、吸附力、摩擦力、摩擦系数等进行综合分析,找出机器人能够吸附在墙面上的决定因素。图2为多功能墙体检测机器人吸附在墙面时的受力分析图。

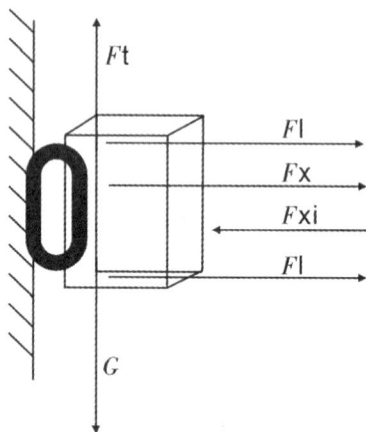

图2 多功能墙体检测机器人侧面吸附受力分析图

当多功能墙体检测机器人吸附在天花板面时,其受力分析图如图3所示。

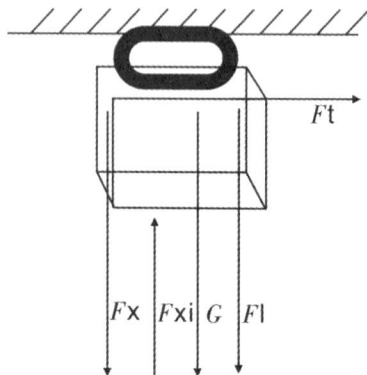

图3 吸附装置爬墙时的受力分析(上方)

表1 离心风机参数表

参数	具体数值
叶片总数	12(长短各六片)
出口处的直径(mm)	100
入口处的直径(mm)	36
叶片入口安装角	26°
叶片出口安装角	45°
进口高度(mm)	23
出口高度(mm)	8

(五)产品测试,改进迭代

多功能墙体检测机器人制作完成,项目小组对机器人进行多次测试,不断改进,完善功能。

（六）作品完成，展示评价

多功能墙体检测机器人作品完成后，学生制作了海报、演示文稿进行展示答辩，得到了同学、老师、专家的一致好评。

七、学生作品及点评

学生一直在思考、在学习,构思着各种各样的方案,最后确定一个既能完成任务,凭借他们能力也可达到的方案。他们有许多奇思妙想令人惊叹,例如利用墙体和裂隙在光源下的明暗区别,通过将采集到的图像信号转化为0、1二值,二值化之后生成独特编码,判断裂缝的位置,再通过将机器人行驶到裂隙上使负压仓失压的程度来判断裂隙的深度和规模,他们这个复杂的识别系统用两个简单的操作相互验证,从而完成有效检测。

经过近一个月的学习、研究、制作,多功能墙体检测机器人项目小组制作完成了机器人,它基本能够达到项目设定的目标,如果能与物联网和无人机相结合,会更加完美。

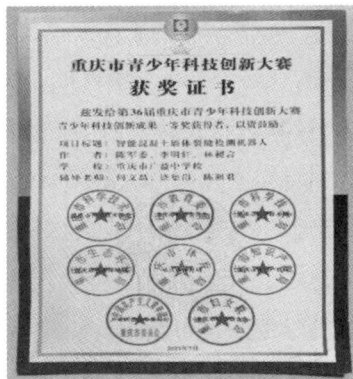

参与项目的小组成员也做出如下的自我总结:

在短短的一个多月的时间内,从对这个领域一无所知的初学者出发,从零开始一点点地学习所需的知识,并根据所学将原本只在想象中的设想一步步实现。这个过程中的点点滴滴,所经历的困难与收获的快乐我们记忆犹新,也将伴我们终生,成为我们一生宝贵的财富!

艰难的设计任务已经落下了帷幕,我们在其中洒下了汗水,为自己的人生旅途添上浓重的一笔。每一个组员都有着独特的感受,每一个组员都有所成长、有所收获。我们将带着这笔宝贵的财富,带着我们的收获和教训,在下一次的征途中,能够走得更远,付出更多,然后凯旋。

多功能墙体检测机器人项目参加了第六届中国国际"互联网+"大学生创新创业大赛入围了全国总决赛,还获得了重庆市青少年创新大赛科技创新成果一等奖,陈军委同学也荣获了第13届重庆市科技创新市长奖。

八、案例实施成效及反思

多功能墙体检测机器人项目是在学校高中精品社团"智创社"的暑假STEM社团课程中完成的。这一期社团课程,学生共完成了两个项目,另一个是"智能购物车"。两个项目完成度高,学生提升很大,这次的暑假STEM社团课程是很成功的。

STEM教育是一种跨学科的教育方式,它将科学(Science)、技术(Technology)、工程(Engineering)和数学(Mathematics)融合在一起,强调实践和探究,通过科学实验、技术应用、工程设计和数学分析等活动,培养学生的创新思维、解决问题和团队合作等能力。STEM教育的核心在于以寻找问题的解决方法为任务,学生在任务的驱使下有目的地去学习、去思考、去创新,他们发现和确认问题,寻求适当的方法和工具,进行跨学科学习活动,最终解决问题。学生的学习是由内向外的,学习的目标明确,在这个思维最活跃的年纪,他们如海绵一样大量地吸收各种各样的知识。

STEM教育在科技活动中被广泛应用,成效明显。在这个教育过程中,教师应当先引导学生完成对应的知识储备,这样可以避免项目开始阶段,学生因为"不会""不知道"丧失兴趣,不去尝试新的学习、思考。

总之,STEM教育是符合人的认知规律的,不但能让学生学到更多的知识,还能够提升学生的学习能力。

我与酵母菌的奇妙情缘

重庆市双桥中学　廖艳　杨建挺　李虎

一、案例介绍

本案例是以《高中生物学课程标准(2017 年版 2020 年修订)》为指导,依据 STEM 学科融合和 PBL 项目式学习理念,教材是 2019 版人民教育出版社出版的《生物学(必修 1)》第一章中的探究实践"使用高倍显微镜观察几种细胞"、第三章的探究实践"尝试制作真核细胞的三维结构模型"和《生物学(选择性必修 3)》第一章的"发酵工程",通过对教材进行自主开发和应用实践,再基于"酵母菌"这一主题不仅贴近学生生活,对于他们解决生活中实际问题具有重要价值,所以就设计出了"我与酵母菌的奇妙情缘"的课程。

本案例通过跨学科的方式探索和学习酵母菌在生物、化学、食品科技以及历史文化等多个方面的作用与影响,深入地将 STEM 理念与高中生物课程标准相结合,注重培养学生的实践操作能力、批判性思维、创新意识和解决实际问题的能力。本案例将酵母菌拟人化,通过三个专题分别呈现与酵母菌"相识""相知""相恋"的过程,进而来诠释"我与酵母菌的奇妙情缘"。

第一专题,"与菌相识"。培养学生使用显微镜的能力,并通过显微镜观察酵母菌,认识酵母菌。

第二专题,"与菌相知"。在显微镜下认识酵母菌后,通过对酵母菌的深入学习,掌握细胞的基本结构后,让学生通过制作酵母菌细胞的结构模型的方式来实现与酵母菌的相知。

第三专题,"与菌相恋"。掌握酵母菌细胞的呼吸方式后,联系酵母菌在生活中的实际运用,让学生们通过制作馒头、果酒、果醋的方式来实现与酵母菌的相恋。

二、案例目标

本案例涉及的学科领域主要包括科学、技术、工程和数学,涵盖生物、物理、化学等知识以及问题解决策略等。以立德树人为导向,结合中国学生发展核心素养,制定了本案例的总体目标。

素养目标		本案例具体目标
文化基础	人文底蕴	知识掌握:理解酵母菌生物特性、食品制作重要性及历史文化影响。
	科学精神	1.跨学科学习:应用数学、化学、物理和工程学解决实际问题。 2.批判性思维:分析评估实验条件及其意义。
自主发展	学会学习	终身学习态度:激发对科学的好奇心,奠定终身学习基础
	健康生活	问题解决能力:识别、分析、解决跨学科挑战。
社会参与	责任担当	1.团队合作与沟通:培养合作精神和沟通能力,完成团队项目。 2.社会责任感和伦理意识:意识到科学技术的社会作用,遵循伦理标准。
	实践创新	1.实践技能:能制作细胞结构模型、制作馒头、制作果酒、果醋。 2.创新与创造力:设计实验、提出假设、开发解决方案等。 3.科学探究:经历科学探究过程,从问题提出到结果分享。

三、案例评价标准

STEM素养标准	素养内涵	本案例关键要素
科学素养标准	培养学生在科学领域内应具备的基本知识和技能、思维习惯以及应用这些知识解决问题的能力等。	1.显微镜成像原理;2.细胞多样性与统一性;3.细胞结构与功能;4.模型构建原理;5.有氧与无氧呼吸过程;6.老面发酵与pH调节;7.酵母菌与醋酸菌呼吸作用及化学反应式。
科技素养标准	培养学生对科技的理解和运用。能力的指标,包括对科技概念和知识的掌握,运用科技解决问题、评估科技信息以及理解科技对个人和社会影响的能力等方面。	1.显微镜使用方法;2.制作临时装片;3.材料选择与加工;4.模型制作技术;5.馒头制作技巧;6.发酵过程微生物作用、条件控制及产品评估。
工程素养标准	培养学生对工程知识和技能的掌握,以及在工程项目中运用这些知识和技能进行有效沟通、团队合作、解决问题和持续学习的能力。	1.设计模型方案;2.小组分工协作;3.应用工程知识构建发酵控制系统。
数学素养标准	培养学生对数学概念的理解以及运用数学方法解决问题的能力,还有在各种情境下运用数学进行合理判断和决策的能力等。	1.显微镜放大倍数计算;2.模型制作中保持正确比例;3.计算酵母菌添加比例;4.使用数学工具分析发酵数据。

四、案例所需资源

(一)物质资源

显微镜、载玻片、盖玻片、烧杯、玻璃棒、滴管、超轻黏土、硬纸板、卡纸、面粉、盆、擀面杖、蒸盘、蒸锅、食用酵母、发酵瓶、各种应季水果等。

(二)课程资源

高中人教版生物学教材、中小学智慧教育平台、高中生物学课程标准等。

五、案例设计思路

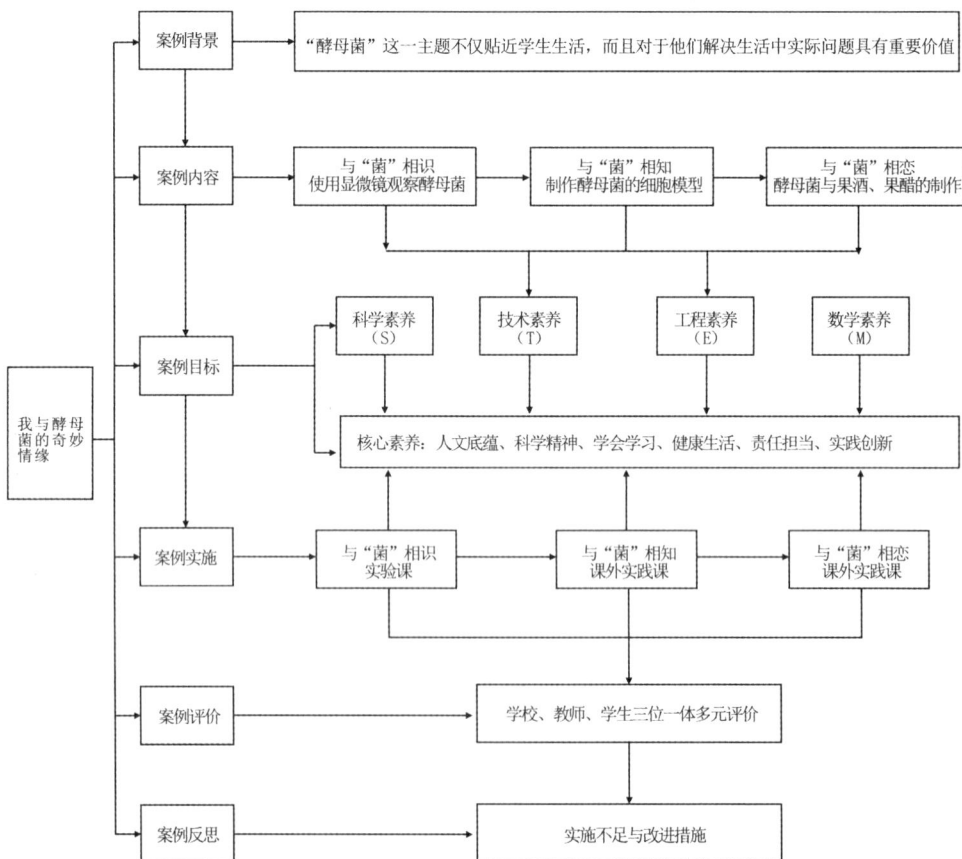

六、案例实施过程

	专题一:与"菌"相识——使用显微镜观察酵母菌		
教学目标	**(一)科学素养:** 1.物理学:理解显微镜成像的光学原理,包括光的折射、反射和透镜的作用。 2.生物学:掌握细胞的多样性及其统一性原理,认识到不同细胞之间的差异和共性。 **(二)技术素养:** 1.实验技巧:熟悉显微镜的正确使用方法,包括调节焦距、更换物镜和使用光源等。 2.制片技能:能够制作临时装片,正确放置样本并进行封片以观察微观对象。 **(三)数学素养:** 计算能力:能够计算显微镜放大倍数,包括长度、宽度和面积的放大率,以及如何根据物镜和目镜的参数确定总放大倍数。		
学习目标	1.学习并遵循实验室管理规范,养成规范操作、爱护器材的良好习惯。 2.了解显微镜发展史,能对照实物说出普通光学显微镜各部分的基本构造和作用。 3.学习了解普通光学显微镜的使用方法和注意事项。 4.能够运用所学方法制作临时装片。		
课型	实验课		
课时	1课时		
学习任务	教师活动	学生活动	设计意图
明确规范,交流展示	1.教师介绍实验室管理规范,提出实验课课程要求。 静:不大声喧哗 规定:不违规操作 轻:要爱护仪器 净:要保持整洁 2.显微镜发明开启微观世界大门,上节课布置课后查阅资料任务,请学生分享整理的显微镜发展简史。	1.学生学习并遵循实验室管理规范。 2.学生课前通过多种方式查阅并整理有关显微镜发展的历史并用简短的语言文字展示。	1.明确规范,让学生养成良好的实验室操作习惯。 2.锻炼学生资料选择、收集、调整理论归纳以及语言表达能力,增强学生的信心。

学习任务	教师活动	学生活动	设计意图
巩固旧知,学习方法	1.结合课本,回忆初中所学的有关显微镜的知识,邻座之间相互对照显微镜实物介绍各部分的基本构造和作用。 2.教师使用PPT介绍显微镜成像原理,并作简图展示。 3.操作步骤:教师介绍本次实验的目的要求、材料用具、方法步骤,讲解临时装片的制作方法和显微镜的使用方法并演示操作步骤。临时装片制作方法:擦、滴、取、浸、盖、染、吸;显微镜的使用方法:取镜、安放、对光、观察、收镜。	1.学生回忆旧知,同学之间相互检验。 2.学生了解显微镜成像原理。 3.学生认真学习尤其注意学习掌握临时装片的制作方法和显微镜的使用方法,为实际操作做准备。	1.复习旧知,增强学生学习成就感。 2.知其然才能知其所以然。 3.语言讲解之后再次边演示边讲解,学生清楚明了,有利于实验的顺利进行。
动手操作,绘图展示	1.教师来回巡视学生操作,发现问题及时指导纠正,注意防范实验室操作安全隐患。 2.教师总结实验中的问题并展示从目镜端拍摄的实验结果,邀请学生展示生物绘图。	1.学生利用教师准备的材料制作多种临时装片并观察,绘制观察结果。 2.学生交流实验心得,上台展示绘制的细胞。	1.在实际操作中发现问题、解决问题。 2.有交流有展示,实验效果更鲜明。
板书设计	用显微镜观察酵母菌 —— 制作临时装片 / 观察临时装片 / 绘制观察结果		

专题二:与"菌"相知——制作酵母菌细胞亚显微结构模型

<table>
<tr>
<td rowspan="8">教学目标</td>
<td colspan="3">(一)科学素养:
1.生物学:了解细胞结构及其功能,以及生物结构与功能的相互适应性。
2.物理学:掌握模型构建的基本原理和知识。</td>
</tr>
<tr>
<td colspan="3">(二)技术素养:
1.材料学:能够选择适当的材料,并对其进行加工以适应模型制作的需求。
2.工艺技能:具备制作模型所需的技术和技巧。</td>
</tr>
<tr>
<td colspan="3">(三)工程素养:
1.设计能力:能够设计模型方案,包括制定详细的制作流程和步骤。
2.团队合作:在小组工作中,能有效地进行分工和协作。</td>
</tr>
<tr>
<td colspan="3">(四)数学素养:
计量与计算:准确理解细胞各部分的基本结构大小,并在模型制作中计算和保持正确的比例。</td>
</tr>
<tr><td colspan="3"></td></tr>
<tr><td colspan="3"></td></tr>
<tr><td colspan="3"></td></tr>
<tr><td colspan="3"></td></tr>
<tr>
<td>学习目标</td>
<td colspan="3">1.学习酵母菌细胞构造,描述细胞器形状、结构、功能,举例说明细胞器如何协作执行生命活动。
2.理解模型制作流程,具备团队分工合作能力,完成目标,展现创新设计意识。
3.基于对细胞的理解,形成结构与功能的整合观点,认识细胞结构完整性和部分间协调不可分割的关系。</td>
</tr>
<tr>
<td>课型</td>
<td colspan="3" align="center">实践课</td>
</tr>
<tr>
<td>课时</td>
<td colspan="3" align="center">课外时间</td>
</tr>
<tr>
<td>学习任务</td>
<td align="center">教师活动</td>
<td align="center">学生活动</td>
<td align="center">设计意图</td>
</tr>
<tr>
<td>创设情境,导入课题</td>
<td>酵母菌在我们的日常生活中无处不在,它不仅在生命活动中扮演着重要角色,还在历史发展中占据了重要地位。那么,酵母菌在厨房和工厂中的具体作用是什么呢?通过这段时间的学习,你掌握了酵母菌的基本形态、结构及功能吗?</td>
<td>学生回顾之前学过的知识,相互讨论,确定介绍的具体内容。</td>
<td>通过创造与学生互动的情境,将课堂知识与实际生活相结合,可以提高学生的参与度和兴趣。</td>
</tr>
</table>

学习任务	教师活动	学生活动	设计意图
分工合作，制定计划	1.知己知彼，百战不殆分析资料，了解酵母菌的细胞形态、生理特性、作用等。 2.明确目标，设计方案 (1)确定酵母菌模型规格大小，选择展示完整或部分形态。 (2)收集合适的材料，也可使用不同颜色和种类的材料制作细胞结构。 (3)设计模型制作方案，包括材料选用、颜色设计和比例依据。 (4)小组分工合作，包括模型制作、组装和介绍，各成员分别制作部分结构，完成组装并准备介绍。	1.根据资料寻找关键信息，了解酵母菌。提取关键信息：酵母是一种单细胞、真菌，异养兼性厌氧微生物，个体形态有球状、椭圆状等，具有典型的真核细胞结构。 2.根据下发表格完成模型制作、组装和介绍。 酵母菌模型制作过程记录单 小组成员： 1.设计模型的规格大小 2.收集到的材料种类 3.讨论模型方案记录(实施步骤、人员分工等) 4.制作过程中遇到的问题及解决措施 5.反思建议	1.巩固知识，了解酵母菌，为后续模型制作做准备，较长资料的阅读分析锻炼了学生的资料分析能力，同时教师有筛选地提供资料减轻学生工作任务量。 2.小组成员在教师引导下有计划地完成酵母菌模型制作的各部分工作并完成相关记录，让参与的过程更加有意义。
作品评价，成果展示	1.使用评价量表评估模型制作中小组成员及个人工作。 2.教师按标准评价各组模型成果。	1.完成自我评价和组内互评量表，反思不足。 2.小组根据得分总结优缺点。	1.自我评价和组内互评总结个人活动表现。 2.小组间比较有利于总结得失。
板书设计	制作酵母菌细胞亚显微结构模型 ── 制作要求 ／ 小组分工 ＼ 展示评比		

专题三:与"菌"相恋——酵母菌与馒头的制作

教学目标	(一)科学素养: 1. 生物学:掌握有氧呼吸和无氧呼吸过程。 2. 化学:了解老面发酵和加碱调节 pH 值。 (二)技术素养: 蒸制工艺技术:学习和练习制作各种馒头的技巧。 (三)数学素养: 数学计算:学生会运用数学知识来计算酵母菌的正确添加比例并进行称量,实现精确的科学实验操作。
学习目标	1. 探索馒头历史发展,体验中华饮食文化深厚丰富。 2. 学习制作馒头基础技巧,运用生物学知识理解传统工艺科学原理,如老面发酵、加碱调节 pH 值等。 3. 撰写简明实践报告,概述活动过程,记录见解和感悟。
课型	实践课
课时	课外时间

学习任务	教师活动	学生活动	设计意图
创设情境,明确任务	我们学习了酵母菌,制作了模型,并了解了有氧和无氧呼吸。课后尝试制作馒头。 任务:1. 了解馒头的历史和发展。 2. 学习馒头制作技巧,用知识解释传统工艺原理。 3. 写实践报告,包括活动概述、收获与感想。	学生明确任务,利用课外时间完成实践活动,形成实践报告。	创设情境调动学生参与的积极性,明确活动任务,让学生有目标地完成实践活动。
板书设计			

酵母菌与馒头的制作 ——
- 了解馒头历史
- 亲自制作馒头
- 撰写实践报告

专题四:与"菌"相恋——酵母菌与果酒、果醋的制作

<table>
<tr>
<td rowspan="5">教学目标</td>
<td colspan="3">
(一)科学素养:
1.生物学:酵母菌细胞和醋酸菌细胞的呼吸作用。
2.化学:
$$C_6H_{12}O_6 + 6H_2O + 6O_2 \longrightarrow 6CO_2 + 12H_2O + 能量$$
$$C_6H_{12}O_6 \longrightarrow 2C_2H_5OH + 2CO_2 + 能量$$
$$C_6H_{12}O + 2O_2 \longrightarrow 2CH_3COOH + 2H_2O + 2CO_2 + 能量$$
$$C_2H_5OH + O_2 \longrightarrow CH_3COOH + H_2O + 能量$$
</td>
</tr>
<tr>
<td colspan="3">
(二)技术素养:
果酒和果醋酿造工艺:了解整个发酵过程中所涉及的微生物作用、发酵条件,如温度和 pH 值的控制以及最终产品的成熟度评估等关键环节。
</td>
</tr>
<tr>
<td colspan="3">
(三)工程素养:
果酒和果醋的装置设计:应用工程知识来构建一个能够有效控制发酵条件的系统,从而优化生产过程并确保产品的质量。
</td>
</tr>
<tr>
<td colspan="3">
(四)数学素养:
发酵过程中的监测记录:使用数学工具和统计方法来收集数据、分析结果,并根据数据进行合理的推断和结论,这对于理解发酵过程的动态变化至关重要。
</td>
</tr>
<tr><td colspan="3"></td></tr>
<tr>
<td>学习目标</td>
<td colspan="3">
1.学习制作果酒、果醋所需菌种,理解发酵原理,熟悉制作方法。分析影响发酵的因素,深化对生产过程认识。
2.制作装置设计,操作中解决问题,优化步骤,改进装置,提升效率和产品质量。
3.了解果酒、果醋历史,感悟古代智慧,增加对传统酿造技术理解,提升资料处理能力。
</td>
</tr>
<tr>
<td>课型</td>
<td colspan="3" align="center">实践课</td>
</tr>
<tr>
<td>课时</td>
<td colspan="3" align="center">课外时间</td>
</tr>
<tr>
<td>学习任务</td>
<td>教师活动</td>
<td>学生活动</td>
<td>设计意图</td>
</tr>
<tr>
<td>创设情境,导入课题</td>
<td>我国酒文化博大精深,历史悠久,是亲朋好友交流的重要媒介。除多样的白酒外,近年果酒尤其是葡萄酒也流行起来。你了解果酒制作过程吗?</td>
<td>学生思考:法国葡萄酒著名,有多座酒庄;我国酿酒历史悠久。</td>
<td>结合我国历史悠久的酒文化将学生带入果酒制作的学习。</td>
</tr>
</table>

学习任务	教师活动	学生活动	设计意图
果酒制作，知识铺垫	1.自主学习以下问题： (1)制作果酒的菌种是什么？ (2)该菌种属于什么生物？其代谢类型和呼吸方式是什么？ 复习补充真核生物和原核生物的区别，以及呼吸作用过程。	1.自主阅读课本,回答问题： (1)酵母菌。 (2)酵母菌是真核生物,代谢类型是异养兼性厌氧型,能进行有氧呼吸和无氧呼吸。	1.以问题引导学生不断回顾已学知识回答相关问题,教师辅助复习,加深理解。
	2.尝试写出酵母菌有氧呼吸和无氧呼吸的反应式。 3.影响酵母菌呼吸作用的主要因素是温度,酵母菌在10℃以下发育缓慢,40℃以上开始死亡。 4.制作果酒所需的酵母菌通常来源于水果表面或人工培养的酵母菌。若未添加,则应通过冲洗水果来获取自然酵母。 5.水果果皮上是否有其他微生物？它们与酵母菌的关系如何？是否影响酿酒？讲解:发酵液缺氧酸性环境下,其他微生物受抑制,酵母菌能正常生长。 6.平时洗水果先去除枝梗再清洗,制作果酒时是否也这样冲洗水果？	2.反应式: $C_6H_{12}O_6 + 6H_2O + 6O_2 \xrightarrow{酶} 6CO_2 + 12H_2O + 能量$ $C_6H_{12}O_6 \xrightarrow{酶} 2C_2H_5OH + 2CO_2 + 能量$ 3.对酿酒酵母的最适生长温度约为28℃。酿酒温度控制在18℃~30℃。 4.新鲜水果果皮表面附着大量野生酵母菌。 5.果皮上肯定附着许多微生物,它们和酵母菌是竞争关系。 6.为防止水果被杂菌污染,应当先冲再去除枝梗。	2.回忆旧知,厘清原理。 3.对基础知识的学习。 4.深入学习,为真正理解实验步骤做准备。 5.分析果酒制作成功的原因。 6.学生在讨论交流中理解果酒制作的细节问题。

学习任务	教师活动	学生活动	设计意图
果醋制作，知识铺垫	自主学习，思考以下问题： (1)制作果醋是什么菌种发挥作用？ (2)上述菌种是什么生物，其代谢类型是？ (3)请写出上述菌种进行反应的反应式。 (4)醋酸菌的最适生长温度为？	自主阅读课本，回答问题： (1)醋酸菌。 (2)醋酸菌是原核生物，代谢类型是异养需氧型。 (3)反应式： $C_6H_{12}O_6 + 2O_2 \xrightarrow{\text{酶}} 2CH_3COOH + 2H_2O + 2CO_2 + 能量$ $C_2H_5OH + O_2 \xrightarrow{\text{酶}} CH_2COOH + H_2O + 能量$ (4)多数醋酸菌的最适生长温度30℃～35℃。	问题串的形式让学生能够快速阅读课本获取关键信息。
材料用具，方法步骤	1.根据果酒制作原理设计发酵装置，并作简图展示。 2.学习课本中关于制作果酒的材料、用具和方法步骤，尝试用原理解释相关步骤。 3.课后利用假期自制果酒并记录。完成后可尝试在果酒基础上制作果醋。	1.学生设计发酵装置，要考虑抽样检查、气体排放等问题。 2.对照课本，解释每个步骤的事实依据。 3.运用所学知识自制果酒、果醋，注意如实完成果酒制作框架式任务单。	1.探究任务，增强学生的科学探究能力。 2.自主学习，检测自我。 3.实践任务提升学生能力。
成果评价，优化步骤	1.邀请学生总结展示假期自制果酒、果醋的过程中遇到的问题、是如何解决的和最终成果。 2.总结各项问题，带领学生共同分析、讨论解决措施，在合作探究中再次巩固知识。	1.学生分享过程中遇到的问题、最终成果。 2.学生提供自己的解决方案或发散思维尝试优化步骤。	1.展示过程评价结果，实现有效教学。 2.真实情境课堂再现，发现问题、解决问题。

学习任务	教师活动	学生活动	设计意图
板书设计	酵母菌与果酒、果醋的制作 —— 发酵原理 / 方法步骤 / 成果评价		

七、学生作品及点评

专题	学生作品名称	学生作品	点评
专题一：使用显微镜观察酵母菌	"显微镜的发展历程"简报	**显微镜的发展历程** 高一 9班 第三组 **早期阶段** 在2500年前的《墨经》中，就记载了能放大物体的凹面镜的使用。这可以看作是显微技术的原始形式。然而，凸透镜的具体发明时间则无从考证。 **光学显微镜** 16世纪末期，荷兰眼镜商詹森（Zatcharias Jangsen）和他的儿子将两个凸透镜放入一个镜筒中，创造出了能够放大物体的仪器，这被认为是显微镜的前身。如果每一个凸透镜可以放大10倍，那么两个凸透镜组合就能放大100倍。1609年，伽利略改进了这种设计，制作了一个聚焦更好的显微镜，并从物理学的角度解释了透镜放大的原理。 **电子显微镜** 随着科技的进步，人们开始探索更小尺度的微观世界。20世纪30年代，电子显微镜的发明标志着显微镜技术的一个重要飞跃，它使用电子束而不是光线来照射样品，从而实现了更高的分辨率和放大倍数。 **现代显微镜** 除了传统的光学显微镜和电子显微镜。现代显微镜还包括了激光显微镜、扫描隧道显微镜、数码显微镜等多种类型。这些显微镜在科学研究和工业领域有着广泛的应用，如生物学、材料科学、化学等领域。 **教育和普及** 在当今社会，显微镜是科学研究的重要工具，使用它也成为了中学生学习基本技能的一部分。通过学习显微镜的结构、科学使用方法以及维护知识，显微镜成为了青少年探索未来世界的一个窗口。 总之，显微镜的发展不仅见证了人类对生物学微观世界的认识历程，而且其每一次技术的创新都极大地推动了人类认知的深入和生活方式的变革。	优点：学生们合集整理了关于显微镜发展历程的资料，逻辑清晰。 待改进：若能添加各时期显微镜图片，将更直观。

专题	学生作品名称	学生作品	点评
专题二：制作酵母菌细胞亚显微结构模型	构建真核细胞的物理模型		结构科学性：不应该存在中心体 制作大小：合适 选用材料：合适 颜色设计：一般 结构比例：合适
			结构科学性：不应该存在叶绿体 制作大小：合适 选用材料：合适 颜色设计：合适 结构比例：合适
专题三：酵母菌与馒头的制作	制作创意馒头		①外观造型：规整、颜色搭配协调 ②口感：不松软、独特的口感 ③制作技巧：与创意相结合，使馒头更具特色 ④食材搭配：食材的选择与创意相符
			①外观造型：形状规整、美观、有创意、颜色搭配协调 ②口感：松软 ③制作技巧：熟练、流畅 ④食材搭配：与创意相符

专题	学生作品名称	学生作品	点评
专题三：酵母菌与馒头的制作	制作创意馒头		①外观造型：规整、美观且有创意的设计元素 ②口感：比较松软细腻，有独特的口感特点 ③制作技巧：熟练、流畅 ④食材搭配：食材搭配合理，能突显馒头的特点
专题四：酵母菌与果酒、果醋的制作	制作果酒、果醋		①感官品质 外观：比较清澈 香气：有果酒香气 口感：有一点点酒味，但有点苦涩 ②风味和成熟度 风味：能够体现出所用水果的特色 成熟度：不太成熟 ③技术与卫生标准 技术要求：符合 卫生标准：符合
			①感官品质 外观：较浑浊 香气：有果酒香气 口感：有酒味，不浓郁 ②风味和成熟度 风味：能够体现出所用水果的特色 成熟度：比较好 ③技术与卫生标准 技术要求：符合 卫生标准：符合

八、案例实施成效及反思

(一)案例实施成效

1. 与"菌"相识——使用显微镜观察酵母菌

(1)协同合作,查找资料

在课前任务中,面对信息获取工具的限制,学生展现了协同合作的精神。住校生无法上网,他们请求能够回家的同学帮忙搜索显微镜发展历史的相关资料,并打印或手抄带到课堂上分享。这种团队合作最终帮助他们克服了困难,成功了解了显微镜的发展历程。

(2)克服困难,掌握知识

学校扩建导致原有教室短缺,生物实验室被临时改为普通教室,这直接影响了实验课的安排。教师必须调整教学计划,采用科学教育视频《使用高倍镜观察几种细胞》作为教学工具,以教授学生正确操作显微镜。虽然观看视频与实际操作存在差距,但这是当时情况下的最佳替代方案。

2. 与"菌"相知——制作酵母菌细胞亚显微结构模型

在此次模型制作活动中,学生展现出了对亲手制作科学模型的浓厚兴趣。他们分组使用超轻黏土、硬纸板、卡纸等材料,构建了真核细胞的物理模型,培养了学生的动手实践能力。制作完成后,组织者邀请教师根据评价标准对学生作品进行评分,并对优秀作品进行表彰。

3. 与"菌"相恋——酵母菌与馒头的制作

本次实践活动能够顺利进行,得益于学生的勤奋准备、教师的细心指导以及学校的大力支持。活动前,学生通过网络资源深入研究了馒头的历史和制作流程,并观看了相关教程视频。在馒头制作过程中,特别是在等待面团发酵的阶段,学生直观感受到了酵母菌的作用,并与教师分享了从激活酵母和面、发酵到蒸制的全过程体验。

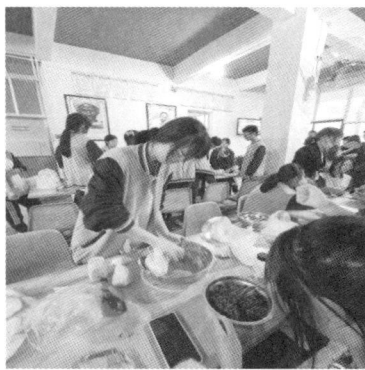

最后,每个小组举行了馒头制作的答辩会,不仅让馒头制作从理论层面落实到实践层面,还要从实践层面获取的知识与经验进一步丰富我们的理论知识。

4. 与"菌"相恋——酵母菌与果酒、果醋的制作

（1）发散思维,积极尝试

①发酵装置选择的多样性

学生测试了多种发酵装置,包括玻璃瓶、塑料瓶、家用酿酒罐和小型智能发酵机。通过实践,他们发现家用酿酒罐因其清洁方便、易于观察和自动排气的优点,更适合发酵操作,简化了流程并减少了杂菌污染的风险。

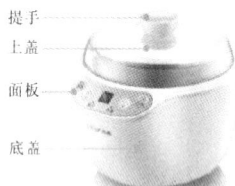

②水果选择的多样性

学生尝试了使用不同水果酿酒,包括菠萝、梨、橘子等,并进行了混合水果发酵的尝试。这让他们能够比较各种水果在口感、发酵速度和酒精含量上的差异。

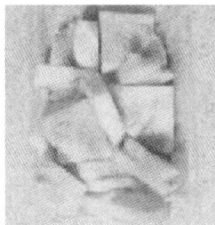

③果酒、果醋展示的多样性

（2）框架指引，记录交流

在本次实践活动中，教师在提供了必要的知识基础引导和讲解之后，便放手让学生自由探索。没有限制学生使用特定的发酵装置，也没有指定必须制作某种果酒，允许学生根据实际情况灵活调整。这种 STEM 任务下的真实情境为学生带来了许多挑战。遵循教师设计的框架式任务单，学生注重记录每一个操作步骤，确保在果酒制作过程中遇到的任何问题都能被及时记录下来。这样做不仅方便了学生之间相互讨论交流，也让教师与学生之间的探讨成为可能。通过这种方式，学生能够逐一讨论并解决在操作过程中遇到的问题。

以下是学生们对三个问题的分析及解决方案:

1. 发酵现象不显著:可能原因包括过度清洗导致天然酵母丢失、温度控制不当、水果含糖量不足。解决方案有购买专门的酿酒酵母加入、严格控制温度在18℃~30℃之间、选择成熟度高的水果或额外添加糖分。

2. 果酒过滤后依然浑浊:可能原因包括生物性因素如悬浮酵母、细菌等微生物的存在和非生物性因素如果胶、蛋白质未完全分解。解决方案有使用澄清剂如明胶、皂土和采用微滤、超滤技术提高透明度。

3. 果醋制作失败:可能原因包括环境温度低于醋酸菌最适生长温度和人为添加的酵母抑制了醋酸菌的生长。解决方案有控制环境温度或调整时间以满足醋酸菌需求、注意人工酵母的用量以保持微生物间的适宜竞争关系。

(二)案例反思

本案例在实施过程中暴露出多项不足,具体包括:

1. 实践周期过短:原计划的时间超出了一个学期的长度,导致许多预设活动未能完成,且在实施过程中出现的问题未能得到有效解决。

2. 内容组织不周:初次尝试融入STEM理念时,教学内容安排上存在缺陷,如未充分考虑学生学习进度和时间周期,导致部分内容安排不合理,影响教学效果。

3. 教师因素影响:教师个人的能力和思维定势限制了教学设计的开放性和综合性,同时对STEM案例的教学经验不足,影响了教学实施的效果。

4. 课后指导不足:STEM理念强调解决实际问题,但课后学生实践环节的指导不够充分,部分学生对待实践活动的态度不够认真,导致学习效果不佳。

为改进上述不足,提出了相应的措施,包括延长实践周期、优化内容组织、提升教师能力和加强课后指导等,以期在未来的教学中实现更好的教学效果。

手部康复外骨骼的开发

重庆市南开两江中学校　李南兰　田震　龙城

一、案例介绍

(一)选题依据

手部康复外骨骼在医学康复领域具有广泛的应用前景,特别是对中风、脑损伤等导致手部功能障碍的患者,具有重要的康复价值。将这一课题作为教学内容,与实际社会需求紧密结合,能够帮助学生理解学习的现实意义,从而增强学习动机。课题涉及科学、技术、工程、艺术、数学等多个学科领域,有助于全面发展学生的数学逻辑智能、空间智能、身体运动智能和人际智能。此外,该课题可以引入丰富的教育资源,包括最新的科研成果、实际案例分析和企业合作项目,为教学提供多样化的资源和平台,进一步增强教学深度和广度。

(二)背景信息

根据《中国脑卒中报告》的预测,至2026年脑卒中患者数量将超过2600万。高发病率与高致残率使脑卒中患者大多丧失生活自理能力,日常生活受到严重影响。因此,学生团队希望开发一款手部康复外骨骼,主要应用于辅助手部力量小或灵活度不够的患者进行重复性较高强度的康复训练。

(三)基本介绍

在本项目中,学生开发出一款针对脑卒中患者的手部康复外骨骼装置,成功整合跨学科知识,并克服多项技术挑战,将生物信号处理、无线通信、机械设计、三维打印以及编程设计等技术进行综合应用,从而实现项目的技术目标。项目参与经历加深了学生对于技术与社会问题之间联系的理解,使他们意识到技术解决方案在应对社会挑战中的潜力和重要性。

二、案例目标

(一)STEAM 目标

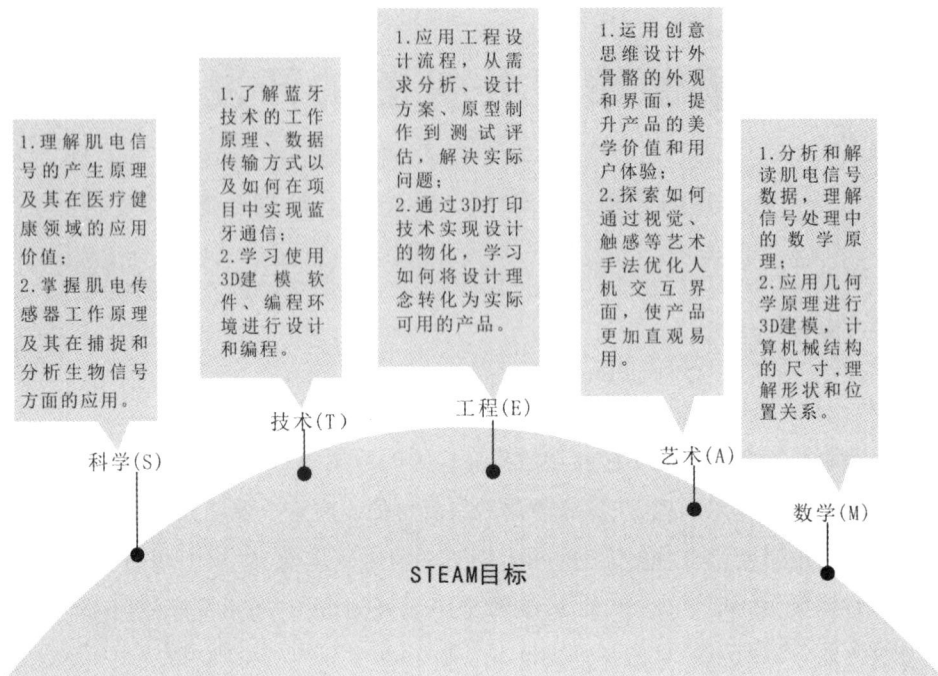

1.理解肌电信号的产生原理及其在医疗健康领域的应用价值;
2.掌握肌电传感器工作原理及其在捕捉和分析生物信号方面的应用。

科学(S)

1.了解蓝牙技术的工作原理、数据传输方式以及如何在项目中实现蓝牙通信;
2.学习使用3D建模软件、编程环境进行设计和编程。

技术(T)

1.应用工程设计流程,从需求分析、设计方案、原型制作到测试评估,解决实际问题;
2.通过3D打印技术实现设计的物化,学习如何将设计理念转化为实际可用的产品。

工程(E)

1.运用创意思维设计外骨骼的外观和界面,提升产品的美学价值和用户体验;
2.探索如何通过视觉、触感等艺术手法优化人机交互界面,使产品更加直观易用。

艺术(A)

1.分析和解读肌电信号数据,理解信号处理中的数学原理;
2.应用几何学原理进行3D建模,计算机械结构的尺寸,理解形状和位置关系。

数学(M)

STEAM目标

(二)总体目标

1.跨学科融合能力:整合 STEAM 各学科知识,设计和实现具备复合功能的智能康复外骨骼。

2.创新和批判性思维:思考现有技术的局限,探索创新解决方案,培养批判性思维能力。

3.团队合作沟通:通过团队协作完成项目,提升沟通能力、领导能力和团队协作能力。

4.实践操作:通过动手实践活动,提高操作技能和工程实践能力。

5.伦理思考:思考技术对于改善人类生活质量的作用,培养社会责任感和伦理观。

三、案例评价标准

学习目标	学习内容	评价指标	素养维度	素养表现	关键要素
科学目标	肌电信号的产生原理	对肌电信号产生原理的理解深度	科学素养	学生能够准确描述肌电信号的产生过程,并解释其在康复设备中的应用。	生物电现象医疗应用
	肌电传感器操作应用	对肌电传感器的操作熟练度	实验技能	学生能够正确操作肌电传感器,进行信号捕捉和分析。	传感器操作信号分析
技术学目标	蓝牙通信技术	对蓝牙通信原理的理解和应用能力	技术素养	学生能够解释蓝牙技术的基本原理,并在项目中实现数据传输。	无线通信数据传输
	3D建模与编程	对3D建模和编程的熟练程度	技术操作能力	学生能够熟练使用SolidWorks进行3D建模,并在Arduino IDE中编程。	软件使用编程技能
工程目标	工程设计与实现	工程设计方案的合理性和创新性	工程思维	学生能够按照工程设计流程提出合理创新的解决方案。	需求分析设计方案原型制作
	3D打印应用	3D打印的应用效果	工程实践能力	学生能够使用3D打印技术将设计转化为物理产品。	设计物理化打印精度
艺术目标	外骨骼外观与界面设计	产品外观设计的美观度和用户友好性	艺术创造力	学生能够运用创意思维设计出美观且实用的外骨骼外观和界面。	美学设计用户体验
	人机交互设计	人机交互设计的合理性和易用性	用户体验设计	学生能够设计出直观易用的交互界面。	界面直观性操作便捷性

学习目标	学习内容	评价指标	素养维度	素养表现	关键要素
数学目标	肌电信号数据分析	数据分析能力和数学应用能力	数学素养	学生能够使用傅立叶变换等方法分析肌电信号数据。	数据处理数学应用
	3D建模中的数学应用	建模中的几何学应用	空间思维	学生能够应用几何学原理进行精确的3D建模。	几何计算模型精度

四、案例所需资源

序号	设备	主要功能
1	Arduino控制板	作为项目的核心控制单元,用于接收来自肌电传感器的信号,并通过编程逻辑控制电机和其他执行元件。
2	肌电传感器	用于捕捉手部肌电信号,通过生物电现象反映肌肉活动,用于控制康复外骨骼。
3	蓝牙模块	实现无线通信,通过蓝牙技术传输数据,使得外骨骼可以通过手机APP进行远程控制。
4	3D打印机	用于制造外骨骼的物理部件。学生使用3D建模软件设计外骨骼组件,然后通过3D打印机将设计转化为实际的物理部件。
5	TPU材料	用于制作外骨骼的柔性部件,具有良好的弹性、柔顺性和耐久性,适合于穿戴设备。
6	直流电机	通过拉动尼龙线实现手指的抓握和伸展驱动外骨骼的手指部分。
7	电机绕线轮	与电机配合,缠绕尼龙线,实现电机的有效驱动。
8	橡皮绳和尼龙线	橡皮绳用于手指伸展时提供助力;尼龙线用于连接电机和手指,传递电机的动力。
9	魔术贴	连接外骨骼的不同部分,确保其可调节性和穿戴的舒适性。
10	电源模块	为整个系统提供电力支持,确保外骨骼能够长时间运行。
11	编程环境	使用电脑和相应的编程环境(如Arduino IDE)进行编程和测试。

五、案例设计思路

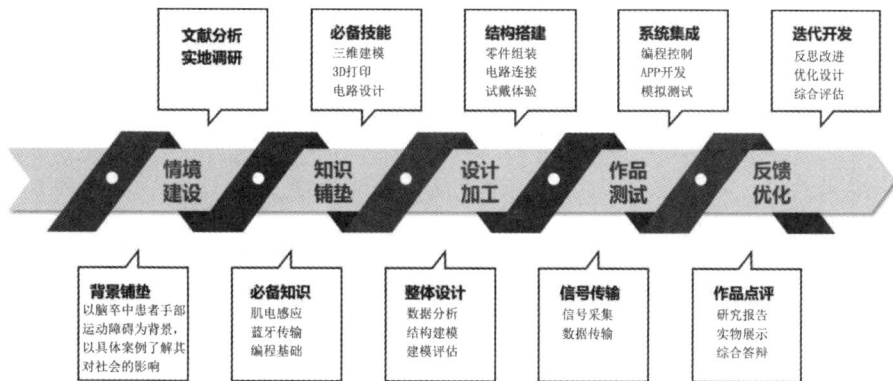

六、案例实施过程

<table>
<tr><td colspan="2" align="center">活动一:初步调查研究</td></tr>
<tr><td rowspan="1">教学目标</td><td>科学目标:理解脑卒中对患者生活质量的重大影响,认识到手部康复外骨骼的重要性。
技术目标:学习如何使用电子数据库和其他信息资源进行文献检索,获取相关的研究成果和数据。
数学目标:通过统计脑卒中患者的数量和康复需求,理解数据在问题分析中的重要性。</td></tr>
<tr><td>学习目标</td><td>1.系统地收集、评估和解释现有研究成果,建立研究基础。
2.解读和分析调查数据,运用数学方法进行数据处理。
3.设计和执行实地调研,通过问卷调查和访谈获取数据。</td></tr>
<tr><td>课型</td><td align="center">新授课</td></tr>
<tr><td>课时</td><td align="center">4 课时</td></tr>
</table>

教学环节	教师活动	学生活动	设计意图	评价指标
情境导入	1.展示脑卒中数据和图表。 2.思考:为什么脑卒中防控形势如此严峻? 3.思考:脑卒中对患者及社会有哪些影响?	1.阅读相关资料,设计一套脑卒中预防和控制的综合方案。 2.各组派代表展示设计方案,接受其他组的提问和建议。	通过实际案例讲解脑卒中的发病率、致残率及其对社会的影响,有效增强学生对公共卫生重要性的认识,培养社会责任感。	学生是否展示出对社会问题的敏感性和责任感。
文献检索	1.介绍常用的电子数据库。 2.展示如何使用关键词和高级搜索功能进行文献检索。	1.从电子数据库、图书馆、学术期刊等来源搜集相关文献。 2.根据研究需求进行筛选和分析。	掌握从不同来源搜集、筛选和分析文献的技能。	学生能否有效使用电子数据库进行文献检索和筛选。
对比分析	1.讲解如何有效地整理搜集到的资料,使用文献管理软件进行分类和注释。 2.介绍文献评估的标准。	通过对相关学术资料的系统搜集、整理、评估,系统地总结和评价已有研究。	提高处理和管理信息的能力,确保研究工作有序进行。	学生能否评估文献的质量和相关性。
问卷调查	演示如何进行有效的问卷调研。	使用纸质和电子问卷对老年人群以及家中有手部偏瘫患者的家庭进行采访调研。	培养学生对特定人群的调研能力和敏感性。	学生设计的问卷是否科学合理,是否能有效获取所需信息。

教学环节	教师活动	学生活动	设计意图	评价指标
敬老院调研	1.分发访谈提纲模板,指导学生根据讲解内容进行完善。 2.布置任务,明确访谈时间、地点和注意事项。	对敬老院的老年人进行面对面访谈,深入询问疾病发生后在日常活动中遇到的具体问题。	为学生的设计和制作提供坚实的理论和实践基础,确保项目的方向和目标与用户的实际需求紧密相连。	学生是否在调研过程中表现出色,能够与受访者有效沟通。
制定研究计划	1.介绍项目背景,提供相关案例,展示已有案例项目的实施过程。 2.讲解设计方案的基本结构和内容,提供设计方案模板。 3.组织学生撰写初版设计方案。	1.小组分工合作,进行市场调研,收集相关数据和信息。 2.讨论并草拟初版设计方案。 3.使用迭代开发工具和方法,管理项目进度和任务分配。	1.理解设计及制造的整体流程。 2.学会设计方案的草拟、开发、测试和迭代优化。 3.提高团队合作和项目管理能力。	学生是否制定合理的工程设计方案并进行可行性分析。

活动二:理论学习

教学目标	**科学目标:**理解肌电信号的生物学原理,掌握信号的采集和处理方法。 **技术目标:**学习三维建模和3D打印技术,熟悉使用建模软件。 **数学目标:**分析和解读肌电信号数据,应用数学知识进行数据分析。
学习目标	1.掌握肌电传感器工作原理及其在捕捉生物信号方面的应用。 2.了解蓝牙技术的工作原理、数据传输方式以及如何在项目中实现蓝牙通信。 3.学习使用3D建模软件、编程环境进行设计和编程。
课型	新授课
课时	4 课时

教学环节	教师活动	学生活动	设计意图	评价指标
肌电信号采集学习	1. 观看关于肌电信号的应用视频。 2. 介绍肌电信号的基本概念和采集原理。 3. 实践操作与演示。 4. 讲解实验安全注意事项和操作规范。	学习肌电信号的产生原理、信号采集技术及其基本处理方法、肌电信号的准确采集和处理。	1. 全面提升学生对肌电信号的理解和应用能力。 2. 培养学生动手能力和合作精神。	学生是否掌握核心知识与基本操作。
蓝牙技术学习	1. 使用图示解释蓝牙设备之间的通信过程。 2. 展示实际应用案例。	学习蓝牙技术的工作原理和广泛应用场景。	激发学生对现代通信技术的兴趣。	学生是否掌握蓝牙通信的工作原理和应用方法。
3D打印技术学习	1. 演示3D建模过程。 2. 演示如何使用切片软件处理3D模型，设置打印参数。	学习3D建模与3D打印技术的工作原理和操作技巧。	培养学生的创新思维和创意表达能力。	学生是否掌握三维建模与结构设计。
Arduino编程学习	1. 介绍Arduino编程语言的基础知识。 2. 指导学生进行Arduino编程和电路搭建。	学习Arduino平台的编程知识、电路设计原理及电子元件的应用。	增强学生的操作技能，加深对理论知识的理解，提高学习效果。	学生是否熟练应用Arduino编程，掌握电路搭建技巧。

活动三：结构搭建

教学目标	**科学目标：** 探讨人体工程学的原理，了解手部结构及其运动机制。 **技术目标：** 掌握3D打印技术的工作原理和操作技巧。 **教学目标：** 掌握基本的数据查询和分析方法，运用数据分析进行精密设计。
学习目标	1. 理解不同材料的物理性能和适用性。 2. 学习手部外骨骼的精密设计和三维建模。 3. 应用数学方法进行精确计算和设计优化。
课型	实践课
课时	4 课时

教学环节	教师活动	学生活动	设计意图	评价指标
建模设计	1. 解释手部外骨骼的各个组件及其功能。 2. 思考：设计外骨骼组件需要注意哪些细节？	1. 查询数据，确定控制部位长度。 2. 绘制手部外骨骼的设计草图。 3. 对外骨骼组件的精密建模设计。	1. 掌握基本的数据查询和分析方法。 2. 能够运用数据进行精密设计，并绘制出合理的草图。	学生的结构建模是否合理，数据是否准确。
外壳设计	1. 介绍打印材料的基本特性和应用领域。 2. 思考：材料在压紧时的表现如何？哪种材料最具弹性和柔顺性？如何确保稳定性和舒适性？	1. 加工不同材料的槽型环，对比压紧时的形变量，选择弹性和柔顺性较好的材料。 2. 设计装载电子元器件的外骨骼小臂托台。	1. 培养实验设计和数据分析能力，理解材料性能的差异。 2. 将理论知识应用到实际设计中，提升动手能力和设计思维。	学生的原型制作是否精确，是否符合设计要求。

教学环节	教师活动	学生活动	设计意图	评价指标
打印组装	1.指导学生进行设计检查。 2.介绍手指零件的布线要求和注意事项。 3.介绍驱动线和电机的配合安装方法。 4.介绍整体线路的设计思路和连接方法。 5.巡视并提供个别指导。	1.操作3D打印机加工手部零件。 2.将电线安装到手指零件中。 3.在指定位置安装魔术贴。 4.将驱动线与电机进行安装,测试驱动线和电机的配合效果。 5.按照设计图纸进行整体线路的安装,进行系统测试。	1.体验从设计到制造的完整流程,培养学生实践能力和工艺理解。 2.使用专业设备,熟悉现代技术,提高学生技术应用能力。	学生是否在团队中能有效地分工协作,完成各项任务,是否能够准确操作实验设备和仪器。

	活动四:编程控制
教学目标	**科学目标:**理解肌电信号的产生原理以及如何通过肌电传感器准确地采集和处理信号。 **技术目标:**掌握蓝牙技术的工作原理及其在无线数据传输中的应用。 **工程目标:**掌握硬件与软件集成的方法,能够通过编程控制硬件设备实现复杂功能。 **数学目标:**通过算法优化,提高编程控制的效率和准确性,确保对外骨骼的精准控制。
学习目标	1.应用Arduino编程环境进行编程和电路设计,熟悉电子元件的应用和控制。 2.设计并实现肌电和蓝牙双控制模式的系统。 3.设计手机APP界面,实现康复设备的远程控制。
课型	实践课
课时	5课时

教学环节	教师活动	学生活动	设计意图	评价指标
肌电信号采集与处理	讲解肌电控制逻辑和蓝牙控制逻辑，展示肌电和蓝牙控制的系统框图和流程图。	学习肌电和蓝牙控制的基本概念，理解整个系统的工作原理。	帮助学生建立系统性的理论框架，为后续的实际操作打下坚实的基础。	学生是否合理运用所学理论知识解决开发过程中的实际问题。
电机控制演示	演示如何使用 Ar-duino 控制器和肌电传感器进行肌电信号的采集与处理。	1.使用控制器和传感器进行肌电信号的采集处理。 2.将模拟信号转换为数字信号，并进行初步的信号处理。	通过实际演示，让学生直观地了解肌电信号的采集与处理过程，降低操作难度，增强学习效果。	学生是否掌握编程和电路设计的基本原理。
蓝牙控制实现	演示如何通过 Ar-duino 控制板和蓝牙模块接收手机APP发送的蓝牙信号。	1.根据接收的蓝牙信号控制电机的运转顺序和时间。 2.使用手机 APP 发送蓝牙信号，控制外骨骼手部的多样化动作。	使用专业设备，让学生熟悉现代技术，提高技术应用能力。	学生是否能够快速定位和解决编程与技术实现中的问题。
肌电与蓝牙双控制集成	演示肌电与蓝牙双控制模式的系统集成。	1.分组操作，将肌电控制和蓝牙控制进行集成，实现双控制模式。 2.测试集成后的系统。	通过亲自动手进行系统集成，学生能够实践所学知识，动手能力和解决问题的能力得到培养。	学生是否实现肌电信号的采集与处理，以及蓝牙通信的功能。

教学环节	教师活动	学生活动	设计意图	评价指标
实验效果评估	1.点评学生作品。 2.提出修改意见和方法。	对加工制作的简易样机进行穿戴实验,对比使用外骨骼前后的表现差异。	评估外骨骼的实际助力效果,为后续设计优化提供实验基础。	学生是否有效收集用户反馈,并在设计中进行改进。

七、学生作品点评

(一)第一代

设计特点	设计手指关节部分为关节裸露、褶皱连接结构,尼龙线安装于手指末端,在接受肌电信号后,Arduino 板处理信号控制电机正反转动,拉动尼龙线使手指弯曲,在材料弹性限度内,褶皱恢复原状态,达到初始状态。
优点	关节采用褶皱弯曲式结构,便于协同手指弯曲。
缺点	1.驱动线安装于指尖,不方便穿戴; 2.选用 PLA 材料,手指部分过硬,不便于活动; 3.由于弹性势能较弱,手指无法恢复初始状态; 4.手臂模块部分体积太大; 5.指套部位不可拆卸,训练模式单一。

（二）第二代

设计特点	设计外形为手套式穿戴外骨骼,每根手指有两根驱动线,分别控制手指抓握和伸展两种状态,尼龙线由步进电机带动,两种状态的驱动线分别以相反方向绕在与电机配合的皮带轮上。整个手部外骨骼采用五个直流电机分别控制五根手指,直流电机的转动方向是通过与控制器连接的肌电传感器采集反馈的信号控制的,从而带动手指的拉伸与弯曲,实现手部的抓握功能。
优点	1.关节处镂空并有效连接相邻手指骨节; 2.机构主体采用TUP柔性材料制造,提升佩戴舒适性,使康复外骨骼轻便可携带。
缺点	1.手指采用两根驱动线、电机绕线易乱; 2.手臂模块部分体积较大。

（三）第三代

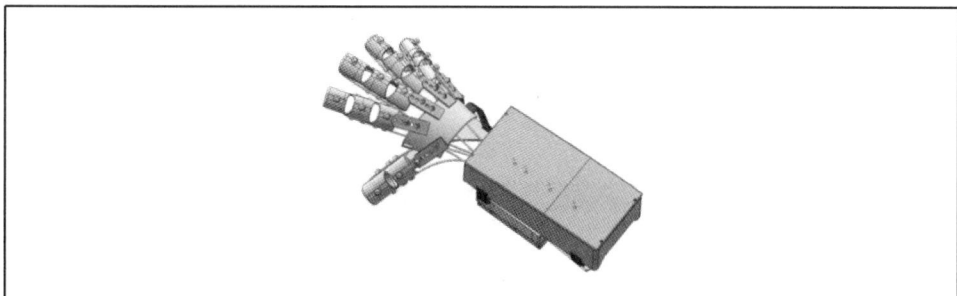

设计特点	选择 TPU 柔性材料,增加机构柔韧性的同时,降低机构成本和重量,使外骨骼更加轻便;使用镂空设计增加手指灵活性,手指上加装橡皮筋,回弹时助力;通过上下两个整板,实现手心、手背的模拟,手背设计将手指连接,形成完整手掌;盒体状具有足够空间放置电机、电池和控制板、电机盒,以及托住小臂;肌电传感器感应肌电信号,传输至 Arduino 控制板,经处理从而控制电机拉绳机构运行。
优点	1. 外骨骼指套可拆卸,可以实现单指或多指康复训练,同时指套的长度可调节,适合不同手部尺寸; 2. 一体化的设计,关节处不需其余构件进行连接,使结构更简单,方便加工,故障率低; 3. 使用后可直接浸泡水洗,也可将手部拆解开分别清洗。
缺点	1. 手心捏板过于棱角分明,导致使用者握感不佳; 2. 外骨骼手部指套部分弯曲时容易向两边分开; 3. 外骨骼指套长度调节方式精度不高,并且操作麻烦。

（四）第四代

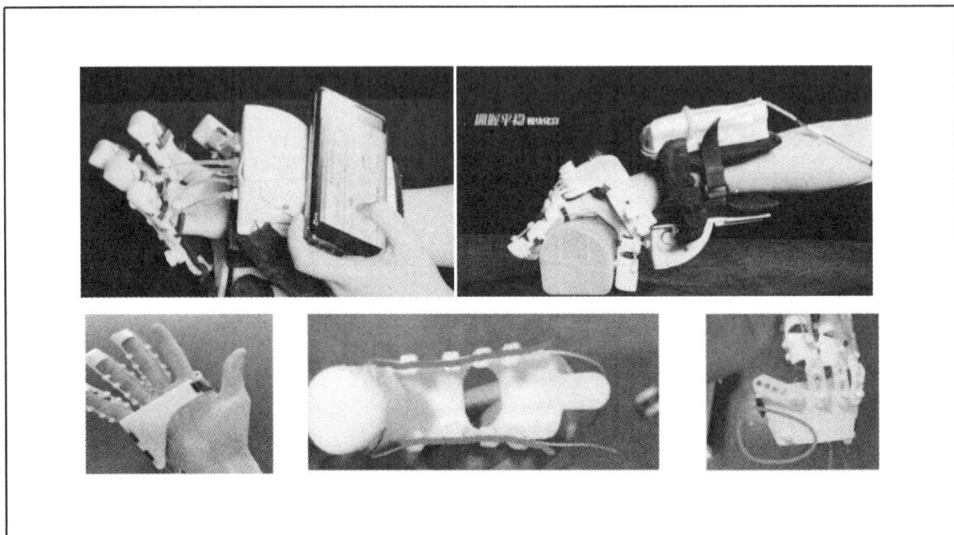

设计特点	在结构上使用魔术贴粘贴的方式将外骨骼指套部分与手背部分连接,实现拆装方便快速的目的,指套指节部分使用分体式设计,并通过一根弹性橡胶棒进行连接,弹性橡胶棒起到回弹助力的作用,指套指节上方可用轻型螺钉进行夹紧固定,同样也可调节螺钉的松紧程度实现指节部分间距的无级调节,以适应不同的手指长度。驱动方式为使用舵机拉绳驱动,拉绳捆绑于与舵机装配的绕线轮上,且本设计总共使用两个舵机实现五指弯曲与伸直、三指弯曲与伸直以及两指弯曲与伸直。产品使用手机APP通过蓝牙控制,可帮助患者看护人实现康复训练的远程控制。
优点	1.将手心捏板制作为月牙状,贴合手心弯曲弧度,增加倒圆设计,提升舒适性; 2.指套末端的槽口设计和绑带,增加了指套末端的受力面,能够约束指套弯曲时的形变程度; 3.去除指掌连接处的分级调节机构,设计了一种压紧式的无级调节机构,使长度的调节范围更加精确,手指拆卸更加方便。
缺点	1.分体式设计和魔术贴连接可能导致耐用性下降和结构稳定性减弱,尤其在长期频繁使用下; 2.可调节螺钉对特定用户群体(如康复患者或老年人)来说操作过于复杂,增加使用难度; 3.手机APP和蓝牙远程控制增加用户的技术学习门槛,且对软件和硬件的依赖可能影响产品的普适性和可靠性。

八、案例实施成效及反思

(一)实施成效

1.跨学科融合

在项目实施中,学生展现出对STEAM领域知识的深度整合,如对生物信号处理、无线通信、机械设计、3D打印以及编程技术的综合运用。不仅显著提高了学生对跨学科知识融合的能力,也深化了他们对于知识在实际应用中的重要性和实用性的理解。

2.创新能力

通过本项目,学生被激励去挖掘现有技术的局限性,并被引导向创新的解决方案迈进。学生学习如何通过优化设计和精心挑选材料来提高外骨骼装置的舒适度与功能性,不仅促进了创新能力的发展,也锻炼了他们的批判性思维,使他们能够更深入地理解和解决问题。

3.团队合作

项目成功的关键在于成员之间的有效沟通与明确的分工协作。项目的完整实施不仅增强了学生的团队合作精神,也在实践中提高了他们的领导技能,团队协同作业的重要性在于共同努力以实现共同的目标。

4.社会责任

通过开发针对脑卒中患者的康复外骨骼,项目突显出技术在社会发展中的积极作用。参与项目的过程能有效培育学生对于承担社会责任的认识,加深他们对技术与社会福祉之间联系的理解。

(二)实践反思

1.设计匹配

尽管在设计和功能方面项目已经取得了显著进展,用户的反馈却揭示了待改进的地方。因此,未来的研究需要加强用户测试和反馈的循环过程,以确保产品设计更贴切地满足用户的真实需求和使用偏好,将有助于精细化产品特性,使之更符合目标市场的期望。

2.技术应用

为了不断优化产品性能和提升用户体验,需要进一步探索更多创新材料和技术的应用可能性,从而进一步完善产品特性,为用户带来更加丰富和满意的使用体验。

3.项目管理

在实施过程中,团队面临时间管理的挑战,团队计划的实施需要采用严格项目管理的方法和工具。通过引入甘特图、敏捷开发等工具,可以确保项目的高效执行并严格按照计划进行,不仅有助于优化时间分配,还能提高团队的工作效率,确保项目目标的顺利实现。

4.推广路径

该项目在商业化的初步阶段已经实现了一些进展,然而,扩大其市场影响力、吸引更多的投资以及寻找合作伙伴的道路上仍有许多工作需要做。项目团队需要增强与行业内其他实体的合作关系,积极参与各种展览和竞赛活动。不仅可以提升项目的可见度,还有助于提高其在相关领域的认知度和影响力,为项目带来更广阔的发展机会。

(三)改进设想

为了确保学生能够深入理解并实际应用跨学科知识,必须采取更为系统和有针对性的方法和策略。设计针对性强、具体详细的跨学科项目活动显得尤为重要。回看整个实施流程,学生在问题解决的过程中未能得到充分的指导和支持。需加大指导力度,通过引入问题解决策略的培训、案例分析等方法,加强学生对问题的理解、分析和解决能力,帮助学生更有效地应对挑战,促进他们在思维方式和解决问题技巧上的全面发展。教学实践应当多采取如团队建设活动和角色扮演等教学策略,深化学生的团队合作意识和提升其沟通技巧,促进学生在个人与集体之间建立更有效的沟通和协作。此外,加入更多专门设计环节来培养关键技能的活动是至关重要的,比如思维导图制作、参与辩论以及创新性实验,进而有效地激发学生的创新思维和批判性分析能力,帮助学生将能力转化为解决实际问题的关键技能。

鸟类招引巢箱设计

重庆市巴蜀中学校　赵霞芬　程颖　季鑫

一、案例介绍

本 STEM 教学案例旨在通过设计和制作鸟类招引巢箱,让学生在分析和理解结构设计需要考虑的主要因素的同时,结合设计美学,运用科学知识、技术技能、工程方法和数学工具来进行图纸绘制、模型设计及实体建构。

本案例主要选自广东科技出版社出版的《通用技术必修技术与设计1》第一章到第四章的内容,是对技术及其巨大作用、技术设计的基础、制订我的设计方案、实现方案和评价设计四个章节的综合运用。

在项目实施过程中,通过观察与调研、作品设计与创新、材料选择与加工、作品制作与测试、展示与交流等环节,让学生了解鸟类的生活习性、栖息环境需求以及人类活动对鸟类生活的影响,结合生态学原理和工程技术,指导学生小组协作跨学科实践学习,培养学生的生态保护意识、问题解决能力、创新思维和终身学习能力。

二、案例目标

本案例涉及的学科领域主要包括生物学、通用技术、工程设计和数学,涵盖生物多样性及鸟类生态学、人机工程、物理力学、数学统计以及问题解决策略等。本案例主要采用“STEM＋”教育理念和PBL项目教学,强调科学、技术、工程、数学等多个学科的交叉融合与应用,以解决真实世界的问题为驱动,通过项目引入、调研设计、探究实践、展示评价,激发学生主动参与项目的每个阶段,使学生在自主学习、合作探究、实践操作活动中实现思维的培养、能力的锻炼、素养的提升。

本案例的教学目标如下图所示,分别从科学、技术、工程、数学四个方面进行了教学目标的设定。

以小组合作的方式，组织学生进行项目探究与实施；结合数学知识进行观测数据的整理和分析以及巢箱的尺寸设计；引导学生使用思维导图进行头脑风暴、创新设计和创造方案生成，从而培养学生创新思维与意识，增强学生项目管理、沟通交流、团队协作的能力。

通过对校园多种鸟类生活习性和环境的观察与调研，学生了解并掌握与生物多样性、鸟类生态学习以及环境保护相关的科学知识，认识到人类活动对野生动物的影响，提升对生物多样性和环境保护的意识与责任。

通过"鸟类招引巢箱设计"STEM 案例实施，学生理解结构设计相关知识，掌握基本的木工技术、工具使用和安全常识，提升技术理论与实践能力；培养学生问题解决能力、创新意识和跨学科思维。

科学（S） **技术（T）** **数学（M）** **教学目标** **工程（E）**

通过工程设计、测量、计算和模型构建，从问题定义、需求分析、概念设计到最终的测试和优化，学生体验完整的工程设计过程，从而培养理论与实践相结合、整合多个学科知识应用于解决实际问题的能力。

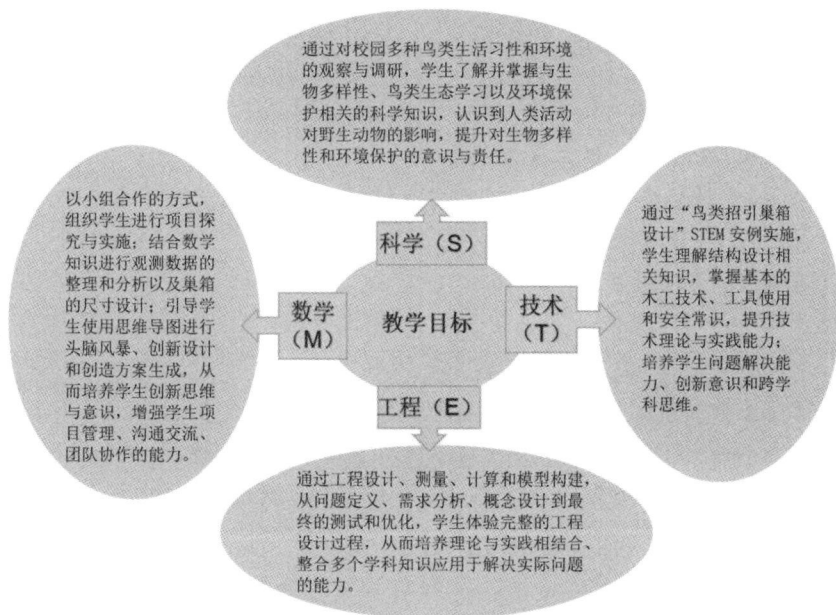

三、案例评价标准

本案例属于"STEM +"课程，采用项目式教学模式开展教学。针对目标维度多且项目活动复杂的情况，对学生的学习评价结合项目学习过程，主要采用多元评价方式，确立了创新能力、跨学科能力、实践能力、合作能力、表达能力五个方面的评价要素。

素养维度	素养表现	关键要素
创新能力	学生能根据任务要求，结合所学进行鸟类招引巢箱的方案设计、造型和功能创新，并采用合适工艺和材料制作模型。	创新方法和技术进行方案和模型设计与制作。
跨学科能力	学生能结合生物、通用技术、工程设计、数学、艺术等多学科知识，开展项目。在方案制定和项目实施过程中，学生能综合跨学科知识，理解和运用各学科基础原理和方法，解决真实问题。	综合运用各领域知识进行方案设计和项目实施，形成基于真实问题解决的综合性知识体系。

素养维度	素养表现	关键要素
实践能力	能正确、合理地使用工具及设备,恰当、节约地使用材料,在项目实施过程中,能独立进行材料加工、设备和工具使用等。	将理论知识有效应用于实践中,解决实际问题。
合作能力	学生能够在团队中积极协作,共同完成项目任务。在项目实施过程中,学生能够相互支持、相互学习,共同解决问题。	具有团队协作精神,学会与他人有效沟通,确保项目顺利进行。
表达能力	学生能够选择适当的技术语言表达设计思想,能条理清晰、得体大方地展示项目成果并接受同伴的反馈。	利用适当的工具和方法,与他人进行有效交流,分享学习经验和成果。

四、案例所需资源

(一)教学环境

创客教室以科技为载体,基于STEM教育的特点,是学生实践探究进行科技创新项目研究和实施的场所。中小学创客教室主要以功能划分区域,包含讨论区、创造区、工具材料区等。讨论区需要为学生提供网络多媒体电脑、课桌椅等,通常用来教学、协作讨论、活动开展、展示互动等。创造区提供工作台,根据不同需求和学校实际情况,可以设置操作台,配备3D打印机、激光雕刻机等设备。工具材料区以工具和材料类别分门别类摆放和收纳需要的器材。

(二)三维建模软件

3D one是专为中小学生进行3D设计与打印而打造的一款工具软件。其界面友好,功能强大,简单易学,深受学校教育和青少年的喜爱,是培养学生设计思维、动手能力和创新精神的一大助力。

（三）课程资源

由于本项目课程融合多个学科知识,涉及科学、技术、工程、数学、艺术等多个领域内容,在原理掌握和技能操作上都具有一定难度,课程研发团队结合 STEM 项目实施流程和任务阶段,将课件、学案、网络学习资料等整合为学习资料包,通过自主学习平台、QQ 群等平台发布与分享,满足学生多元化学习和个性发展需求。

五、案例设计思路

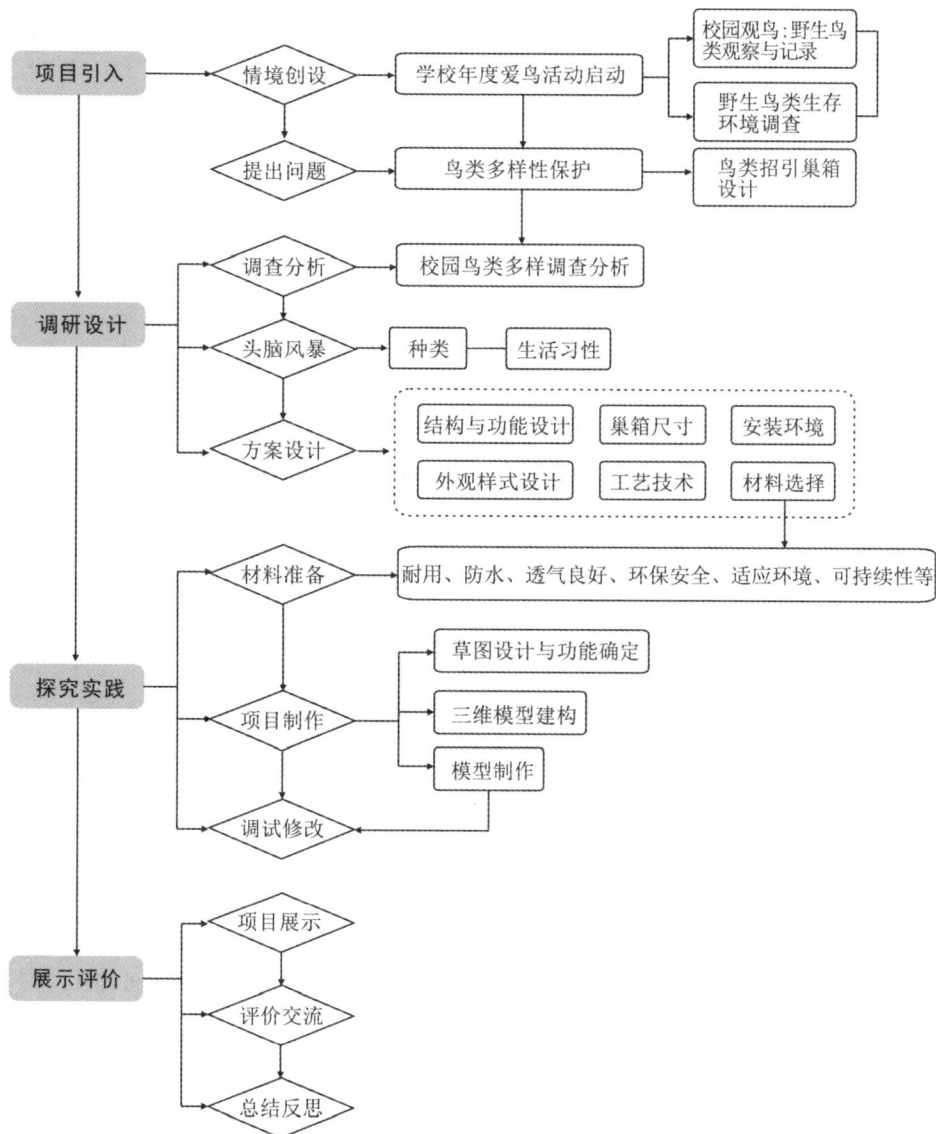

该 STEM 课程案例是以校园爱鸟周活动为背景,结合科学、技术、工程、数学、艺术、人文等跨学科知识,教师为学生提供丰富、互动和高度参与性的学习情境,引导学生从校园鸟类多样性调查、鸟类招引巢箱设计、巢箱模型制作、巢箱应用展示四个主题任务探究,为学生提供丰富和高度参与性的学习情境,从而发展学生核心素养,培养学生创新精神和综合能力。

六、案例实施过程

<table>
<tr><td colspan="5" align="center">活动一:鸟类多样性认识</td></tr>
<tr><td>教学目标</td><td colspan="4">科学素养:学生能够理解生物多样性的概念及其重要作用,形成对物种和生态保护的意识和责任。</td></tr>
<tr><td>学习目标</td><td colspan="4">1.理解和掌握生物多样性的概念及其重要作用,能够小组合作讨论保护生物多样性的方法和途径。
2.能够通过鸟类形态和结构分析其生活习性,结合城市鸟类生存现状制定改善和保护策略。</td></tr>
<tr><td>课型</td><td colspan="4" align="center">新授课</td></tr>
<tr><td>课时</td><td colspan="4" align="center">1 课时</td></tr>
<tr><td>教学环节</td><td>教师活动</td><td>学生活动</td><td>设计意图</td><td>评价指标</td></tr>
<tr><td>情境导入</td><td>展示本年度爱鸟周活动宣传展板,引导学生参与校园观鸟活动。</td><td>结合校园观鸟手册,在老师指导下参与观鸟活动。</td><td>以真实校园活动实践为学习切入点,通过直接观察和接触自然,让学生建立对生物多样性的理解。</td><td>学生是否具备对新事物的好奇心和探知欲。</td></tr>
<tr><td>提出问题</td><td>播放视频,展示物种现状,提出问题,引导学生分析原因,并提出生物多样性的保护方法。</td><td>结合现状,小组讨论分析原因,并提出保护方法。</td><td>通过野生动物现状数据呈现,激发学生学习兴趣,提升对生物多样性的保护意识和责任感。</td><td>学生是否具备发现问题、求解问题的能力,以及同理心。</td></tr>
</table>

教学环节	教师活动	学生活动	设计意图	评价指标
认识生物多样性和鸟类特征	引导学生自主学习生物多样性的概念和内容,认识鸟类分类方法(喙和足)。	从形态和结构进行鸟类分类。了解鸟类生活习性。	通过小组讨论和分析,认识并理解鸟类形态和结构特征与其生活习性的关系。	学生是否具备问题分析和知识迁移能力。
城市化及鸟类生态习性变化	展示城市鸟类现有繁殖环境照片,提出问题:城市化对鸟类生态有什么影响?我们如何保护城市鸟类?	观看城市鸟类繁殖环境的照片,结合教师问题,明确项目学习目标。	通过情境创设和问题提出,激发学生对鸟类和环境的保护意识和责任感,明确项目课程的具体任务目标。	学生是否具备反思和创新思维。
小结与拓展	知识小结,发放任务单和观鸟手册;布置课外观鸟任务。	思维导图归纳本节课所学;根据任务单进行课外拓展活动。	在自主学习环节,更有利于教师关注学生的能力差异,发现教学盲区,答疑解惑。	学生是否具有自主学习和自我管理能力。

活动二:鸟类巢箱模型设计

教学目标	科学素养:从科学角度出发,结合生态学原理分析实际问题,并思考问题解决方法和策略。 工程素养:学生能够了解并熟悉技术设计的基本原则,并具备初步的方案制定与设计能力。 数学逻辑:学生能够对观察数据进行记录、整理、测算,提升对数据的处理、分析和归纳能力。			
学习目标	1.能够掌握草图绘制的基本方法,结合三视图进行巢箱模型的设计与绘制。 2.能够通过项目实践,进行团队合作与分工以及项目流程设计。			
课型	新授课			
课时	2课时			
教学环节	教师活动	学生活动	设计意图	评价指标
情境导入	展示校园观鸟记录表,指导学生进行鸟类多样性调查分析:种类及数量、栖息与繁殖环境等。	通过鸟类观测调查表,分析校园林鸟的种类、数量、栖息地环境,总结不同林鸟栖息地要求:食物、隐蔽地和巢址。	通过引导学生对观察数据的记录、整理、测算,提升对数据的处理、分析和归纳能力。	学生是否具备数据整理、统计、分析能力。
明确目标	任务:为某种鸟类解决觅食、生存、繁衍等需求。	学生分小组,确立研究对象,并具体分析。	确立研究问题,并启发学生思考解决方案,启发学生的学习兴趣。	学生学习意愿和动力是否强烈。

教学环节	教师活动	学生活动	设计意图	评价指标
调查分析	指导学生结合调查分析表,选择某类林鸟进行栖息条件、繁衍需求等具体分析。	分组针对具体某类鸟进行生活习性调查和分析。	从思想上、认知上有一个初步的认识和心理准备。为接下来开展项目式学习做铺垫。	学生是否具备团队共建意识。
项目启动	不同种类的鸟觅食需求和巢箱类型不同。请设计制作一种鸟类招引巢箱,为校园的鸟儿们提供丰富的食物和安全舒适的繁殖环境。	观看鸟类繁殖环境的视频和照片,结合教师问题,明确项目学习目标。	创设真实情境下的项目案例,让学生可以直观地开展项目式学习。	学生是否具备对项目的宏观规划能力。
自主学习	分享自主学习资源(三视图绘制),引导学生结合招引巢箱设计表进行项目方案设计、草图绘制和功能表述。	小组头脑风暴,根据特定鸟类巢箱需求,结合资源和表格进行自主学习和方案设计。	在自主学习、小组协作的过程中完成鸟巢方案设计(造型与功能),提升学习能力。	学生是否具备项目式学习的主动学习意愿和探究意识。
课后任务	发放项目任务单。	确定项目成员和分工,进一步完善巢箱方案设计和项目规划。	学生小组协作与分工,便于特长与优势的展示与发挥,增强学习的自信和内驱力。	学生是否具有沟通力、领导力、协作力。

活动三:鸟类招引巢箱模型制作

教学目标	**科学素养**:在项目实践过程中,能够主动提出科学问题,设计实验或调查方案,培养学生科学探究的兴趣和能力。 **技术运用**:能够尝试使用新技术或创新方法解决问题,培养学生的技术创新意识和能力。 **工程素养**:能够按照方案设计,有序进行巢箱制作和技术试验,培养学生的工程实践能力和问题解决能力。 **数学逻辑**:能够运用逻辑思维进行问题分析,通过抽象思维提炼问题本质,提出有效解决方案。
学习目标	1. 能够将科学、技术、工程和数学等多个领域的知识和技能融合到项目中,实现跨学科知识的有效整合。 2. 能够在项目实施过程中,主动提出问题、设计实验,以科学的方法探索解决问题的方式。 3. 能够发挥各自特长,有效协作,共同完成项目任务,并展现出一定的领导力。
课型	新授课
课时	3 课时

教学环节	教师活动	学生活动	设计意图	评价指标
方案分享	对学生制定的招引巢箱方案进行指导。	小组分享巢箱方案设计。	通过协作交流,在实践过程中提升学生的创新能力和表达能力。	学生是否具备创新和表达能力。
知识储备	借助自主学习平台的资源,指导学生利用三维软件设计鸟类招引巢箱的模型,同时提示利用数学知识规划各功能部位的大小尺寸。	学生基于草图设计,利用三维软件搭建鸟巢模型并按要求完成方案演示文档的制作。	把科学、技术、工程、数学以及美术等多学科知识整合,开展 STEM 项目实践。	学生是否具备多学科知识迁移与整合的能力。

教学环节	教师活动	学生活动	设计意图	评价指标
加工制作	通过现场演示、微课视频讲授木工工具的使用，指导学生结合设计图和模型，使用合适的材料进行巢箱的实物制作，在制作过程中进行结构受力分析。	小组分工合作，完成材料的选择、加工和组装，并在制作过程中进行数据和问题记录与分析。	学生结合跨学科知识，如数学、物理、技术、工程等实现作品的创作，在解决实际问题的过程中，逐步掌握STEM领域的知识与技能。	学生是否具备跨多学科知识解决实际问题的能力。
测试完善	在学生完成基本实物制作后，引导学生结合结构稳定、美学和环境安全等要求对鸟类招引巢箱进行测试、装饰美化与精细打磨。	对巢箱进行结构、安全等测试，结合设计思维和人文艺术进行巢箱美化与精细打磨。	学生通过美化装饰、力学和工程测试，不仅训练了科学思维，也让综合能力与素养、创新思维和小组协作能力、审美情趣和人文艺术修养得到锻炼和提升。	学生是否具备技术实验能力以及人文艺术审美。
课后任务	布置项目成果展示任务。	完成项目展示文稿的制作，继续完善作品。	培养学生从产品的使用者转变为产品的设计者、创造者、代言者。	学生能否有效地与团队成员协作完成项目任务。

活动四：鸟类招引巢箱成果展示

教学目标	**科学素养**：培养学生观察和分析技术发展对物种和生态环境的影响，理解技术进步与环境保护和谐共生、协调发展的关系。 **技术运用**：鼓励学生通过实践，掌握实物制作的基本技能和工具使用，探索不同技术解决方案在巢箱制作项目中的应用。 **工程素养**：培养学生的团队协作和项目管理能力，确保项目能够按计划进行并达成预期目标。 **数学逻辑**：培养学生利用结构力学和数学模型进行问题求解和技术试验，提升逻辑思维和推理能力。

学习目标	1. 能够在跨学科的学习过程中,培养学生创新思维和批判性思维能力,形成独立思考和自主学习的能力。 2. 能够通过项目合作和讨论,增强学生的团队协作和沟通能力,提升人际交往能力。 3. 能够形成对科技发展和生态环境的关注和兴趣,培养学生终身学习的意识和习惯。			
课型	新授课			
课时	1 课时			
教学环节	教师活动	学生活动	设计意图	评价指标
小组展示	指导学生进行小组作品展示,分享制作过程中的问题和解决方法,完成作品总结表。	小组派代表或小组整体进行作品展示,讲解鸟类选择、习性分析、招引巢箱的结构设计和功能以及制作方法等,同时介绍小组分工以及作品创新点与改进之处。	通过作品展示和总结分享,锻炼学生个人展示和表达能力,提高学习自信和成就感。	学生是否具备思辨能力、创新能力和表达能力。
交流评价	每组展示后,教师引导学生对作品进行组内、组间和教师评价总结,并投票选择优秀的作品参加学校课程周展示。	学生各组结合作品和项目完成过程,进行组内自评;通过观看其他组作品展示,进行组间交流与评价。	通过小组交流协作及多元评价,培养学生语言表达能力和团队协作能力;参与优秀作品投票和展示,增强集体荣誉感,体会团结的力量。	学生是否具备沟通交流、逻辑推理与思辨能力以及集体荣誉感。
展示安装	组织学生展示并在校园选择合适的位置悬挂安装巢箱。	小组选择合适的校园位置,在老师指导下安装巢箱。	通过实际场景的使用,增强学生的学习成就和获得感,促进学习兴趣提升。	学生是否具备社会责任感。

教学环节	教师活动	学生活动	设计意图	评价指标
项目总结与反思	组织学生对项目学习进行总结与反思。	项目学习心得体会与反思。	通过项目学习总结与反思,提升学生表达能力和跨学科综合能力。	学生是否具有反思和迁移能力。

七、学生作品及点评

本案例主要结合结构设计基本原则,对学生设计制作的"鸟类招引巢箱"的结构强度与稳定、功能与创意、安全与寿命、成本与美观等方面进行评价。通过本"STEM +"项目案例的实施与学习,学生制作了很多优秀作品,选取部分代表进行点评如下:

(一)榫卯鸟巢

该作品选择废旧木料制作,注重环保;在制作技艺上采用榫卯结构拼接,有创意;在美化装饰方面,木料涂上棕色树皮的颜色,并装饰落叶等,与树林环境融合较好;同时作品结构稳定,大小尺寸满足鸟类需求。

（二）结构鸟巢

该组学生作品,使用树枝作为鸟巢制作材料,自下而上搭建了基本的鸟窝结构,具有一定的承重能力。但是作品还需要进一步完善,制作鸟巢内部的巢床,保证安全与舒适,适宜鸟类生活。

（三）悬挂鸟巢

该组学生作品,主要采用木板作为制作材料,尺寸大小合理,结构稳定。此鸟巢功能方面不仅可以作为巢穴,还设计了投食台,顶部可开口,便于清洁和维护,防水和透气也很好,所用材料打磨较为光滑,同时,设置了悬挂绳,便于安装,并且色

彩也与树林环境协调。

八、案例实施成效及反思

本案例是基于"STEM +"理念,结合 PBL 项目学习流程,设计的具有系统性、连续性和跨学科融合性的课程。从教学情况来看,学生学习主动性和积极性高,活动参与热情高,各小组作品完成度也较高。通过课程的实施,不仅增强了学生的创新意识和综合实践能力,也让学生在实际操作中提升协作解决问题的能力,并对生态环境保护有了更深刻的认识和责任感。

由于实施周期长,该案例目前只进行了一次教学实践,还需要深入研究,基于大量的理论和实践,不断修改完善。经过研讨反思,本案例下一步研究方向及计划如下:

(一)进一步健全知识体系

本案例实施需要跨多学科知识,还需要进一步整合各学科知识,基于高中各学科新课标,健全该案例涉及的知识体系和框架,为区域教学提供详细参考和实施可能。

(二)继续加强多学科融合

下一步,还可以结合人工智能技术,开发和安装智能监测系统在招引巢箱上,用来跟踪和识别校园鸟类,为学生深度学习和研究提供数据支撑。同时,将美术教育融入项目,邀请美术老师或设计师基于美学与功能的结合,指导学生美化巢箱。

(三)跨学科教研及团队建设

建立由不同学科教师和校外专家组成的教研团队,共同开发课程内容,研讨跨学科的教学策略。还可以进行校际教研合作,与集团校、区域学校共研、共享、共进。

除了以上有待进一步研究和实践的方向,在实际教学中,教师还要提供更多样化的材料和技术工具,以便学生能有更多的创造空间和更丰富的作品呈现。期望现阶段的研究成果对同类 STEM 教学有参考意义和价值。

"语音控制"学习应用 APP 的开发与设计

重庆市第一中学校 蒋松 金晓凌

一、案例介绍

本项目问题背景来源于学生在学习高中语文多音生僻成语时感到识记困难。在此问题情境下,项目小组搜寻了一系列信息与线索,经过多次头脑风暴制定了设计方案,结合计算机编程知识设计开发了一款寓学于娱的挑战游戏类 APP。APP 主要功能为当用户打开 APP,APP 会依次出现中学语文中常出现的多音生僻成语,例如"自怨自艾(yì)""方兴未艾(ài)"等,用户像完成游戏闯关的形式识读系统每一次推送的成语。如果语音识别成功(即识读准确),APP 出现识读成功的提示并继续推送下一组成语,直到完成所有成语正确诵读(完成学习),获得胜利。整个过程实现"寓学习于娱乐"、高效学习的学习目的。

二、案例目标

本案例涉及的学科领域主要包括科学、技术、工程和数学,课程领域的具体表现及学生核心素养目标体现如下:

科学(S):语音识别的物理原理,探究声纹信号的物理规律及采样方式。

技术(T):学会用APP Inventor开发平台,实现APP界面设计、逻辑设计(编写程序),借助讯飞语记第三方语音识别技术平台,实现对声音录入、转换、加工的需求。

数学(M):在APP Inventor逻辑设计(编写程序)环节,如在语音转换文本的过程中,第三方平台往往会默认在文本后加上标点,不方便与自己预置的文本对应,学生就需要自定义一个"去标点"函数。函数的定义中就需要运用合理的数学逻辑。

工程(E):开发的APP在Android设备或模拟设备的安装、调试、运行。

课程领域

学生核心素养

信息意识

学生能敏锐地捕获现代技术对语文成语识读问题求解的逻辑联系，并选择恰当的技术知识与手段（开发APP）解决这一问题。

计算思维

学生能合理运用程序设计中列表、微数据库、函数定义调用、分支结构等知识设计并实现生僻成语的存储、语音转文本后标点符号的去除、识读情况的判断等APP功能效果。

数字化学习与创新

学生能善于选择合理第三方平台（例如讯飞语记）和选择合适开发工具（APP Inventor平台等）辅助项目功能的推进、实现。

科学态度与责任

通过项目学习，学生感受到技术对生活问题带来的帮助，对技术创造美好生活、助力智慧生活的憧憬向往。

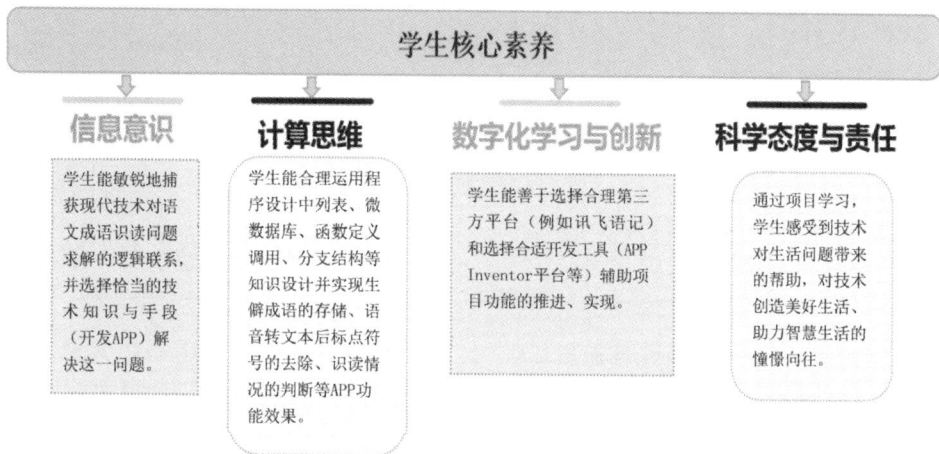

三、案例评价标准

PBL 项目式学习学生自评表

A. 弄清不熟悉的术语	对教师提供或自己查找的 APP Inventor 术语充分了解。	◎是的 ◎一般 ◎较少 ◎没有
B. 界定问题	小组能从情境问题框架中提取实际待解决的问题。	◎是的 ◎一般 ◎较少 ◎没有
C. 头脑风暴	小组能在头脑风暴中产出合理方案。	◎是的 ◎一般 ◎较少 ◎没有
	小组在头脑风暴中气氛融洽和谐。	◎是的 ◎一般 ◎较少 ◎没有
D. 重新结构化问题	在老师指引下，小组能将"语音控制"每一层级问题的内容、目标、解决方案理解透彻。	◎是的 ◎一般 ◎较少 ◎没有

E.界定学习目标	小组能清楚界定学习目标实现。	◎是的 ◎一般 ◎较少 ◎没有
F.收集信息和个人学习	(1)组件能正确添加	◎是的 ◎一般 ◎较少 ◎没有
	(2)组件属性设置正确	◎是的 ◎一般 ◎较少 ◎没有
	(3)完成项目素材上传	◎是的 ◎一般 ◎较少 ◎没有
	(4)实现微数据库存储数据	◎是的 ◎一般 ◎较少 ◎没有
	(5)实现对话框选择功能	◎是的 ◎一般 ◎较少 ◎没有
	(6)实现按下"成语"按钮打开语音识别器功能	◎是的 ◎一般 ◎较少 ◎没有
	(7)实现语音转换文字"去标点"判断	◎是的 ◎一般 ◎较少 ◎没有
	(8)实现识读结果反馈判断	◎是的 ◎一般 ◎较少 ◎没有
	(9)实现回到初始界面状态	◎是的 ◎一般 ◎较少 ◎没有
	(10)APP测试与运行无误	◎是的 ◎一般 ◎较少 ◎没有
G.共享收集到和学习到的信息	能将APP项目过程与结果资料信息传达分享,且对方领会你的传达分享。	◎是的 ◎一般 ◎较少 ◎没有

四、案例所需资源

本项目聚焦高中学生学习识读语文学科多音生僻成语的问题,在此背景下,学生需要解决两大类问题,一是选择何种方式(开发 APP)实现多音生僻成语识读向轻松趣味化过渡;二是在运用哪些技术知识支撑并实现这一创作。当下学生群体比较热衷于玩游戏,选择游戏闯关的形式解锁生僻成语不失为好的学习方法。在完成整个项目的过程中,各项目小组还需依次学会利用程序设计中的分支结构、列表、微数据库、函数的定义调用等技术知识才能完成整个 APP 的设计开发。

项目学习资源准备:App Inventor 在线开发平台、安卓设备、雷电模拟器。

App Inventor 登录界面

五、案例设计思路

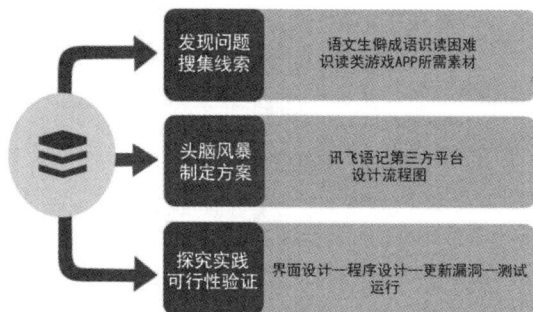

六、案例实施过程

教学环节	教学内容
发现与明确问题	重庆一中高2021级1班刘相骏同学在语文学习中发现,高中语文基础知识成语部分有很多多音生僻成语,它们的发音记忆起来既枯燥、又困难。于是,在APP Inventor手机应用开发选修课程中,他提出了这样的疑惑。例如以下成语就有很多多音区别: 暴虎冯 píng 河　　再作冯 féng 妇 自怨自艾 yì　　方兴未艾 ài 怙 hù 恶不悛 quān　　方枘 ruì 圆凿 杀头便 biàn 冠　　大腹便 pián 便 部分多音生僻成语
线索与信息搜集整理	依据问题的产生,需要搜集游戏界面设计与游戏逻辑设计两方面的信息、线索。 此环节学生需先确定项目实施平台: 1. 制作软件:App Inventor 在线开发平台 2. 运行环境:Android 设备 在线索与信息搜集整理阶段,教师的作用在于着重指导对函数定义与调用、列表知识等具有一定难度的技术知识的理解,学生在此环节完成搜集游戏设计依托的艺术主题、组件(按钮、标签、画布、图像精灵、语音识别、计时器、音效等)的添加、拖拽、分配、运用等,另在网络查找确定使用的第三方语音识别平台——"讯飞语记"APP。 App Inventor 　游戏界面设计 　　多啦A梦卡通主题 　　组件(按钮、标签、画面、图像精灵、语音识别器、计时器、音效等 　游戏逻辑设计 　　函数定义与调用知识 　　列表的知识 } 老师指导 　　"去标点"函数编写 　　第三方语音识别平台——"讯飞语记"APP 线索与信息搜集整理路线

教学环节	教学内容
头脑风暴	项目小组团队需要确定 App 的核心功能——语音识别功能，经过头脑风暴与资料搜集，选择了讯飞语记作为第三方平台用以调用用户输入的语音，而如何编写语音识别的程序代码？一些同学找到了"老巫婆"博客中有一篇关于语音识别的技术博文。  "讯飞语记"第三方平台  "老巫婆"相关技术博文

教学 环节	教学内容
制定方案和计划	**1. 方案设计部分** | 方案名称	手机 APP 应用开发——高中语文生僻成语识读 APP
方案目录	1. 实现语音识别功能 2. 识别后的判定功能 3. 冲关功能
方案内容	一、APP 主页部分及程序设计 主页部分由背景、按钮、音效(背景音乐)组成,点击"点我冲关"按钮,进入冲关页面。 二、冲关页面界面设计 进入到冲关页面后,冲关页面由标题(标签组件)、水平布局、按钮、画布、动画精灵、语音识别器、计时器、音效等组件组成。 三、创建标点列表 "讯飞语记"APP 通常将语音识别后会在文字末尾加上标点符号,例如","""。""?""!"等常见的标点符号,因此将常见标点存于列表中,待后续程序执行删除操作。 四、创建成语列表 将"成语大冲关"中所有成语用列表存储。 五、自定义"去标点"函数 …… | 某小组方案设计(部分) **2. 流程图(依据方案设计流程图)** 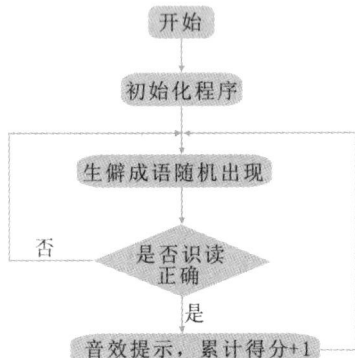 App 程序流程图

教学环节	教学内容
探究实践	**1. 界面设计** 学习者选择添加各类组件(按钮、标签、画布、图像精灵、语音识别、计时器、音效等问题。 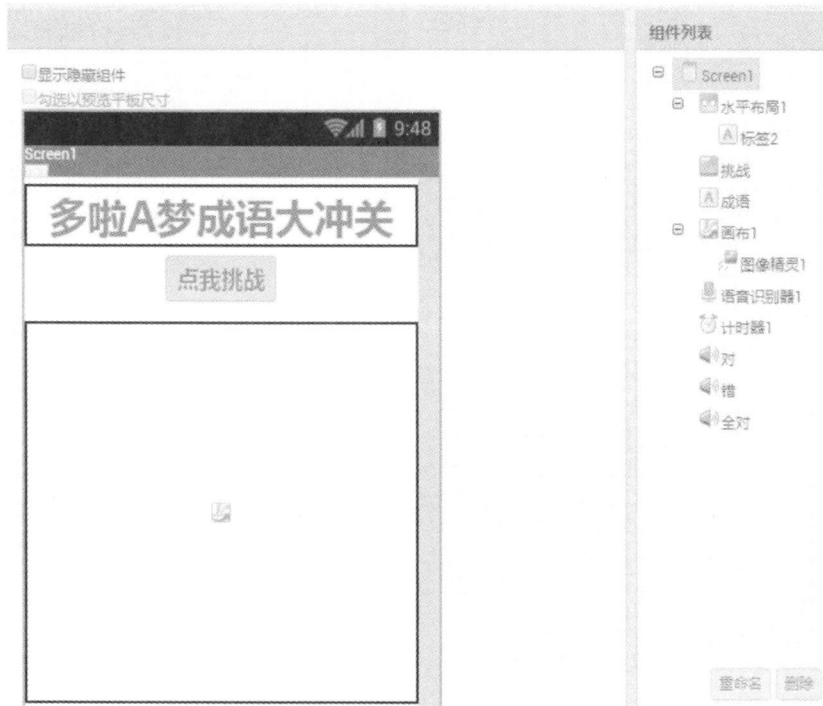 <p align="center">界面设计</p> **2. 创建标点列表** "讯飞语记"APP 通常将语音识别后会在文字末尾加上标点符号,例如","、"。"、"?"、"!"等常见的标点符号,因此将常见标点存于列表中,待后续程序执行删除操作。  <p align="center">定义标点列表</p>

教学环节	教学内容
探究实践	3. 创建成语列表 将"成语大冲关"中所有成语用列表或微数据库存储。 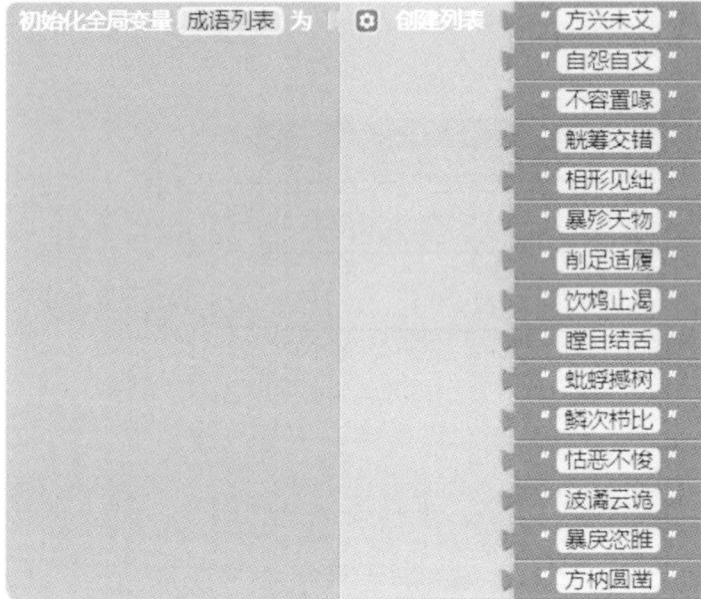 定义成语列表 4. 自定义"去标点"函数 将识别后的语音文字末尾默认加上的标点通过"去标点"函数删除。 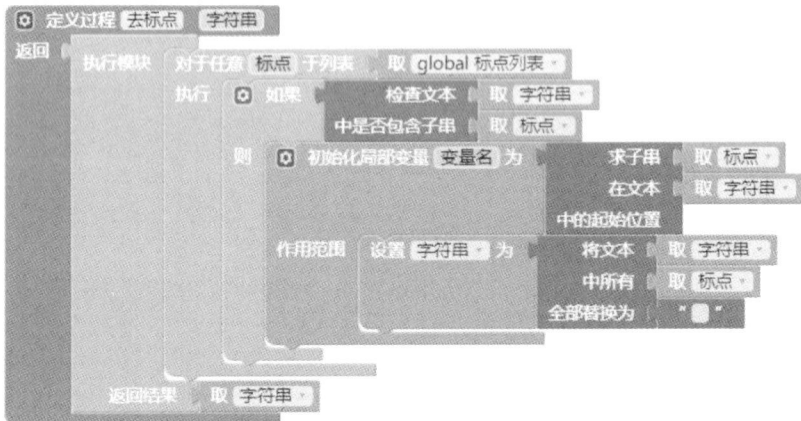 "去标点"函数积木代码

教学环节	教学内容
探究实践	**5. 语音识别完成后的反馈** 当语音给出后，调用自定义"去标点"函数，去除语音文字结果后面标点符号与内置成语比对。若比对成功，显示"答对了"的哆啦A梦图像，调用相应音效播放，并通过计时器使画面暂时停顿然后显示下一组成语;若比对失败，显示"答错了"的胖虎图像，调用相应音效播放。当一直读到列表中最后一组成语，且识读正确，显示"通关成功"图像且调用相关音效播放，然后回到第一组成语。 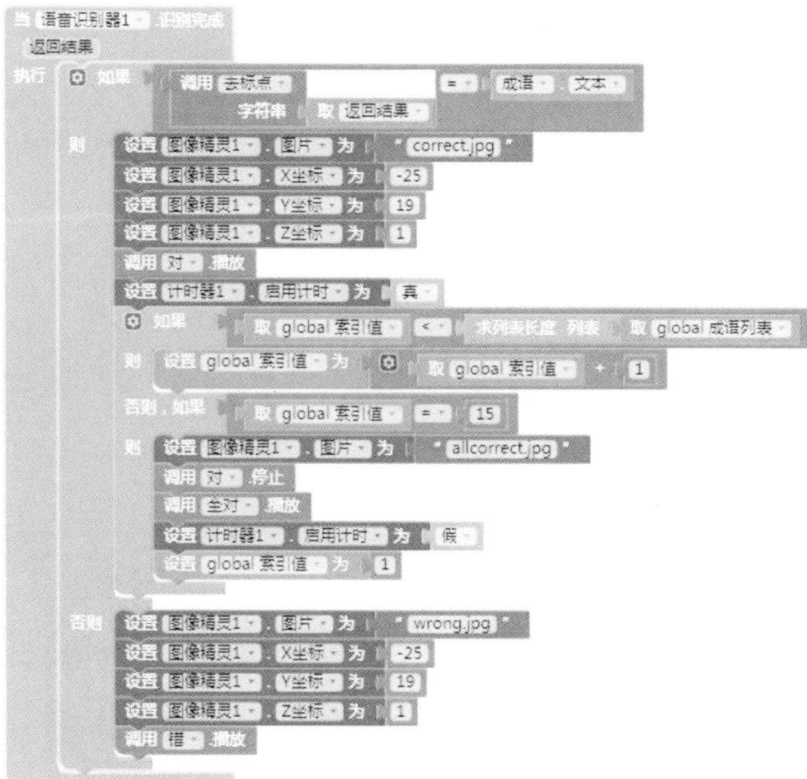 语音识别代码 **6. 设置按钮点击调用语音识别功能**  调用语音识别

教学环节	教学内容
探究实践	7. 成语间的切换时间 计时器将反馈图片显示一秒钟，然后显示下一成语。 "成语切换"代码 8. 初始化屏幕 初始化屏幕代码 9. 项目成型 App 主页界面　　　　　　　答对界面 答错界面　　　　　　　"闯关成功"界面

七、部分学生作品及点评

（一）学生介绍 APP 使用

打开 APP 后，进入主页，用户点击"点我冲关"按钮，进入冲关页面。界面出现生僻成语，用户按下"挑战啦"按钮，将启动"讯飞语记"识别语音，此时用户可以对准手机话筒诵读成语，当语音识别正确，出现"答对了"的哆啦 A 梦卡通形象并伴有音效反馈；若语音识别后的结果与词语不符，出现"答错了"的胖虎卡通形象并伴有音效反馈；当系统内所设词语全部正确识读，即显示带有"通关成功"字样的哆啦 A 梦全家福图像及相应音效提示，表示成功通关。

某小组组长展示 App 功能

（二）成果体验

各项目小组体验其他小组设计开发的 App，从人机关系的角度，对成果进行评价。

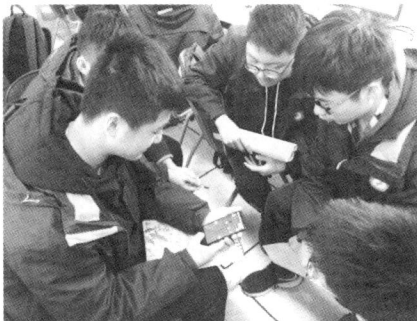

成果体验（一）

成果体验(二)

八、案例实施成效及反思

(一)案例实施成效

本案例通过PBL项目式学习模式实现了学生发现问题、分析问题、在小组合作中利用信息技术手段解决问题的整个项目学习流程。项目学习过程中,达到了内容创新、技术创新、形式创新。

从学习内容上来看,本案例聚焦高中生语文学习中的实际问题,在识读多音生僻成语的问题情境中,选择用语音识别手段解决这一问题,以设计开发游戏应用APP为引子,引导学生利用信息技术手段解决问题;从技术上看,本案例选择了APP Inventor开发平台作为程序设计活动开展的工具,与其他编程工具对比,APP Inventor相对简单、趣味性强,且形成的成果是一个手机APP应用,学生对在活动后期形成的作品很有成就感,在团队项目学习过程中也更愿意投入;从形式上看,本案例以项目教学展开,学生组建的小组团队就犹如一个研发团队,真正站在工程师的角度去进行"需求分析—可行性研判—界面设计—程序设计—测试、评估、优化",团队的自主学习、协作交流实现了整个项目的创作,教师则转变为促进者的角色指导辅助。

从实施效果来看,各小组在自主学习中都完成了项目创作,产出的成果APP界面美观、交互友好,进一步提升了学生对程序设计的兴趣。整个活动实施结束,学生在知识层面得到了拓展,信息技术核心素养得到提升。

(二)案例反思

人类的发展历程,是不断利用技术改变生活、改善生产的过程。在技术学科的教学过程中,如何将技术优势用以解决生活实际问题是永恒的教学主题。在开发手机 APP 的项目式学习活动中,学生运用现代技术辅助语文学科学习,活动呈现了许多创新点:

1. 活动形式创新

选择项目式学习来实施技术知识的讲授,让整个教学过程遵循学生的活动路线,学生在完成设计开发 APP 这一具体项目中,每个任务都按照"咨询—计划—决策—实施—检查—评估"的方法来开展。整个教学过程是围绕学生展开的,教师大部分时间是站在学生中间,学生通过小组或自身独立的活动,其创造性可以得到较充分的发挥。另外,在刻板印象中,手机的出现或多或少存在质疑的声音,但在实际教学实践中,手机作为现代技术的产物,教师因势利导地引导团队利用手机协作开发 APP 应用,让学生不仅学到了技术知识,还增进了他们的团队情感。

2. 学习内容创新

学习内容依托真实问题而来,在解决问题的过程中,各项目小组要不断咨询、查找、检索、测试程序设计上的各种知识,这些知识如果在传统课堂中,将被分离成各个独立的章节讲授,学生并不容易学以致用。而在项目学习活动中,学生为求项目成果的实现,要学习的知识量大、知识面广,会把涉及活动项目的知识筛选过滤、重整组合,支撑成果的呈现,这一过程的团队探索往往比教师对固定学习内容的讲授更能满足个性化需求,比如在本次项目式案例中,学生要学到微数据库、函数定义调用、分支结构、列表以及如何有效借助第三方平台等。